平和の実践叢書 1

自分がされたくないことは人にもしない

グローバル公共倫理

法政大学国際日本学研究所　教授

王《わん》　敏《みん》　編著

三和書籍

本書の刊行にあたり在日中国企業協会のご協力をいただきました。
ここに感謝の意を表します。

序論

「自分がされたくないことは人にもしない」という「黄金律」の新開拓

―本論文集の発行の経緯

法政大学教授　平和実践ワークショップ代表　王敏

OB首脳サミットと『世界はなぜ争うのか』（朝倉書房 2016年）の中国語版

第2次大戦終結から40年後の20世紀80年代に、歴史の教訓に学んだ大戦の敗戦2カ国、即ち日本とドイツ（当時は西ドイツ）の首相、首相経験者が主導し、地球的課題に立ち向かう一つの世界レベルの組織を生み出す知恵を出した。

その当事者は日本の当時の現職首相である福田赳夫氏と西ドイツ首相を経験したヘルムート・シュミット氏。2人が主宰して各国の前国家元首や首相経験者に参加を呼びかけ創設したのがインターアクションカウンシル（通称ＯＢサミット）である。この世界組織は毎年1回、5大陸の主要都市をめぐって定期総会を行い、各国の政府要人のＯＢたちが集い、政治だけでなく経済・金融から環境、開発といった諸課題をグローバルの観点から討議しあってきた。

第1回のOBサミットは1983年11月、オーストリアのウイーンで開催された。OBとはいえ首相を経験した要人だけに、各国の実力者であるだけに、現職に引けを取らない影響力もあるので、あなどれない世界組織とみなすことが可能である。

普通、サミットといえば1975年に始まる主要先進国首脳会議のこと。米・英・仏・伊と並んで、日本と西独の計6カ国が最初からのメンバー。参加国の持ち回りで開催地を決め、毎年開催する。OBサミットも同じように毎年開催するが、開催地はメンバーの合意で決める。2014年に終了するまでに31年間、毎年、総会（OBサミット）を開催し。会議の結論を国際社会に問いてきた。

この総会のほかに、OBサミットのメンバーと世界の宗教界リーダーたちによる「政治と宗教の対話」というユニークな会議を開催したことがある。

その第1回の会議は、1987年ローマで、政治と宗教界のリーダーたちにより対話がおこなわれた。出席した政治家と宗教家は、包括的かつ多元的な「公共倫理」を構築し、人類文明及び平和発展の新秩序を立て直そうという提言を行った。このテーマは30年以上に亘る、OBサミットが堅持すべき基本的な考え方と努力目標となった。

第2回目は、2014年の3月26～27日、オーストリアの首都ウィーンが開催地だった。93歳の高齢となるシュミット前首相はこの会議にも押して出席し、祝辞を述べた。ウイーンで総会を仕切ったのが、OBサミット発足にシュミット氏と尽力した福田赳夫氏の長男で、2008年まで1年余首相を務めた福田康夫氏である。

福田康夫氏は日本の首相の経験を生かし、よきリーダーシップを発揮して、この年の総会での発言を重視しながら、これまでのサミット決議・宣言内容をまとめ、論文集『世界はなぜ争うのか』（日本語版　朝倉書房　2016年）を編集した。7つの国と地域の言語に翻訳され、英語・インド・ロシア・日本・インドネシアなどの国で出版された。

しかし福田氏にとっては、この論文集が、中国の発展に寄り添い世界と融合するための指針になることを最も期待したという。そのため、2016年新年の始まりに、福田氏は日英両言語の論文原稿を筆者に渡し、中国語への翻訳、さらにその中国国内での出版をなんとか実らせたいと頼まれたのである。重責を負ったと思ったことはいうまでもない。

2016年に3月4日、筆者は中国国際儒学聯合会に参加するために北京に向かった。論文集の翻訳は19万字に上った。筆者の研究室にいる優秀な研究生に頼って徹夜も交え、日本を離れる直前まで中国語訳をした。儒学聯合会は中国人の価値観に影響を与えるところでもある。

少し畏れながら儒学聯合会にその大部の原稿を見せた。すると、いい反応が返ってきた。いわば、中国国内の最初の読者でもあるのが儒学聯合会である。どう反応が返されるのか。この本の出版の背景、主旨、構成と内容などを説明し、国際儒学聯合会の推薦をいただけるようにと要望した。これに対して、聯合会の滕文生会長、王殿卿顧問、牛喜平秘書長、高長武副秘書長、張践理事、任宝菊委員、李煥梅事務室主任らはしばらく別室で協議しているようだったが、協議を終え出てくると篤い賛意を表した。「協力を惜しまない」ときっぱり申し出た。2017年年末、同書の中国語版の題を『十国前政要論「全球公共倫理」』（日本語訳：『十国前政要の「グローバル公共倫理」論』）とし、人民出版社より発刊することに至った。

本書の内容

2014年のウィーンOBサミット総会時に、中国の習近平国家主席も欧州を訪問しており、ユネスコ本部にてOBサミット開催期間とほぼ同時期に講演を行った。OBサミットの総会のテーマと習近平主席が表明した内容がゆるがせにできない一致をみた。それは世界平和発展新秩序の構築と人類運命共同体の構築の必要を表明し、そのためには「多彩・平等・包容・発展」が世界新秩序への軸にならなければならないと主張するものであった。

本書には10人の国家元首や首相経験者が寄稿している。日本の福田康夫元首相、ドイツのシュミット前西ドイツ首相、オーストラリアのフレーザー前首相、オーストリアのフィッシャー前大統領、フランスのジスカールデスタン元大統領、カナダのクレティエン元首相、ヨルダンのアブドゥル・サラム・マジャーリ元首相、ナイジェリアのオルシェグン・オバサンジョ元大統領、オランダのドリース・ファン・アフト元首相、キプロスのゲオルギオス・バシリウ元大統領といった名だたる政治家たちの論文が集められている。さらに、一部の国から宗教学者と政府官僚が発表した論文や著名な儒学者杜維明がサミットのために執筆した「孔子の論語」という論文も掲載されている。

本書の観点と内容は、健全かつ先見に満ち、視野を広げる助けともなり、インスピレーション啓発の参考になることは間違いない。とくに以下の10項はメンバーとの共通認識を表明するだけではなく、各国の参考にもなる有益な観点である。

一．21世紀も局地戦争は、世界秩序を絶え間なく悪化させている。この状況は人類文明進歩の趨勢とは反比例の方向に向かっている。

二．世界のグローバル発展に伴い、「国際政治」、「国際経済」あるいは「国際秩序」はもちろん、各領域は「グローバル公共倫理」に関心や注意をする必要がある。世界と人類が公共倫理の需要にたいして普遍的な共同願望を形成している。

三．世界は統一的な意識または宗教を必要とするものではないが、人種・国家や文化などの差異を考慮し、我々は共通性の倫理価値観・規範や態度を絆として意思疎通の橋を架けることとなる。

四．世界の主な宗教は普及の歴史において、検証が繰り返し欠かせないが、共通の倫理真意を有し、さらに一歩踏み出す積極性が必要とある。宗教は動乱やテロ活動の根源ではなく、人類の統合力、忍耐力や道徳力といった不可欠の力を有する。グローバル化の共同倫理は、現代社会の現存する各種文化と宗教信仰の「経典」にとって代わるということではなく、「求同存異」を追求するためである。分岐点をなくし、共同の価値観規範を受け入れ、基本的な道徳の最低ラインを共同で守ることである。

五．人類成功の秘密は、「生存競争」や「優劣淘汰」の原理により決定が行われるわけではなく、人類の相互理解において、相互扶助能力の中に存在する。

六．いわゆる価値というのは、人類が理想及び標準とする成功へと導くことを指し示す。もちろんこのような価値が導入している政治と社会はどのような重要性や苦難に満ちているのか。我々は日々メディアから政治・経済や社会倫理などの崩壊によって引き起こされる危機や醜聞を目にする。このような状況は副作用を引き起こし、さらに価値と倫理核心パワーの宗教が既得権益や醜聞を纏うこととなり、内部紛争や分裂という混乱状態陥ってしまう。

七.「宗教間の和平がなければ、国家間の和平もない」。異民族、異文化や異なる宗教の人々とは共通点に注意を払い、異なる部分を強調することをしてはならない。これは文化間の対話、宗教観の対話として求められることであり、さらに学習や思考においても求められることである。異なる文化と宗教の中で、共通価値と倫理を持つことが重要である。

八.我々の天国や宗教といった独占的個所の顕示欲行為が争いを生む。我々は自身の信仰が多数の信仰のうちの一つであることを理解し、他の宗教の信仰を超越してはならない。信仰する宗教が他の宗教の信仰より超越しているわけでもなく、ただの宗教の一つである。我々がいる国家も他国を超越しているわけでなく、ただの一国に過ぎない。

九.大国が倫理を基盤にせず、政治的利益目的で同盟を結ぶ場合、最終的にはいま世界で起っている各種紛争の終結という成功には至らない。平和と安全が世界各地で脅かされ、武器に頼りテロリズムに走る。

十.人類は友好共存という前提において、価値と倫理原則を創る。これは全世界のすべての文化に共通している。数千年間、主要な宗教や人道主義の伝統は人と人との間の基本的倫理規範を促進し、特に他者を第一に考え、相互信頼を生み出してきた。「他者を第一にし、慈しみ哀れむ」の情緒における人間性は、「すべての人に人道的に接する」。「黄金律」は積極的に先導する相互主義であり、「己の欲せざる所、人に施す勿れ」である。

以上の10項以外に、一部の重鎮とメンバーたちが本国と自身の執政実践の角度から、また第2次大戦の教訓を説明したり、あるいは理論と実践の総結合の高さから、経験に基づく政治の理想を紹介する。内容は十分に豊富である。

これ以外にも、本書の核心的思想は中華文化に深く入り込んでいる。それは世に公認された「黄金律」の「自分がされたくないことは、人にもしない」に関わる内容である。この教訓は『論語』も説いているところであり、人類に共有される「公共財産」といえる。

国際儒学聯合会

１９８３年、国際儒学聯合会は時の副総理であった谷牧氏自ら会長に就き設立を宣言した。30年来、国際儒学聯合会は国際的な学術交流を精力的に行い、会員と理事が世界50以上の国と地域を訪問するに及んだ。世界各地の東方学、漢学等の人文、社会領域の専門家及び学術団体を呼び寄せたり、集めたりした。儒学及び中華伝統文明を推進するために世界各地域の研究、普及、交流や実用が多くの努力と多大な貢献を成し、国際社会に積極的な影響を生み出した。本書は国際儒学聯合会の現会長である滕文生氏直々の支援の下、王殿卿顧問、牛喜平秘書長、高占副秘書長、張践理事、任宝菊委員ら有志の協力を受け、国際儒学聯合会事務室と人民出版社の積極的な協力下で2017年末に発行にこぎつけた。

中国ではこのような外国の首脳がかかわる書籍は以前はほとんど出版されなかったと聞いた。現在では少しずつ目にすることができる。これは今日の中国の認識と視点が、世界の認識と視点とマッチするところが多くなっているともいえる。同時にこの書に対する全面的支援と推薦をしてきた中国国際儒学聯合会の立場を反映している。即ち「人類運命共同体」を必要とし、「人類共同体」は、「人類共同倫理」を構築には、平和という儒学の核心である理念を再認識しなければならないとされている。

福田氏と国際儒学聯合会幹部の皆さん
（右から李煥梅事務員、王殿卿顧問、滕文生会長、福田康夫氏、王敏、牛喜平事務局長）

福田氏と滕文生氏（2017 年）

ここで我々に思いださせる場景がある。

1988年1月18〜21日に75人のノーベル受賞者がフランスのパリにあるエリゼ宮にて会議を開いたとき、「直面する21世紀の脅威と問題」の議論の際、スウェーデンの物理学者で1970年にノーベル物理学賞を受賞したハンネス・アルヴェーン教授が次のように述べた。「21世紀を目前にしているが、人類が生存していくには2500年前に引き返し、孔子の知恵を取り入れなければならない」。（引用：台湾大学経済学部名誉教授・孫震著「儒家思想的傳統意義與現代使命」『孔孟月刊』2016年2月28日出版、16〜17頁記載）

世界の政界要人論文集というのがこの本をひとことで性格付けできる。論文集は、各界の評価を得られるという強い見通しで国際儒学聯合会が出版準備を促進した。筆者が直接訪ねた2016年のこと、7月には国際儒学聯合会がアジア文明交流互鑑北京国際学術討論会を主宰し、中国語版『十国前政要論「全球公共倫理」』の発行への経緯を説明しつつOBサミットの活動実績や今後の目標、世界とアジア各国との交流や和平繁栄の希求について説明されていた。また、会議において、福田康夫氏の式辞が代読された。

以下、式辞の引用である。

日本の前首相であり、OBサミット理事長の福田康夫氏が「2015年亜洲文明交流互鑑」をテーマにした北京国際学術会議での式辞

尊敬する亜洲文明交流互鑑北京国際学術会議の方々
尊敬する世界各国からお越しの方々……

日本人は皆「智者不惑」、「一日之長」、「四海兄弟」などの四文字熟語の出典が『論語』であることを知っています。なぜならこれらの知性に満ちた表現は古来より他の中国古典とともに日本人に受け入れられ認められ、日本語の単語の中の一員に変化しました。漢字文化圏以外の地域では、『論語』を例にしますと、大概の多くの人が「己所不欲勿施于人」（自分がされたくないことは、人にもしない）を、まず挙げます。というのは他の文明圏の経典の中にも似たような説法があるからです。またこうとも言えましょう。「己所不欲勿施于人」が含む意義とカギは地域や人種を越え、広く共通認識され共有されていると言えましょう。

このため、日本の前首相である福田赳夫氏は国際行動理事会（インターアクションカウンシル、通称ＯＢサミット）を創り、１９９５年にこの世を去るまで委員長を務めました。ＯＢサミットは全会一致の１９９７年発表した「人類責任宣言」を通して、主旨はグローバルに分布している普遍的意義と価値の倫理規範をまとめて整理することであり、明文化して宣言しました。そしてグローバル倫理規範を支えている核心の「キーワード」に「己所不欲勿施于人」（自分がされたくないことは、人にもしない）が選ばれました。この一叡智は数千年の歴史検証をなめ尽くしたことを鑑みて、地球に連綿と続く生態であり、「人類責任宣言」はこれを「黄金定律」に定めました。

「己所不欲勿施于人」という黄金定律を生み出した時代背景は冷戦による世界断裂の1980年代のことです。福田赳夫元首相とドイツのヘルムート・シュミット前連邦首相が両国の悲惨な歴史代償を鑑み、立ち向かい、各国の要人たちを率い1983年に国際行動理事会を創建し、和平的対話の促進を旨とし、国際関係と社会発展を推進してきました。

OBサミット創立から30数年来、毎年定期的に5大陸の重要な都市で会議を開いています。会議では、約30数名の各国の前政治要人たちがともに集まり、会議を開き、政治と政治学、経済と金融、環境と開発などグローバル性のある共通課題の中の手ごわい問題をどのように解決できるか討論や方向付けの提案をしています。

グローバル通商と政治の国際化は急速な発展の過程にあり、人類倫理という一指標は往々にしてなおざりになっています。私たちは世界の主要な宗教間の相通じる共通性のある倫理内容を認めており、グローバル公共倫理の確立のために有効的な理論支援を十分に提供できると考えています。必然的に経済を包括している内部の各領域と人類活動に影響を生み、世界平和のために貢献できると思われます。「世界人類責任宣言」が樹立した倫理価値は航路指針となり、その核心価値から「黄金定律」は必ず東西各方面に融合していくでしょう。私たちは人類の責任と人類の権利に裏表がなく、人権を享受すると同時に責任を負う行動を必ず行うことを知っていますし、責任を取れない行動は人権を消滅するともわかっています。

21世紀の到来は、世界に想像もつかない今日このようなグローバル公共倫理のパワーから多種の現実問題を解決するようになりました。遺憾なことは目下、政府主導の制定した政策決定の中から倫理規範の概念を読み取ることが難しいことです。このため共通の価値規範の受け取入れる約束は、最も基本的な道徳最低ラインを守ることであり、時代精神の成すところでもあります。

2014年3月、私たちはOBサミットの誕生地であるウィーンにて「政策決定の中のグローバル公共倫理」をテーマに掲げた総会を開きました。道徳的価値と自身の利益との関係、倫理に基づいた人類理性は真に和平と公正的な世界建設に有用であるかの是非、経済と科学技術の発展方向と倫理概念の作用などについて繰り返し討論を重ねました。

私たちがはっきりとわかったことは、多くの問題は会議によるだけでは明確な答えが出てこないということでした。しかし、会議の間に発表された多くの論文や熱い討論は極めて高い学術価値と参考意義を持っていますし、これらにより私たちはウィーン会議の内容である『倫理と決断』をまとめて英文の書籍出版にし、日本語、インドネシア語、ヒンドゥー語などの8か国語にも翻訳され出版されました。その中で中国語版の出版発行は特に私たちに感動を与えてやみません。なぜなら中国語版出版を全力で支持そして協力してくれ、今回の会議の主催そして準備などをしてくださった団体が国際儒学聯合会だからです！

対話は文明の進化を推進し、真摯な努力が異なる文化間の相互理解を促進します。習近平国家主席が国連本部にて演説された「多彩、平等、包容、互鑑」の実践に対し、私は誠に希望を持ち期待をしています。

同時に、この会議を楽しみにしていましたし、中国がアジアと世界のためにさらなる大きな貢献をしていくことを願っています。

私たちはともに勉められるよう、己所不欲勿施于人。
私たちは互いに影響を与えられるよう、温故創新！
主催団体と各参加者に感謝をしつつ、今回の会議が円満な成功を収めるよう願っています。

２０１６年７月１日東京にて

2016年7月北京で開いた亜洲文明交流互鑑北京国際学術会議
（中央は滕文生会長）

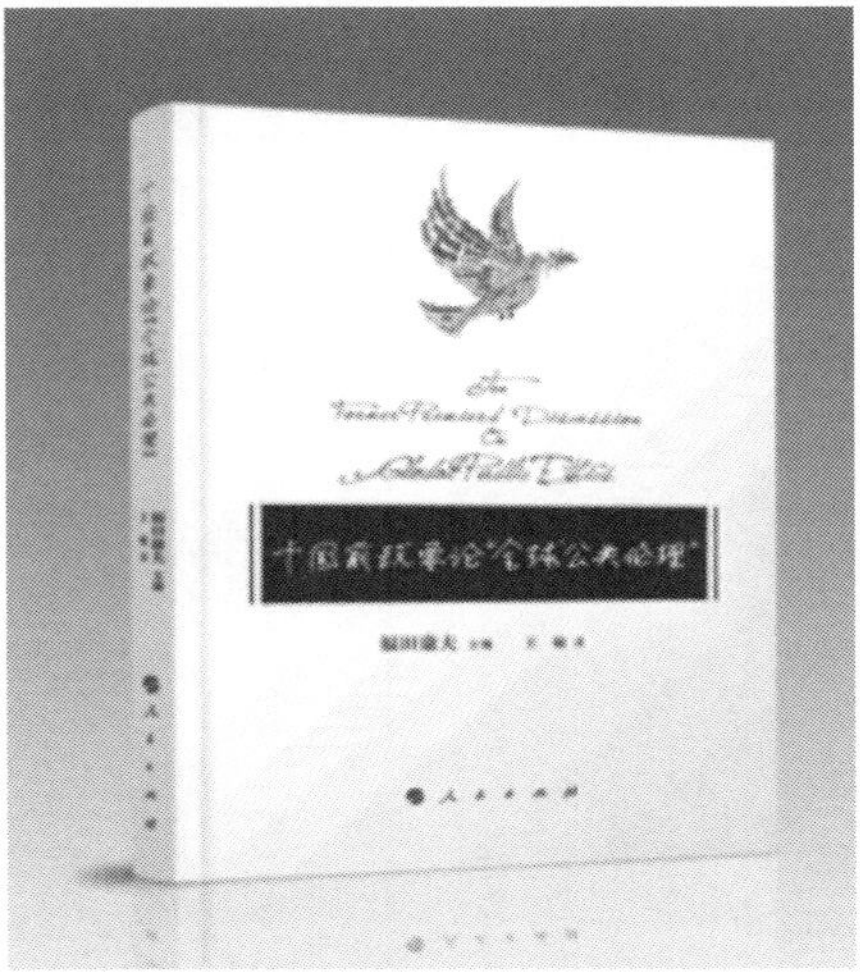

人民出版社発行の『十国前政要論「全球公共倫理」』
（2017年発行）

日本国前首相　ＯＢサミット代表　福田康夫
（中国語訳　法政大学教授　王敏）

手探りでつかんだ「心がむすびつく」

2014年3月、OBサミットの会員たちが再度ウィーンに集まった。長年サミットを引っ張り、OBサミットの創始人であるシュミット前西ドイツ首相のちょうど95歳の誕生日であった。1年後の2015年、康夫氏と共同で担当したウィーン宗教政治間対話連合主席のオーストラリアのフレーザー前首相、2月、ドイツのヴァイツゼッカー元連邦大統領、そしてサミット秘書長であり、元経済企画庁長官であった宮崎勇也氏も相次いで亡くなった。これらの重鎮たちは世界に貴重な生命啓示を残し、個人の未完の事業を継承することは、一朝一夕を争う。同時に世界にはっきりとした認識を呼び起こし、時代は前進しており、使命は更新している。そして福田康夫氏は毅然としてサミットの歴史使命のためピリオドを打ち、新しい使命により新たに会員たちの貴重な人生を奮い起こした。また同時に2016年からインターネットを使い、世界の人々にOBサミットの成果を公開し、世界に貢献している。

サミットのホームページのトップにある福田康夫氏

このホームページの主な内容は、2014年3月、ウィーンでのOBサミット（インターアクションカウンシル）において展開した宗教対話を記録する。これは2015年11月に逝去されたシュミット元西ドイツ首相が提唱したことであり、2015年3月に逝去されたオーストラリアのフレーザー前首相と私がインターネットを使用し実現した「公共倫理」に関する討論記録であり、各国のリーダーが同じ世界の主要宗教リーダーとの対話を形作った。これに対し、シュミット前西ドイツ首相が提出した「会議記録」形式は、フレーザー元首相と私が英文で整理を加え、諸所を付け加えて出版した。その内容はすぐさま7か国語に翻訳され世に出た。故人となった2人のリーダーたちはきっと感激の念に耐えないであろう。努力の甲斐があり、8つの言語を通じて全世界のさらなる多くの人々に広く読んでもらうことが、私の使命である。

本書のテーマは公認されている世界宗教共通の倫理規範のためであり、「己所不欲、勿施于人」である。この黄金定律は人類の行為や心に浸透し影響している。その内面を外交政策の中に溶け入れたのがOBサミットの創設者である福田赳夫氏である。本ホームページの名称は福田赳夫氏の思想と理念から名付けられ、福田ドクトリンとも呼ばれている。1977年、福田赳夫氏はマニラにて発表したこの主義の核心は、日本は決して軍事大国になることはなく、心の交流を以て相互信頼の関係を築いていくなどと発表した。それから40年の月日が流れ、この一内包の外交政策を超えるものは出現していない。これもまた福田ドクトリンのホームページを開設した背景の一つである。

本ホームページの主旨と密接に関係する「人類責任宣言」は、すでに22の言語に翻訳され出版されている。１９９５年、父は亡くなる前にシュミット前連邦総理に、必ず公共倫理を促進し人々を幸せにするよう真剣に頼んだ。１９９７年、公共倫理はついに世に出た。

世界はますます複雑と化し、難しくなった。本ホームページの内容がよりはっきりと重要性を果たしていると、私は固く信じている。

福田康夫

２０１６年5月

中国語では「心連心」となる

忘れがたいことは、習近平国家主席が2018年に開催した第19回中国共産党全国代表大会の報告の中で、直接「心連心（心と心をつなぐ）」の表現を使用したことである。福田康夫氏もまた同年12月18日の朝日新聞にて「中国の良い変化にも目を」の論説を発表した。その時に特に習近平国家主席が使用した「心連心」の表現に対して注目を述べた。

当日、福田康夫氏は新聞を見ながら、筆者に語った。父である福田赳夫は1977年8月18日にフィリピンのマニラでの公演中にも「心連心」を使った。その後「心連心」は東南アジアの流行語となり、大幅に日本と東南アジアの友好協力関係の発展を推進した。さらに続けて、「平和発展を目標とする日中首脳の間は面と向かって互いに語り合うことが、我々

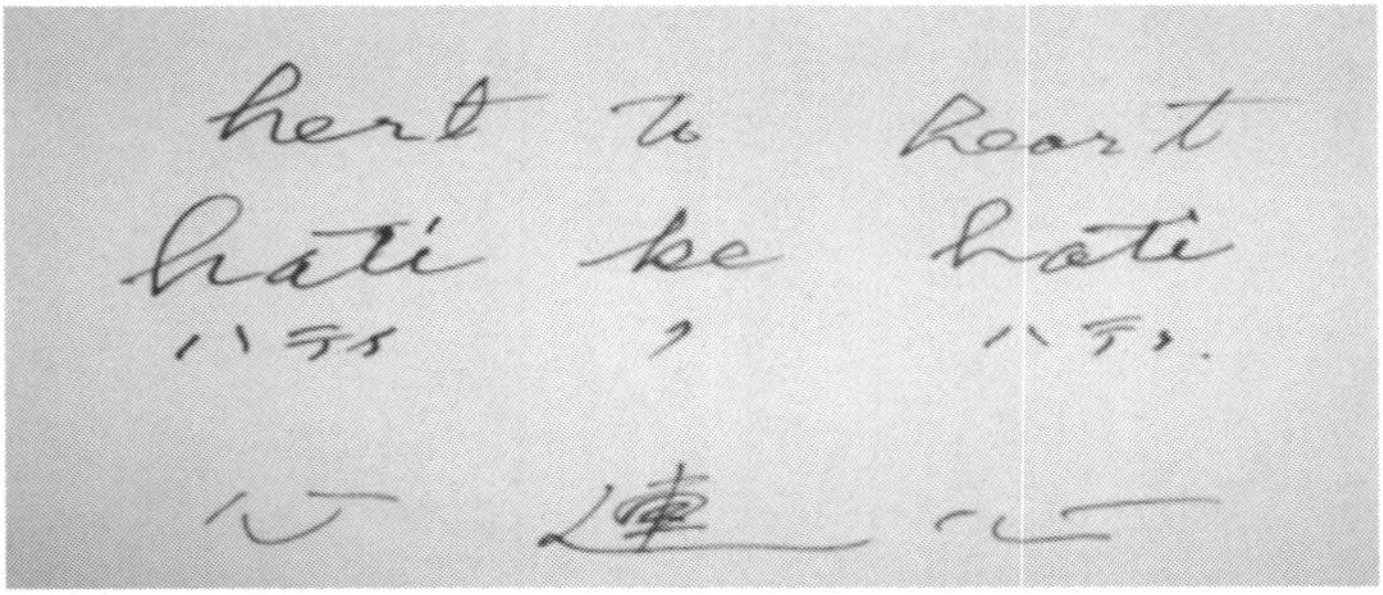

福田康夫氏は直筆の「心連心」を筆者に下さった。1行目はインドネシア語、3行目のカタカナはインドネシア語の日本語発音。

の間にも「心連心」となることを意味する。なぜなら私たちの平和へ向かう方向は一致するから。習主席の報告の中で、「心連心」が使われ、私にとっては安心を感じた。というのも私たちの想いが心を以て支えられて、この心とのつながりを捕まえられると感じることができたのだから」

『十国前政要の「グローバル公共倫理」論』の価値と平和実践ワークショップ

前述しているように、現在ＯＢサミットの知恵はすでに8種の言語を使用し論著の中で体現している結晶となっている。８種の文字の訳文は世界各地で広く読まれている。２０１８年に、サミット30年の活動記録資料もまた全て日本の国立公文書館に管理収蔵されているという。

しかし中国語版『十国前政要の「グローバル公共倫理」論』の意義と効果はどこにあるのだろうか。これは書籍内容の価値に対する発刊側の自己評価だけではなく、受容主体の中国に対してもどう理解されているか、その理解の程度を知ることが、同書の意味を実証できるものと認識されるからである。即ち、発信側と受容側と内外の両角度から考察する必要がある。そのために、筆者は福田康夫氏の賛同の下に、２０１８年に小さなワークショップである「平和実践ワークショップ」を開始した。主旨は和平の実践に関する知恵と経験を討論し、人類運命共同体の構築に貢献できる公共価値を考察し検証することである。

ワークショップの最初の討論対象が古代から、「和」を憲法に取り入れた日本を取り上げた。第2次大戦以降、日本は「平和憲法」を持ち、日本が敗戦から復興への道を歩むようになった。１９７２年、田中角栄元首相と中国が日中国交正常化を締結した声明を発表した。１９７８年、福田赳夫元首相が日本を代表して、中国と「日中平和友好条約」に調印した。１９８２年、福田赳夫元首相とドイツのシュミット元連邦首相がともに政治の元要人たちで構成した国際的組織「インターアクションカウンシル」、即ち「ＯＢサミット」を創建した。歴史を鑑にして、平和的発展を提唱し、戦争反対をする旨であった。

組織が30年余りの絶え間ない努力の成果を整理するため、ワークショップは『十国前政要の「グローバル公共倫理」論』という本の内容を研究の対象に企画した。アジアと和合する新時代の発展、人類運命共同体を共同で打ち立て、貴重な経験と参考を提供する目的である。日中平和友好条約締結40周年記念に関連して、さらに１９７２年の日中国交正常化の声明発表以降の和平理念と実践を受けて、２０１８年6月16日に東京にて第1回目のワークショップを開いた。国際儒学聯合会は張践教授と孫宝山教授を派遣し、滕文生会長はワークショップのために

福田康夫氏の記念館訪問を記載した紙面（『人民中国』2018年8月号）

直々にテーマを揮毫してくださった。

2018年6月24日、福田康夫氏は元駐中国大使の谷野作太郎氏や兵庫県立大学理事長の五百旗頭真氏、経団連国際会議合作センター事務局長の油木清明氏、成蹊大学教授の井上正也氏、法政大学教授の王敏らからなる一行を率い、南京大虐殺記念館を訪問、被害者犠牲者に献花を手向けた。記念館のために「和平東亜」を揮毫し、和平実践の新しい過程を始めた。

7月17日、平和実践ワークショップは東京・日比谷の松本楼で第2回目のワークショップが開催され、中国国際儒学聯合会の牛喜平秘書長が率いる一団も参加した。

ワークショップの主張は、我々によって和平実践の行動の中でともに勉め、互いに働き、ともに新しい平和東亜、そして世界を打ち立てよう。本論文集は平和実践ワークショップによる二つのフォーラムの発表論文を集め、在日中国企業協会（会長は王家駿）の篤い支援の下に論集となった。本論文集の内容は南京師範大学の中国国家社会科学基金研究の参考になると聞いている。

この論文集の発行に携わった全ての団体と各方々に感謝を述べます。

2019年2月10日東京にて

平和実践ワークショップ代表　王敏

自分がされたくないことは人にもしない　目次

第1部　グローバル公共倫理「自分がされたくないことは人にもしない」の実践

第2部　グローバル公共倫理から日中・東アジアの平和発展へ

第1部

グローバル公共倫理

「自分がされたくないことは人にもしない」の実践

対談　日中交流に不可欠な鑑

元内閣総理大臣・ＯＢ首脳サミット理事長・
ＢＯＡＯフォーラム理事長・平和実践ワークショップ顧問　福田康夫

×

法政大学教授・平和実践ワークショップ代表　王敏

アジア固有の価値観を共有する

王：先生は２００６年９月23日、訪問先のジャカルタ（インドネシア）にて新たなアジア外交政策を発表なさいました。それは次のようなものでした。

「民主主義、市場主義という地球規模で広がる価値観に加え、アジア固有の価値観を共有することで、東アジアの結び付きを強化できるとする。とくに日中、日韓の２国間関係は全世界的な関心を集める重要なものだと位置づけ、現状の冷え切った関係を打破する政治的な決断が必要だと強調することにしている。」（「読売新聞２００６年６月23日夕刊」）

ここにある「アジア固有の価値観」「アジア固有の価値観を共有することで、東アジアの結び付きを強化できる」とは具体的にどのようなことでしょう。

福田：ひとことでいえば「寛容の精神」です。「寛容の精神」を実行した実例がアンコール王朝（カンボジア）のジャヤバルマン7世です。彼は他者のしあわせを尊重しつつ、他の部族を家族のように取り込んでいきました。その基本は、自己を抑制することで他者との争いを避けるアジア文明の特色を示しているといえます。

父の福田赳夫は「運命共同体理論」をずっと唱えてきました。人はひとりで生きていくわけにはいかない。そのときに必要なのが「寛容の精神」です。

王：先生はアジアを重視され、中国を平和の実践の対象として、日中の新段階となるいくつもの史上初※を実現されています。それは先生の子供時代の体験と関係があるのでしょうか。

※２００７年9月28日　温家宝首相と史上初の日中首脳電話会談。２００７年12月　中国訪問。胡錦濤国家首席が晩餐会を主催、中曽根元首相訪中以来21年ぶりの「迎春の旅」、日本の総理として史上初の孔子廟訪問、北京大学における講演、中国全土でテレビ生中継など。

福田：まだ学校に上がる前、あまり長い時間ではありませんが、父の仕事の関係で南京に半年近くいました。具体的には話さないけれど、その幼いころの経験は原体験として強く印象に残っており、物事を考える時のルーツとなっています。すべての状況が一変した戦後は、隣国の中国が順調な発展を遂げることを期待していました。

私が総理に就任した2007の胡錦涛主席との首脳会談において、当時の中国の最も大きな課題は、環境やそれに密接に関係するエネルギー消費効率の問題であると思い、いろいろ政策提言をしました。胡錦涛さんは私の話にじっと耳を傾け、意見を受け入れて下さったと思っています。その率直な態度はすばらしいもので、とても感謝しています。

王：2006年に先生が発表した「東アジアの結び付きの強化」というご理念が10年という歳月をかけて着々と実現することができた、それが今の時代だと考えます。

オリッピックをアジアでリレー

福田：2007年のそのとき、これからのアジアが成長していくことは良くわかっていました。ヨーロッパは成熟社会であり、経済が横ばい段階。アメリカは移民をたくさん入れるので順調に発展はしましたが、その動きが鈍り、今も貿易赤字を抱えている上に、毎年の赤字財政は好転する兆しが見えません。

それらと比較すると、アジア全体は大分様子が違います。分けても中国は順調に発展し、いま世界は中国の動向から目を離すことができません。中国の国民はそのように見られていることを意識して、自国がこれから国際社会の中でどのように振舞うことが良いのか、などと考えているのではないでしょうか。私は、そのような中国になったことを評価し、将来に期待をしていました。

２００８年の中国は、オリンピック開催を控えた、とても大事な時期でしたから、そのことについてもお話しました。

オリンピックは単なるスポーツ競技会ではありません。東京は１９６４年にオリンピックを開催しましたが、日本はこれをもって新しい時代が到来したことを自覚し、次の段階に進みました。それは国民の意識に大きな変化を与え、日本の復興が次なる段階に移り、日本の外国との係わりや、国際社会に対し何をすべきか、ということを考える契機となりました。私は今の中国はそのような段階にきたと思います。オリンピックを開催するということは、そのように国内外に与える影響がきわめて大きいのだから、ぜひ成功させてほしいと、そのとき申し上げました。

そして中国は北京オリンピックとパラリンピックを成功させ、世界に対して中国の発展した姿を示すことができました。私もたいへん喜んでいます。

王：アジア初のオリンピックは日本で開催され、それから韓国、中国で開催され、日本は2020年に2度目の開催を迎えます。まるでオリンピックのリレーのようです。先生のお考えの通りに、日中韓が中心となり、平和の理念のもとに行われた大循環のような気がします。

福田：アジアの中では日本、中国、韓国だけが短い期間の中でオリンピックを連続的に開催しました。これはアジアの発展そのものを示す証と思います。

アジアは他の地域にない発展をし、その中心は日中韓、東アジアです。そこにいるわれわれは成長の成果を喜んでいるだけでなく、併せてそのことの責任を感じないわけにいきません。われわれが安定していることが成長・発展につながっていることを身を以て世界に示さなければいけない。

私たちは、互いに足を引っ張り合うようなことをせずに、よい関係を築き、友好を深める新しい時代になったという時代感覚と責任感を忘れることはできません。

ボアオ・アジア・フォーラムは中国の窓

王：２００６年に先生がアジアへのご理念を発表し、２００８年、胡錦涛国家主席の日本訪問により、お互いの関係が一歩進み、世界は「福田先生の時代。中国との相互理解と実際の行動が最良の組み合わせを示した」と評価しました。先生の自己評価のほどはいかがですか？

福田：私の父が発展のきっかけを作りました。スタート台を作ったということですね。私の代では環境問題などで、新たに進むべき方向付けをさせていただきました。

王：その後、先生は２０１０年４月、ボアオ・アジア・フォーラム※の理事長に就任されました。先進国としての日本の福田先生のご教示のおかげで、フォーラムは順調に発展してきました。参加者たちは先生に「多くを教えていただいた」と語っています。教師としての役割について、先生はどうお考えでしょうか。

※ボアオ・アジア・フォーラム（ボアオは中国の海南島にあるリゾート地。毎年、フォーラムの大会はボアオで開催され、2～3000人の政、官、経済界の幹部や学者、専門家が集結し、各種の会合を開催する）

福田：ボアオ・アジア・フォーラムは2001年の創立です。アジアには当時、大きなフォーラムがなかったが、世界的な国際フォーラムを作ろうとスタートしました。先人たちは、時代の流れをよく見ていたと思います。

翌年2002年の第1回総会には小泉純一郎総理大臣も出席してスピーチを行いました。日本は創設者の一人として、このフォーラムを重視していたと思います。

私が理事長に就任したのは2010年です。当時の中国はきわめて早いスピードで成長していて、日本の経済を越えるような大きな規模を誇る大国になっていたのです。これから中国に必要なのはグローバルな考えとグローバルな行動の実践です。そのような時代にあることを中国の国民一人ひとりが意識しなくてはならない時代となっていたのです。

私はボアオ・アジア・フォーラムは、「中国の国際社会への窓」だという印象を受けました。中国がこの窓を通して、外国の人々と交流し、考え方を取り入れ、自由経済のやり方を学ぶことが出来れば、中国にとっての意味があります。また、これまで外国の人は、中国はどんな考えをしているのか、よくわからないことがあったので、互いを知ることが出来る良い機会だと思いました。

今やグローバル経済の真っ只中にいる中国、その中国の成長のいちばん大事なときに、役割を果たせたと思います。

王：よき教師にお応えできますよう、よき学生になりたいとフォーラム参加者一同、考えていると思います。

福田：先生でも生徒でもないですよ、やり方や考え方の違う国同士が結び付く場、そんな感じではないですか？

王：ご謙虚にありがとうございます。

父・福田赳夫、OBサミットの設立

王：親子としてではなく、総理としての福田赳夫先生をどうお思いになりますか？

福田：福田赳夫は戦後の成長・発展期の日本経済を間違いなく運営してきた中心人物だったと思います。1955年から1975年ごろまでの長い期間にわたり、大蔵大臣、農林大臣、経済企画庁長官などの経済関係大臣を果たしてきました。自由民主党に在っては幹事長、政務調査会長などの役職を果してきましたが、党の役職だから経済は関係がないというわけではなく、経済政策の立案、政策の選択、実行面について党の責任者として役割を果し、必要なときに内閣や政府に注文をつけてきました。

経済が発展するとき、特に急速に発展するときは良く経済を知っている人がやらなければ危ない。経済は生き物のような動き方をしますから、いろいろな要素を考えながら、そのときの状況を見て適宜判断する。状況次第でやり方が違います。知識もあり、色々の経験を積んだ経済の専門家に任せることが必要です。

福田赳夫はそうしたことを正確にやってきた人だと思います。彼が現役でいる間は、日本の経済は順調に発展してきたし、かなり上手にやったと思う。本当のことを言えば、今の日本のように、難しい状況を抱えた今の時代にどういう政策を考えるのか、聞いてみたいと思います。

王：ありがとうございます。福田赳夫先生が全方位平和外交を唱えている最中の１９７８年、中国にとっても世界にとっても、とても重要な出来事である日中平和友好条約の調印がありました。福田赳夫先生の中国に対する原点はどういったものだと思いますか？

福田：日本では敗戦による混乱の時期、食糧が不足して暴動のようなデモが頻発しました。それを経済の手段でうまく切り抜けてきたという自負心もあったと思う。そういう自分の経験を通して、中国もこうあってほしいという思いが強かったと思う。中国が順調に発展していくことは彼の切実な願いだったのでしょう。

彼もかって中国で仕事をしたときに、中国の経済に携わった経験があります。そのときには、日本の立場から離れて、地域の人たちの経済が安定し、社会が混乱することがないことを中心に考えたと思います。いろいろな記録を見てそう判断しました。

王：福田赳夫先生は全方位平和外交を行い、1983年にはOBサミットを創設されました。赳夫先生の理念が広がって新たな段階を迎えたのだと思います。OBサミットは「地球範囲の平和実践」と理解してよいでしょうか。

福田：当時は東・西対立の冷戦時代でした。米ソで核弾頭をたくさん所有し、数を誇るという軍拡競争がベースにありました。これは人類の破滅につながります。ソ連が保有していた核弾頭の数は、地球人類を60回以上殲滅することができるほどの数といわれ、アメリカもそれに近い数の核弾頭を持っていた。それほど多くの核を持ち、経済を疲弊させるような負の競争をすることが、その国にとって、また地球人類にとって、一体どんな意味があるのか。

創設当時、東西対立・核競争以外にも、環境、人口、食糧、エネルギー、宗教上の争い等々、地球規模で考えなければ解決しない課題が数多くあり、課題解決を国際社会に働きかける行動の必要性を強く感じていた。

そのため、世界各国のトップリーダー経験者（元・大統領、首相、国王など）が一堂に会し、自国の立場を離れて自由に発言し、取りまとめた結論を各国に持ち帰りそれぞれの現役リーダーに働きかける、という仕組みを発案しました。オーストリアのウイーンで第1回目の会合を開いたのが、インターアクションカウンシル、通称OBサミットです。以来、毎年、繰り返してきました。

米ソに対し、核弾頭、核競争を止めようと提案もしました。数年後にレーガンとゴルバチョフが核競争を止めることを決断しました。当時、紛争が各地に起こるときに、宗教が国際紛争を巻き起こすきっかけになることがしばしば起こりました。そこで、福田赳夫の発案により政治家と宗教家の対話をOBサミットで行ったことがあります

父のあとを宮澤喜一さんが引き継ぎ、宮澤さんのあと私が引き継ぎました。

王：赳夫先生がはじめたOBサミットを康夫先生が引き継ぎ、32年にわたるサミットのOBサミットの業績を1冊の本にまとめて、解散としたのですね。どのようなお考えで解散したのでしょう。

福田：初期からのメンバーで、福田赳夫と意見が似通っていたドイツのシュミット元首相が高齢で続けられないとの意向があり、オーストラリア連邦のフレーザー元首相や他の主要メンバーも高齢化したので解散することにしたのです。もし継続するなら、全く新しい顔ぶれにする

べきでしょう。ただ思うに、このような組織は今の混沌する時代にはあった方が良いと思います。

王：一つの歴史的使命がある段階で完了したということですね。

人類運命共同体、日中韓が担う責任

王：2014年、32年にわたるOBサミットの成果をまとめた本である『世界はなぜ争うのか』[※]の英語版が出版されました。この本はOBサミットの32年の知恵をまとめ、またそれを記念するものなのですね。

※『世界はなぜ争うのか』 各国の元首相と宗教指導者によるOBサミットの討論と提言を中心に、相互理解や寛容の重要性を説いた。著者、福田康夫、ヘルムート・シュミット元西ドイツ連邦共和国首相、マルコム・フレーザー元オーストラリア連邦首相他。朝倉書店刊

王：2014年は習近平主席がヨーロッパ諸国を訪問し、「人類運命共同体」ということを提

案しはじめた頃でもあります。「人類運命共同体」というテーマはヨーロッパと中国をつなぐ接点となり、ＯＢサミットの成果とも一致します。

この本は幸運にも中国でも２０１７年に出版されました。内容とＯＢサミットの業績を深く理解できたので本が出版されたのだと思います。

福田：内容はまさに「人類運命共同体理論」です。理解していただいて感謝しています。

運命共同体とは、「人間はひとりで生きることはできない、助け合ってはじめて生きていける」という素朴で基本的な考え方で、福田赳夫が昔からもっていた信念で、互いに助け合うことの大事なことを常に言っていました。国会では施政方針演説をはじめ、国内のいろいろなところで語っていました。それをＯＢサミットでも他の首相たちと共有しようと考えていたと思います。

基本理念という意味でいえば、国家や社会について考えたとき、いかに協調してやっていけるか。自分のことだけでなく、他の人を思いやり、互いに助け合うという精神が大事です。それは国内でも国際間でも同じことです。そういう気持ちがないと世界もうまくいかない。

意見がまとまらなければケンカをはじめるということのない仲間造り、国家造り、国際社会造りということじゃないですか。

王：運命共同体という精神のもとに民権の責任というものもお考えになり、先生は会議に臨んでいたのですね。

福田：それだけでなく、核廃絶、環境、人口、などいろいろな問題、これから人類が生きていくために不可欠な課題をどう考えるか。そうした考えをみんな一人ひとりが持ち、一人ひとりが解決のための責任を果たしていかなくてはいけない、という願いを持って会議に出席し、会議で一つひとつ結論を出していきました。

王：福田赳夫先生の全世界、全方位平和外交、および民権のあり方への追求に深く感銘し、康夫先生のとくにアジアとの平和外交を深く参考にする中国の指導部に滕文生先生（中国儒学聯合会会長）という方がいます。先生もよくご存じの方ですね。

先生がご尽力され、ＯＢサミット32年の会議内容や提言などをまとめた『世界はなぜ争うのか』の内容に、滕文生先生がこれに賛同され支持して、中国語版が出版されたのです。

福田：中国でこういう書物に関心をもっていただけたということは、私どもにとっては驚きです。中国は改革開放以来、全力疾走してきた。この書物に書いてあることを考える余裕のないうちに、改革開放を始めて、今やその成果を上げながら、日々新たな課題に遭遇し、次々に解決を見出して全力で前進しているような時代にもかかわらず、おそらく他のことに係わり、考える余地のないときに、この書物の内容に関心を寄せていただいたことに実はびっくりしました。嬉しかったですよ。

福田赳夫の考え方である「人類運命共同体論」は、人類が「持続可能な世界」を目指していくために不可欠な考え方というわけです。

それを一昨年秋（２０１７年）、習近平主席は党大会における発表で明確に発言された。これは福田赳夫のいうことと同じ理念であると思いました。しかし、考えたら当たり前の話です。14億もの人口の頂点に立つリーダーが、どうやったらこの国をサスティナブルな国家にすることができるのか、全国民を幸せにすることが出来るかと考えたら、結論はそういうことになるだろうと思います。

世界の人口は現在70億人、そのうち14億人を占める中国の影響力はきわめて大きい。彼のどのような発言でも「中国はこのような考え方をしている」という世界に向けての物凄く強いメッセージを発することになると思います。

王：滕文生先生が私にあてて、1月11日に『人民日報』で発表したばかりの原稿を送ってくださいました。タイトルは「人類運命共同体は世界が発展するための歴史的な必然である」というもので、「経済の発展のためには現場で実践をしていこう」というご提案でした。

福田：（記事を読んで）たいへんけっこうな内容です。

王：滕文生先生から、本書の中に、福田先生そしてお父様の赳夫先生の理念をぜひ入れてほしいといわれました。

福田：そうですか。滕文生先生は崇高な理念をおもちの方なのでしょう。尊敬します。

王：滕文生先生と福田先生が面と向かって話し合う機会は少ないですが、どうやら以心伝心で、お互いの思いが伝わっているようですね。先生はご自身で中国語をお使いになられるのですか？

福田：よく中国に行っているけど、お恥ずかしい話、だめです。

王：中国はこれからどうやってその理念を実行に移し、実現するかが大きな課題です。そのために今、とくに中国がすべきことについてご指摘をいただきたいと思います。

福田：中国は改革開放を旗印に、全力疾走で走り続けてきた。今も走り続けている。走り続けたからこそ、短期間でよくぞここまでというほど成長を遂げることができた。驚嘆すべきことです。他の国でそういうことはかつてありません。人類史上初のことをやり遂げたのです。せっかくそうした得難いものを実現してきたのだから、それを大事にしてほしいと思います。

これからはその成果の上に、さらに精緻な、いろいろな仕組みを考えてさらに改良しながら、より強固な考えを構築していただきたい。

とくに経済の成長というのは「末端の人たちが正確に理解して、正しい方向で発展する」ことにより達成できるものです。それぞれの国民が担う活動部分と部分をまとめ上げたものが国家の活動の総体です。すなわち、国民の活動のすべてが国家の成長ということになります。。

王：日本でもそうですが、そういう中国に対する批判もよくあります。理解が異なるせいではないでしょうか。

福田：誤解される理由の一つには、今の中国が新しい事業をはじめたばかりの段階で、実際の結果をまだ出していないからだと思います。世界中の人に理解してもらうには、結果が見えてくる頃、あと3年から5年くらいはかかるのではないでしょうか。それまではいろいろな誹謗中傷の可能性もあると思います。

誤解される背景には、中国の急速な発展もあると思います。これほどの急速な発展をした国は他にはありません。その上、中国は大きな国ですから、ドンと巨大な津波が押し寄せてきたような恐怖や脅威を他の国々に与え、警戒心を感じる国がたくさんあるのではないでしょうか。大きな経済力を持つアメリカでさえ、近頃はそう感じる人もいると思いますよ。

中国もわれわれも、この考えは正しいと何度も何度もくどいほど説明して、何をいわれても挫けないで、その一方で実行して、正しい方向を目指しながら真実を証明していかないといけない。

実行するというのは、上の者、リーダーが実行するのではなく、担当の部署の人が実行するということです。ですから、担当の部署の人がトップリーダーの考えを正しく理解しているかどうかが問題です。担当の人たちが不用意に乱暴な言葉をいってしまうと、とくに外国の人にとっては、理解できない、ということになってしまう。

最初に、リーダーはリーダーの考え方を正確に、よく理解してもらう努力をしなくてはいけし、指導していかなければなりません。

王：現場で上の人がそれをコツコツとやらないといけないですね。

福田：日本は戦後、大きく発展しましたが、失敗もしました。急ぎ過ぎてくたびれたり、走り過ぎて他の道へ行ってしまったり、失敗もあります。そういう日本の過去について中国はよく研究してるようですが、間違った方向に行かないで、正しい方向に進むように参考にしてほしい。

いずれ中国も成熟社会になります。人口14億人の成熟社会は歴史上はじめてのことです。それを見事に完成してほしい。そうすると世界中がそれを見て安心するし、その結果、世界全体が安定すると思う。そういう模範モデルを造ってください。

王：よろしくご指導していただきたいと思います。

国際社会に羽ばたく新型東アジア

王：もう1回、第5といいますか、新しい日中共同文書が喫緊でしょうか。

福田：そういう機運が熟するときに、いずれは作らないといけないですね。中国が国内から世界に飛翔する、そういうときだと思う。世界に羽ばたく中国。その中身は世界に役立つ中国、世界から求められる中国、ではないですか。そのとき、日本もそのお手伝いをしますよ、という意味で作れれば最高ですね。

王：素晴らしいです。世界に羽ばたくときには重い責任が課されますから、中国人の多くが重い責任を感じていることでしょう。

福田：いつ飛び立てるかどうかを世界は見ています。今は米中貿易摩擦がありますが、これをどうやって解決していくか。世界の人々が納得する方法で解決する。「納得してくれる」ということがとても大事です。

王：世界に羽ばたく中国、それを手伝う日本。福田先生は日本のしかるべき責任として中国を手伝おうとおっしゃっていただきました。近代のアジアで最初の先進国、成熟社会となった日本のあるべき姿を示したご指摘だと思います。

福田：成熟より、老齢化ではないですか？「長寿社会のお手本」を目指したいです。「手伝う」という意味は、「お互いに協力しあい、世界に羽ばたくアジア」ということです。

アジアは本当に様変わりすると思います。今、世界の人口はアジアが3割ぐらい。あと10年も経つと、インドも足して4割ぐらい。さらに10年もすれば世界の人口の半分ぐらいがアジアになるのではないかな。経済もそれにつれて大きくなります。
アジアはそういう勢いをもっている。大きくなったというだけではだめ。内容も充実して行かなければならない。全部充実して完璧になってしまうと成熟という。そういう意味で日本はまだまだ成熟ではないですね。
中国だけではなくて、「国際社会に羽ばたくアジア」。そこにおける中国の役割はきわめて大きい。

王：はい、そこに新型日中関係がありますね。未来型の。

福田：はい、韓国もいっしょにね。

王：新型東アジアの相関関係ですね。

福田：日中韓がまとまれば、アジアもまとまる。アジアの人口がいずれ半分になってしまうの

だから、アジアがまとまれば、世界も安心してアジアと自由にお付き合いしようということになる。アジアが世界を変える。

アジア式で引っ張って行こうというのではなくて、話し合いでお互いに納得しながら進むことが大事です。引っ張っていけることはわかっていても、「引っ張ろう」とはいわないで、結果を見れば「なんだ、アジア中心でやっているじゃないか。アジア式が良いではないか」とみんなが評価して貰えるようにやっていくことが大事。「よくやっている。うまくいっているではないか」といわれるようになれば、最高。

われわれも満足だし、そういうアジアに、世界もアメリカの世論も安心してお付き合いをしてくれる。これがアジアの夢だね。ですから、その中で中国がどういう形になっていくかはとても大事だということですね。

王：福田先生のアジアの夢をお伺いして、わくわくしてきました。この本をなぜ私が企画編集したのか、先生へのインタビューをお願いしたのか。福田先生の夢を実現するために、中国側が、また中国の研究者たちが、福田先生の夢をどのように見て、どのように対応していくか。中国が反応すれば、中国の研究者たちが学問の角度から検証して夢の全体的意義と価値を立証できれば、夢は実現されるでしょう。それで先生にこの本にはなんとしてもご登場していただきたいと思ったのです。

最後に、「平和の実践」をテーマに、読者のみなさんにメッセージをお願いいたします。

福田：私のリーダーとしての視点も10年も経つと古くなりました。この本が『世界はなぜ争うのか』のあとを追い、平和の1歩も2歩も手前という今において、一人ひとりが平和の実践のための理念をしっかりもち、平和の実践をしていただきたいと思います。

王敏さんは立派な仕事をたくさんしていらっしゃるから、王敏図書館を作ってください。

王：まだまだ成熟に至っていません。これからも精進して参りたいと思います。ご指導、ご鞭撻を賜りますようお願い申します。

２０１９年2月6日　於／東京・福田康夫事務所

人類運命共同体は、世界が発展するための歴史的な必然である

国際儒学聯合会会長　滕　文生

【翻訳】
新潟経営大学 特任教授　梅田純子
中国国際放送局（ＣＲＩ）　梅田　謙

中国共産党第18回全国代表大会以降、習近平主席は多くの国際的場面や国際会議において、世界は人類運命共同体の構築に向け努めるべきだと提唱している。「一帯一路」建設の推進も、グローバルガバナンスの改善に向けた努力も、より公正で合理的な国際政治・経済秩序の確立や、新しいタイプの経済グローバル化の推進なども、そのいずれもが人類運命共同体の構築に向けたものと言える。この人類運命共同体構築という重大な命題と重要な思想の提起は、しっかりとした歴史文化の基盤と、人類共同の利益という確かな支えを備え持ち、世界が将来発展していくための正しい方向を指し示した。

一、人類運命共同体の構築という理念が広範囲に及ぶ国際社会のコンセンサスと支持を得ている

習近平主席による人類運命共同体の構築が提唱された後、各国・各地域の人々、とりわけ多くの国の政府要人や政党の指導者、専門家や学者、マスコミや国際組織のリーダーなどを含む、世界の発展と人類の運命に強く関心を持つ有識者から続々と称賛の声が上がり、論評が発表されている。それらの見解や論評は、おおよそ以下のようにまとめることができる。

㈠一部の大国が利己主義と一国主義、強権政治を強硬に推し進めている状況下にあって、中国による人類運命共同体の構築に関する提唱が、力強く響く時代の声となり、各国の人々が力を合わせて恒久的な平和、普遍的な安全保障、共同繁栄、開放・包摂、クリーンさと美しさを備えた世界の構築に向け、導き励ますものとなっている。このことは中国人民に幸福をもたらすだけでなく、世界の人々にも幸福をもたらすもので、中国が今日の世界に対して行う卓越した貢献である。

㈡人類運命共同体の構築理念は、世界各国が相互に依存し合い、人類の運命は緊密につながっているという客観的法則を明らかにしており、平和、発展、協力、ウィンウィンという時代の流れに順応し、世界と人類社会の発展の趨勢を正確に把握している。この理念は、人類社会の来たるべき運命に深い影響を与え、人類社会の発展のために進むべき方向を明示するに違いない。

㈢今日の国際社会はテロリズム、強権政治、戦乱・紛争や格差社会、環境汚染など多くの問題に直面しているにも拘らず、有効な解決手段を見つけ出せずにいる。このような状況下において、習近平主席の「人類運命共同体を構築し、協力し合ってさらに美しい世界を建設する」という提案は、人類が共通して直面するさまざまな問題に対し、各国の利益に合致する有効な方策を提供することになる。この提案はまた、これらの問題を解決することができない資本主義体制に代わる新しい選択であり、マルクス主義の全人類の解放と福祉に関する根本的主旨とも合致するもので、世界人民の擁護と支持を得ることになると考えられる。

㈣中国が提起した人類運命共同体構築の理念は、異なる社会制度、イデオロギー、歴史文明、発展段階にある国々が、小異を残して大同につき、包摂的に発展することを主張する新しい世界へのとらえ方である。これは、中国共産党と中国人民の寛容な心と使命感を存分に示したものである。それと同時に、この理念は冷戦思考を徹底的に排除し、「強いものが勝つ」というあらゆる覇権主義、弱肉強食のジャングルの法則、勝つか負けるかのゼロサムゲームとも徹底的に一線を画しており、新しい国際政治・経済秩序の確立と新しいタイプの経済グローバル化を力強く推し進めることができることを物語っている。したがって、人類運命共同体の構築は、各国の人々がともに努力すべき目標、そしてともに目指す理想となるべきであろう。

人類運命共同体の構築は、国際社会において広範にわたるコンセンサスを速やかに獲得したため、２０１７年2月10日の国連決議に書き入れられたことに続き、２０１７年3月17日には安全保障理事会決議に、２０１７年3月23日には国連人権理事会決議に記載された。人類運命共同体の構築に関する理念は、これからも思想としての輝きを放ち続け、その時代的価値と歴史的価値は恒久のものとなることを確信する。

二、人類運命共同体の構築は、人類の思想と知恵に対する革新的発展となる

中国古代の先賢は、「和して同ぜず（和而不同）」という哲学思想を早くから提唱していた。今から３０００年ほど前の周時代の初頭、史伯は「和は実に物を生じ（和実生物）」、「同は則ち継がず（同則不継）」という「和して同ぜず」の思想を唱えた。さらに春秋時代末期には儒学の始祖、孔子がこの思想を受け継いだ。「和して同ぜず」は、物事や社会発展の法則を映し出した重要な基本的哲学思想である。

中国古代の先人、とりわけ国家の為政者や統治者は、早くから「和して同ぜず」という哲学思想を政権運営や社会へのガバナンスに用いてきた。その精神を国内での社会関係や他国との外交関係に活用し、「天下を公と為す（天下為公）」、「天下大同」、「民を以て本と為す（以民為本）」、「和を以て貴しと為す（以和為貴）」、「万邦を協和す（協和万邦）」、「万国咸く寧し（万国咸寧）」などの政治思想を形成した。秦代以前の歴史書の至る所に、これらの思想に関する記述や記載を確認することができる。儒学の聖典とされる「五経」の一つ『礼記』の「礼運編」には「大道の行われしや、天下を公と為す（大道之行也、天下為公）」という記載がある。これはつまり、「天下」は多くの異なる人、家庭、社会集団、民族、国家から成り立って

いるのであり、それは、一人、一家族、一集団、一民族、一国家の天下ではなく、全ての人、家庭、集団、民族、国家が共同で所有するものであるということである。「天下を公と為す」、「天下大同」はまた、「民を以て本と為す」の政治思想のベース上で成り立っている。「天下を公と為す」とは、つまり「天下を民と為す」ということで、天下の民衆から離れてしまえば、公を語ることもできない。さまざまな異なる人、家庭、集団、民族、国家の間では互いに尊重し合い、寛容かつ平等な態度で接し合い、もし相違や論争、闘争が生じた場合には、お互いに協調し合い、細かいことに拘ることなく共通点を見つけ出して適切に対処する。国内の社会関係であっても、他国との国際関係であっても、この原則に従って対処してこそ、調和、安定、安寧を実現することができ、共同発展、共同進歩、共同繁栄のために進むべき道が切り開かれる。

「和を以て貴しと為す」、「万邦を協和す」、「万国咸く寧し」は、中国で古代から国家間関係の対処に用いられた思想であり、その要旨は国と国とは平和に付き合うべきであり、全ては和を第一とすべきであるというものだ。「和を以て貴しと為す」の出典は『論語』、「万邦を協和す」の出典は西周時代の『尚書』、「万国咸く寧し」の出典は戦国時代の『易伝』である。その当時の中国は周辺でも国内でも諸民族、諸国の長が諸侯に封じられ、国が林立しており、人々はお互いに武力衝突が起きることを望まず、平和に過ごすことを望んでいた。秦の始皇帝が中国を統一した後、「和を以て貴しと為す」という考え方で「万国咸く寧し」を実現することが、徐々に中国が周辺諸国や遠方の国々と外交をする上での基本原則になっていった。だからこそ、中国は周辺諸国や、遠方の国々と総体的に長期にわたり仁義を重んじ、隣国と仲良くする、平和的な交流による友好関係を保っているのである。このような外部環境もまた、中国が東方文明の主たる創造者と成り得た一つの重要な歴史的条件であったとも言える。

もちろん、歴史的事実が繰り返し示してきたように、少数の人が多数の人を統治する封建社会にあっては、統治者は「天下を公と為す」、「天下大同」、「民を以て本と為す」、「和を以て貴しと為す」、「万邦を協和す」、「万国咸く寧し」の政治思想を真の意味で貫徹しておらず、または貫徹することは不可能であった。しかし、これら人類社会の発展の法則と歴史的真理を反映し、人民的、民主的な先進政治思想と美しい社会理想を体現することは、中華の優れた伝統文化思想の精華として、社会の進歩のために尽力する「志士仁人」と労働者の弛まぬ追及により受け継がれてきた。

中国共産党は創立以来、中国人民を指導し、革命、建設、改革を推し進めている。１００年近くの道のりにおいて、対内的には全身全霊で人民に奉仕する根本理念を堅持し、対外的には平和共存５原則を遂行してきた。中国共産党第18回全国代表大会以降、習近平同士を核心とする党中央は、人民を中心とする発展思想を堅持し、弛むことなく中国の特色ある社会主義を発展させ、中華民族の偉大な復興と全ての中国人民がともに豊かになることの実現を打ち出している。そして、「ともに協議し、ともに建設し、ともに分かち合う」を基本原則とし、「一帯一路」をともに建設し、人類運命共同体を構築することを提唱している。これらの全ては、中国の歴史から受け継がれてきた「民を以て本と為す」、「天下大同」、「和を以て貴しと為す」、「万邦を協和す」、「万国は咸く寧し」などの思想と知恵を革新的に発展させたもので、これらの先進的思想理念と美しい社会の理想が現在の世界と社会における新しい提起であり体現なのである。

「天下を公と為す」、「天下大同」の思想理念は、世界中の多くの国や地域の文化、文明が等しく主張し、唱えているものでもある。アリストテレスによる「人類は協調しながら暮らしていかなくてはならない」という主張から、18世紀のヨーロッパの啓蒙思想家による「世界主義」精神、インドの初代首相であるネルーによる「世界家族」、さらには第2次世界大戦終結後に、世界各地で立ち上がったさまざまな共同体にいたるまで、その全てが異なる角度、異なる側面、異なるレベルから「天下を公と為す」、「天下大同」といった思想を体現している。人類運命共同体を構築するという歴史の知恵は、中華伝統文化にのみ包含されているのではなく、世界におけるさまざまな文明の中にも同様の、あるいは類似する歴史の知恵が包含されているのだ。このことは、人類運命共同体を構築する上において、豊かで堅実な共通の思想政治の基礎となる。

三、新しいタイプの経済グローバル化の推進は人類運命共同体の構築にとっての必然的な要求である

人類運命共同体は人類の利益共同体を土台に構築され、運命共同体と利益共同体は密接につながっており、互いに存亡に関わる関係にある。そして、人類利益共同体の構築は、経済利益の共同体の構築を基盤としている。そのため、経済のグローバル化は人類利益共同体と運命共同体の構築に欠かすことのできない世界経済のプラットフォームであり、必ず通らなければならない道なのだ。人類社会の発展はすでに3回の経済グローバル化を経験し、今もまだ続いており、今後も続いていく。経済グローバル化はすでに世界経済の発展における歴史の流れとなり、趨勢となっていて後戻りはできない。人類運命共同体の構築は経済のグローバル化とともに推し進めなければならない。

私たちはすでに3回の経済グローバル化を経験しているが、特に3回目は世界経済の発展に重要な貢献をしたと同時に、少なからぬ問題を累積し、少なからぬ試練にさらされ、少なからぬ弊害を形成した。もしも、問題解決のための研究と提起、課題に対する措置の実施、積み重なる弊害を改革によって取り除くことを急がず、引き続き時代遅れのモデルや経路で運行し続けて行くならば、必ず行き詰まる時がくる。これは、経済のグローバル化が中断し、停止するということではない。経済グローバル化が中断、停止することはあり得ない。問題なのはそこではなく、経済グローバル化は、その中に存在する課題、難問、積弊の解決なくして正しい方向に向かって健全に発展することができないということである。現在、経済グローバル化の健全な発展を阻んでいる主な弊害は何であるか要約して述べるなら、運行を主導するモデルが立ち遅れており、運行の経路にひずみが生じ、運行の規則と思想理念に重大な過ちが存在するということである。

経済のグローバルな運行を主導するモデルに目を向けてみよう、なぜそれが古くなったと言えるのだろうか？　それはこれまで、経済のグローバル化は主に一つの、或いはいくつかの西側の大国、即ち資本主義の主要先進国により主導されてきたからである。これらの国が経済グローバル化を推進する過程で果たした貢献や積極的な働きは肯定すべきである。しかし現在になって、このような主導モデルには、多くの発展途上国が真に参与したり、経済グローバル化の運行を共同で主導したりすることができておらず、国際関係の民主化の原則に合致していないのである。さらには、世界各国・各地域が一定の組織的な協議による共同での主導をし、多くの考えを集めて有益な意見を吸収し、万慮してともに定めるという方式から乖離すると、運行の政策を決定する上でも、運行規則とメカニズムを確定する上でも、指導のために先進的思想理念を選ぶ上でも、さまざまな過ちを予防したり、その発生を避けたりすることが難しくなる。

次に、経済グローバル化の運行の経路を見てみよう。なぜ、そこにひずみが生じたかというと、経済グローバル化の運行経路、貿易往来や経済技術の連携において、ある一部の国は頑なに保護主義、利己主義を押し通し、特に近年来、ある一部の西側の大国は「自国優先」の旗を公に打ち立て、貿易の自由化と多国間貿易体制など、経済グローバル化の運行の通則を無視し、一国主義、保護主義、利己主義を大々的に進めている。こういった面においては、「早くからすでにあり、今になってさらに過激な状況になっている」とも言えるが、これは経済グローバル化が正常に運行し、健全に発展していく上での由々しき障害となっている。

今度は経済グローバル化の運行の規則と思想理念を見てみよう。なぜそこに深刻な過ちがあると言えるのか。それは、経済のグローバル化が始まってからの数百年間は、長期にわたりジャングルの法則である「弱肉強食」や「勝ち組負け組」、「勝者の独り占め」というゼロサム思考が横行していたからだ。人類社会はすでに21世紀に入り、各国の人々は、ともに発展し、ともに栄えることを望んでおり、それはもはや時代の潮流である。このような状況下で、ある一部の西側の大国がこうした規則と思想理念を遵奉しようとするのは、大いなる過ちではないだろうか。これらの規則と思想理念が横行しているからこそ、先進国と発展途上国の間に、また、数多くの国の内部においても、発展の格差や貧富の差が生まれ、世界や地域の安定と共同発展に深刻な影響を与えている。今まさに、このような陳腐な規則と思想理念を変革する時期なのである。世界各国・各地域の人々が一緒になって、経済グローバル化の中にある問題や試練、そして積弊を直視し、経験、教訓を総括し、ともに問題を解決し、難題に立ち向かい弊害を取り除く新しい方法と施策を捜し求め、ともに経済グローバル化を運行する新たなモデル、経路、規則と理念、指導思想を確立することで、経済グローバル化が現在直面している多くの困難や困惑から抜け出し、開放・包摂、普遍的恩恵、均衡、ウィンウィンの新しいタイプの経済グローバル化へと方向転換することができる。

洋の東西、南北を問わず、政府の要人であろうが、学者であろうが、それ以外の人々であろうが、新しいタイプの経済グローバル化への期待は共通認識になりつつあり、世界各国・各地域の人々の共同の意思と叫び声になることが予想できる。従来の経済グローバル化の歴史経験と教訓を全面的に総括し、足元の世界の平和、発展、協力、ウィンウィンという時代の潮流に順応した上で、これから実践していくべき新しいタイプの経済グローバル化は、第４次経済グローバル化と言い換えることもでき、多くの新しい特徴を備え、新しい形態を成している。即ちそれは、世界各国が共同で参与するのみならず、共同で経済グローバル化を主導すること。正確性と効果が十分に実証された貿易の自由化、多国間貿易体制などの規則体制を引き続き堅持、擁護し、その改善、革新、発展を図り続けること。覇権と強権を取り除き、ジャングルの法則と、ゼロサムゲームを捨て、民主、平等、公正、合理的な協議、共同建設、共有の理念を真に体現させること。世界の平和、安定、安寧とともに発展し、ともに繁栄し、ともに豊かになることができる経済グローバル化でなければならない。世界各国の政府と人民がともに努力し、人類運命共同体を構築する上での必然的な要求としての、この新しいタイプの経済グローバル化は必ず実現する。しかも、それは人類運命共同体の構築において、必ずやより広範で、より活気に溢れた世界経済のプラットフォームを切り開くことになるであろう。

人類運命共同体の構築は、一足飛びで成し遂げられるものではなく、全人類の長い努力の末に初めて実現されるものである。習近平主席の関連論述や解釈によれば、人類社会の歴史と各発展の段階が提供したプラス、マイナス両方の経験は、人類運命共同体の構築という、この斬新な人類の偉業の中にあって、以下の基本原則の遵守を堅持しなければならない。

第一に、ともに発展しともに繁栄する原則。これは人類運命共同体の構築において、正しくその根本となる目的と進むべき方向を把握するために求められるものである。

第二に、平等に交流し、互いに手本となり学び合うという原則。これは、人類運命共同体の構築が、世界の異なる文明の歴史的知恵を正しく汲み取るために求められるものである。

第三に、道義と利益を兼ね備えた平等互恵の原則。これは、人類運命共同体の構築において、政治的には正義を堅持しつつ、経済的にはウィンウィンの原則を厳守するという両者の関係を正しく処理し、世界各国が相互に利益を得るために求められるものである。

第四に、ともに協議し、ともに建設し、ともに分かち合う原則。これは、人類運命共同体の構築において、正しく全世界の力を凝集してともに建設するという方法論と、グローバルガバナンスの改善のために求められるものである。

第五に、平和共存、天下共寧の原則。これは運命共同体の構築において、世界各国・各地域の安全保障関係を正しく処理し、平和で安定的な国際環境を実現するために求められるものである。

私たちはこれらの基本原則に沿って弛まず努力しさえすれば、人類運命共同体の構築という、人類社会にかつて存在しなかった千年の偉業を、絶え間なく推し進めることができ、世界各国・各地域の人民の共同の夢を遂に実現することができるのである。

（初出：『人民日報理論』２０１９年１月11日）

【人間の責任に関する世界宣言】の背景と思考

―「人間の責任」を語る時がきた―

〝自分にして欲しくないことは他人にもしない〟

元ＯＢサミット事務局長　渥美桂子

序

「人間の責任に関する世界宣言」（以下「責任宣言」）が発表されたのは、１９９７年９月であった。当時、世界は冷戦の終焉には安堵していたが、単一超大国の出現、世界のいたる地域で勃発していた頻繁な地域戦争、経済的グローバル化がもたらした困難等々、新たに出現した世界情勢への対応を模索し続けていた。

「責任宣言」の起草には、10年におよぶ政治指導者と世界の主要宗教の指導者達とによる国際的な議論、推敲が重ねられた。同案を導き出したのは、元指導者たちのグループ、インターアクション・カウンシル（通称「ＯＢサミット」）である。ＯＢサミットは、日本の福田赳夫元総理大臣とドイツのヘルムート・シュミット元首相という二人の極めて優れた20世紀の政治指導者が中心となって１９８３年に創設され、30年以上にわたって多くの功績を残した元首脳たちのグループである。この東西の指導者が「責任宣言」とそれに続いた普遍的倫理基準という概念の生みの親と言える。

本稿では、「責任宣言」の主旨、成立の経緯、その背景、発表後の国際社会からの反応とその後の展開を福田・シュミットの友情に触れつつ概説し、最後に筆者の個人的な中国への思いを語りたい。ちなみに筆者は学者ではないので、本稿は学術論文ではない。30有余年ＯＢサミット事務局で世界の優れた政治家達の議論を拝聴し続けられたという有難い特権に恵まれた立場から、そこで観察・拝聴した経験を通して学んだことを綴ったエッセイと受け止めて頂きたい。

一、「人間の責任に関する世界宣言」１の主旨

「責任宣言」は人間の権利と責任を均衡させることを目的としていた。同宣言を裏打ちしたのは、全ての人々と文化に適用される価値観と基準は、全人類の進歩への願望を実現に向けられ得るというその執筆者たちの信念だった。彼等は、平等で不可侵な人間の権利は自由を前提としているものの、自由の拡大には権利と責任に同等の重要性を認めなければ自由は育たない。そして人類は平和に暮らし、各人が持てる能力を十分に発揮できるような倫理的基盤を確立することを要求しているのだと確信していた。

1「責任宣言」はその補完・強化を意図した世界人権宣言と見合うよう、同じ19条から構成されている。これは今や歴史的文献となっているので、その全条項を紹介することは意義があるように思え、文末に添付する。

いかなる社会においても、無限の自由など行使できないことから、道徳的資質としての責任は、自由への任意的抑制となる。もしもある個人ないし政府が他者の犠牲をかえりみず、自己（自国）の身の自由を極限まで求めたら、多くの人々が苦しむことになる。もしも人類が地球の天然資源を収奪しつつ自らの自由を極限にまで要求したら、将来の世代が苦しむだけである。

20世紀末、世界経済のグローバリゼーションは多くの問題をもグローバル化させていった。そしてグローバルな諸問題は、あらゆる文化と社会から遵守されなければならない理念、価値観、規範を基盤としたグローバルな解決策を強く求めていた。それを理解していた提案者・執筆者たちは、国連採択の「人間の権利に関する世界宣言」の50周年記念の年を、世界人権宣言を補完し強化して、より良き世界に導く助けとなる「人間の責任に関する世界宣言」を採択するにふさわしい機会であると捉えた。

この人類の責任・義務を新たに重視することが必要になった最大の理由は、前記のように世界経済のグローバル化が世界的諸問題のグローバル化をもたらせていた現象にある。人類は、グローバルな相互依存性によって相互に調和の中で生きていくことを余儀なくされているからこそ、規則と制約を必要としていた。倫理は集団生活を可能にする最低限の基準である。それで、倫理とその結果である自己抑制なしには、人類は弱肉強食の世界に逆戻りしてしまうだろう。（今日の世界政治を見ると、まさにそれが現れているかの如く筆者には映る）当時、世界はその上に依って立つことのできる倫理的基盤を必要としていたし、未だに必要としているのである。

そして責任宣言の執筆者たちは、人間の行動を導くためには、複雑な倫理システムではなく、古代から世界中で普遍的に存在した「黄金律」[2]に着目した。これは、ほぼ2000～3000年前の古代に、世界各地で預言者、聖者、賢者たち（中国では孔子、孟子、老子、インドでは仏陀、中東ではモーゼやキリスト、西洋ではアリストテレス等）が真剣に唱えていた規範である。執筆者たちは、この黄金律が真に守られるのであれば、公正な人間関係は保持することができる、と考えた。

2　黄金律の否定文での表現は、「自分自身が他者からされたくないことを他者に対しても行うな」ということであり、東洋では否定文の方が通常使われる。肯定文での表現をすると、「他人にしてもらいたいことを他人にせよ」となり、より積極的で連帯的役割を意味する。この共通した規範が、それぞれの地域が隔離されていた古代、それぞれ他の聖者の存在すら知らなかった賢人達が教えていたことに最初に注目したのは、ドイツの哲学者カール・ヤスパース（1883年~1969年）で、彼はその時代を「枢軸の時代」と名付けた。

例えば、コスタリカの元大統領でノーベル平和賞受賞者のオスカル・アリアスは、1997年春の会議に提出した「責任を語る時がきた」と題する論文で以下を強調した。

- 私たちに生命の権利があるとすれば、私たちには他者の生命を尊重する義務がある。
- 私たちに自由の権利があるとすれば、私たちには他者の自由を尊重する義務がある。
- 私たちに安全への権利があるとすれば、私たちには全ての人間が安全を謳歌できる条件を創出する義務がある。

- 私たちに自国の政治過程に関わり、指導者を選挙する権利があるとすれば、私たちにはそれに参加し、最良の指導者を選ぶ義務がある。
- 私たちに自分自身と家族のために一定水準の生活を得られるよう公正で好ましい条件の下で働く権利があるとすれば、私たちには自己能力の最善を尽くす義務がある。
- 私たちに思想、良心、信仰の自由の権利があるとすれば、私たちには他者の思想や宗教上の原則を尊重する義務がある。
- 私たちに地球の恵みへの権利があるとすれば、私たちには地球とその天然資源を尊重し、配慮し、復活させる義務がある。

また、マハトマ・ガンジーが唱えたとされる「７つの社会的罪」―原則なき政治、道徳なき商業、労働なき富、人格なき教育、人間性なき科学、良心なき快楽、犠牲なき信仰―が多くの参加者の賛同を呼んだ。（今日でも、これを読んで某大国の指導者を彷彿するのは、私だけだろうか？）

二、「人間の世界責任宣言」起草までの経緯

福田赳夫とヘルムート・シュミット

ここで、この責任宣言発表にいたるまでの経緯を、その産みの親であった20世紀東西の優れた指導者、福田赳夫元日本国首相とヘルムート・シュミット元ドイツ首相の真に稀有な友情に焦点を当てながら概説したい。

長年「資源有限・人智無限」を訴え続け、平和共存の外交哲学「福田ドクトリン」[3]で第2次大戦後の日本の対アセアン外交政策を確立し、日中平和友好条約も成立させた福田赳夫元日本国総理大臣が、不可思議な党内抗争に敗れて首相の座を降りたのは1979年だった。しかし彼は、その後も普遍的な倫理基準に裏打ちされた理念、節度ある東洋的思考を主張し続け、また「世界の中の日本」の座標を示して時代をリードし続けた。常に「心と心」を訴えていたのだ。首相退任後に彼が着想したのは、首脳経験者達を招請し、長期的な地球人類問題を議論し、世界的に提言を打ち出すというOBサミットだった。

3　1977年8月18日に福田赳夫首相はマニラで日本の対アセアン外交政策を世界に向けて発表し、これは今日でも日本の対アジア政策の基盤となっている。下記の3項目がその主要点である。

①　日本は、平和に徹し軍事大国にはならないことを決意しており、そのような立場から、東南アジアひいては世界の平和と繁栄に貢献する。

②　日本は、東南アジアの国々との間に、政治、経済のみならず社会、文化等、広範な分野において、真の友人として心と心のふれ合う相互信頼関係を築きあげる。

③　日本は、「対等な協力者」の立場に立って、アセアン及びその加盟国の連帯と強靱性強化の自主的努力に対し、志を同じくする他の域外諸国とともに積極的に協力し、また、インドシナ諸国との間には相互理解に基づく関係の醸成をはかり、もつて東南アジア全域にわたる平和と繁栄の構築に寄与する。

福田が先ず相談した相手が、ドイツのヘルムート・シュミット元首相だった。二人は、同時期にそれぞれの国の財務大臣と首相という重職に就き、何回も国際会議で意気投合してきた仲だった。この東西の二人の指導者たちに初めて遭遇した人々には、二人は一見正反対に見えた。年齢的にも14歳の差があり、福田は痩身で飄飄とした言葉数の少ない東洋の政治家、シュミットは太めで饒舌な西洋の政治家だった。政治的立ち位置も、前者は日本の保守党党員であり、後者はドイツの社民党党員だった。しかし、二人はそれぞれ国内では同世代切っての秀才だったし、戦争の残酷さと敗戦後の屈辱的な惨状をくぐり抜けてきたという苦しい経験を共有する指導者だった。

第2次大戦後、兵役から戻ったシュミットはハンブルク大学へ進み、修士論文に「日本の戦後通貨改革」[4]をテーマに選んだ。以降、日本への関心を捨てることはなかったようだったし、1950年代以来数十回と訪日した。二人を近づけたのが、1970年代前半の石油危機とニクソンショックだった。この経済困難を乗り切るための先進国蔵相会談が頻繁に開催され、敗戦国出身の二人は緊密に話し合った。後にシュミットは「ドイツと日本は、その過去に深刻な欠陥を共有し、近隣諸国に重大な罪悪を及ぼした国同士、二人とも肩身の狭い思いをしました」[5]と語った。

福田がシュミットにOBサミットの構想を相談したのは、後者も党内抗争で退任した直後のことだった。「このアイディアを相談されたときの私の最初の反応は、何とナイーブな」だったとシュミットは後に語った。「しかし、そのような国際的グループが全く存在していなかったことから、それは面白いし説得力があるとも思いました。そこで私は福田さんの構想に協力することにしたのです。」[5] そしてＯＢサミットは１９８３年に、20名の元首脳を東西南北から招請して発足した。残念ながら、第一回総会には、国内の政治情勢のため、シュミットは欠席をよぎなくされた。

4　実際には戦後日本で実施された預金封鎖と新円改革のことで、これらにより日本は、多くの国民が飢餓に直面するという困難な時期を乗り切った。当時大蔵官僚として中心的に働いたのが福田赳夫だった。後にそれを知ったシュミットの驚異は福田への敬意と変わる。

5　２００５年９月東京大手町の日経ホールで行われた「福田赳夫生誕百年記念講演」での演説。

勿論二人は、最初の10年間はＯＢサミットが国際的な信頼を獲得できるように育て上げることに、大変な努力を強いられたのだった。その苦労と努力を通じて、二人の友情はさらに強化され純化されていった。筆者は、それは何よりも二人が黄金律的な価値観を共有していたからだったと思う。

冷戦が頂点に達していた１９８０年代は、軍縮と平和が世界の最大の関心事項だった。経済面では、各種の国際不均衡と通貨不安が指導者たちを悩ませていた。しかし福田とシュミットは、それらの深刻な問題にも当然真剣に取り組んだが、より高い次元から21世紀世界の展望を既に考えていた。それは、人口増、環境悪化、天然資源の枯渇等の悪循環、それらの相互悪作用とその持続不可能性への対応策だった。両指導者には、「人類にはいかなる将来が残されるのだろうか？」と二人はしばしば語り合っていた。個々の人間がイデオロギーを超越した人間性への希望を回復するためには、精神的価値観の欠如に由来する多くの問題に対処する必要性があることが明白だった。そして、そのための重要な第一歩が、人間の安全と幸福に関する知識と経験を語り合える世界の主要宗教指導者と政治指導者の一連の対話であると認識していたのだった。

二人は、本来なら対話を通じて過激主義や対立が収められるべきであるのに、宗教間の口論や相違が、往々にして社会不安、憎悪、時には戦争までもたらしていた悲しい状況について、こうした問題が宗教の誤用にも起因していると語り合った。彼らは又、世界の主要諸宗教と精神哲学には共通した倫理観が流れていることを感知していた。そして宗教間の距離を縮め、より安全な世界を確立するために不可欠な共通倫理を定義したいと模索し始めたのだった。当然、宗教と政治の分離を唱える政治家の中には、そのような構想に懐疑的な人々も多かった。

ローマ会議

かくして、近代史の中でも初めてという宗教指導者と政治指導者の対話が実現したのは、１９８７年の３月ローマの著名な修道院、チヴィルタ・カトリカであった。会議の提案者、福田赳夫が議長を務めたこのローマ会議には、政治指導者７名、宗教指導者７名に環境学者１名が招請された[6] なかには無神論者もいた。大いに異なる個人的信条にもかかわらず、静かだが真剣な議論を通じて彼らが多くの意見を共有していることが明らかとなった。なかんずく、歴史的に最も深刻な危機に対して効果的な是正策が打ち出されない限り、永続的未来はないと全員は一致した。さらに、道徳的価値観、平和、人類の幸福へ導くためにはそれぞれが献身する意思を共有していることを確認した参加者たちは、精神界の指導者と政治指導者間には協力し合える分野が多々あると結論づけた。ローマ会議で打ち出された宣言の中心的要素は次の３点である。

- 真の平和は、全ての社会に浸透する相互理解と国際的理解および対話のプロセスによってのみ達成しうる。
- 道徳的、政治的、経済的理由から、人類は均衡のとれた経済構造に向かって努力しなければならない。これが世界的に蔓延する貧困を除去し、人類と地球の存続を助ける意図のある地球的連帯観を促進しうる。

- 開発・人口・環境の関連しあう諸問題につき、家族計画に関する男女の相互理解は不可欠である。

この家族計画に関して、全ての宗教指導者が賛同したことに、ＯＢサミットのメンバー達は驚愕した。長年家族計画の重要性を訴えてきた福田赳夫は、次のように語った。「ローマで得た合意は私たちの努力をさらに継続するよう勇気づけるものです。会議は人類史上前例がない成果をあげ、非常に価値のあるものでした。私は、心と心の話し合いを求める継続的な努力が、連帯活動をもたらすことを信じております。私は、自分のこの信念をこの目で確認できたことを大変嬉しく思うとともに、心からの感謝を捧げる次第です」[7] またヘルムート・シュミットは次のコメントを出した。「世界中から集まった五大宗教の聖職者達が、政治家とともに家族計画の重要性を認めたことは素晴らしい前進です。他の多くの指導者たちにもこの重大さに気づいてもらわなければなりません。　犠牲は一方的なものではありません。与えることは得ることです。20世紀末期における人類に対する脅威は、団結によってのみ回避されうるのです」[8]

6　**政治指導者**：福田赳夫（日本国元首相）、ヘルムート・シュミット（前西ドイツ首相）、イェノ・フォック（元ハンガリー首相）、マルコム・フレーザー（元オーストラリア首相）、オルセグン・オバサンジョ（元ナイジェリア大統領）、ミサイル・パストラナ・ボレロ（元コロンビア大統領）、マリア・デ・ローデス・ピンタシルゴ（元ポルトガル首相）。

宗教指導者：A・T・アリヤラトネ（スリランカ、仏教）、K・H・ハッサン・バスリ（インドネシア、イスラム教）、ジョン・B・コッブ（米国、キリスト教メソジスト派）、フランツ・ケーニッヒ（オーストリア、カソリック枢機卿）、リ・ショウパオ（中国、プロテスタント）、カラン・シン（インド、ヒンズー教）、エリオ・トアフ（イタリア、ユダヤ教）。

環境専門家：レスター・ブラウン（米国、ワールドウォッチ・インスティテュート）。

7　平和・開発・人口・環境の相互関連問題に関する宗教指導者と政治指導者の会議、インターアクション・カウンシル、１９８７年３月９〜10日

8　同右

１９９０年代に入ると、世界は激変した。冷戦が終焉し、第１次湾岸戦争と多くの地域戦争が勃発し、西側先進世界では不況が続いた。世界の注目はこれらの新たな緊急な諸問題に集中せざるをえなかったが、そうした世界の大変動にもかかわらず、ＯＢサミットの指導者たちは普遍的倫理基準の追及を放棄しなかった。世界の主要宗教やイデオロギーが共有する価値観の共通分母を追求し続けたのだ。それは彼らが、21世紀には世界がその目を見張るような科学・技術の進歩とグローバル市場の進展がもたらす社会経済的・生態学的マイナス面にも直面せざるを得なくなることを、予想していたからである。

シュミットは後に顧みた。「福田氏は、その生涯を閉じられる寸前、私達にあることを請願されました。それは、啓蒙された全ての人間に共通する道義的真理と指針であるべき普遍的な倫理、それを異なる宗教や政治思想に固執する人々にも理解され、受け入れられやすく表現することを追求する努力の継続でした。福田赳夫氏は極めて重い質問を抱えて亡くなりました。『普遍的倫理基準を確立する方法はあるのだろうか』と。そして福田氏が創設したＯＢサミットの同僚たちは彼の意志を継ぐ決意をしたのです」[9]

シュミットは「同僚たち」と謙虚に語ったが、実は彼の固い決意が無ければ、その後の展開はあり得なかった。その固い決意を裏打ちしていたものは、彼の福田赳夫に対する深い敬意だった。福田が逝去する5年前に、シュミットは次のように綴っている。「有難う、赳夫さん。貴方が模範を示せば、我々は後についていきます。貴方が指針を示せば、我々は傾聴します。貴方の平和への尽力と献身を讃えます。貴方は大人物、賢明な指導者、信頼すべき友であり、私の終生の宝です。」[10]その言葉通り、シュミットは福田の最後の願望を実現すべく、即動いた。

9　「21世紀へのメッセージ—世界の賢人から福田赳夫氏への書簡」1995年5月22日、OB サミット実行委員会。

10　同右

1990年代の半ば、彼は世界の現状を次のように捉えていた。「政治は、無力化されてしまった。社会生活と国際関係の複雑化に対処できず、真の人類の進歩に向かう公正な道程に世界を導く能力を欠如している。教育機関は、いずれ大部分が技術進歩に淘汰されてしまうだろ労働力を大量生産している。電子メディアは人間の精神を汚濁している。こうした状況において宗教や精神界の指導者たちこそが普遍的な道徳・倫理基準を案出できるのではないか」[11]

もちろん、OBサミットのメンバー達はその言葉に動かされ、積極的に協力した。とりわけ、新たに共同議長に就任した日本の宮澤喜一元首相とオーストラリアのマルコム・フレーザー元首相がシュミットの決意と努力を精力的に支え続けた。シュミットは、カトリック教徒でバチカンと長年「宗教間対話」について論争してきた国際的に著名なハンス・キュング博士の参加を説得した。[12] 世界宗教者議会のためにすでに1993年に普遍的倫理宣言を執筆した同博士は、人類と世界の為に普遍的な倫理基準が存在しうることを熟知していた。

11 ウィーン会議参加者への1996年12月招請状より。

12 1928年スイス生まれ。チュービンゲン大学名誉教授兼地球倫理財団創設者。カトリックの聖職に就いたが、1960年代に宗教間対話を推進してヴァチカンに睨まれ、聖職を追われた。しかし、チュービンゲン大学が彼を守り続けた神学教授。

普遍的倫理基準の探求

１９９６年３月に宗教指導者、哲学者、政治指導者がオーストリアのウィーンに集合した。[13]そのグループは、普遍的倫理基準の中核として以下を提言した。

1. 人類は、共に平和裡に暮らせる地球保護のための責任分担のビジョン、つまり希望、目標、理想、価値基準のビジョンを必要としている。
2. 権利と自由のための行動には責任感と義務感が伴うこと。義務を伴わない権利は永続せず、また普遍的な倫理なくしてより良い世界秩序はありえないこと。
3. 普遍的倫理とは、最低限必要な共通の価値、基準および基本的態度をもたらすものであり、すべての宗教に肯定され、無神論者にも支持されうるもの。
4. すべての個人、社会、政治倫理にとって必要不可欠な二つの原理は
   (1)すべての人間はあまねく人間らしく扱われなければならない。
   (2)黄金律 ― 自分が他人から望むことは自らも他人にする。
5. すべての主要宗教が支持する不変の誓約が四つある。
   - 非暴力と生命尊重の理念への誓約

- 連帯と公正な経済秩序の理念への誓約
- 寛容と誠実な生活の理念への誓約
- 平等な権利と男女間のパートナーシップの理念への誓約

6. 今日の人口動向は効果的な家族計画の追求を不可欠にしている。
7. 教育は、若い世代の心に普遍的な倫理価値を植え付ける重要な役割を担っている。カリキュラムや講義には共通の普遍的価値規範を織り込み、自ら奉じている宗教以外の教えに対する理解を深めさせていくべきである。
8. 戦争や暴力による惨害との闘いを世界の再優先課題としなければならない。

13 以下がウィーン会議の出席者。

政治指導者：ヘルムート・シュミット、アンドリース・ファン・アフト（元オランダ首相）、ピエール・エリオット・トルドー（元カナダ首相）、ミゲル・デ・ラ・マドリ・フルタド（元メキシコ大統領）山口シズエ（日本国元衆議院議員）。

宗教・精神界：A・A・マグラム・アル・ガムディ（ロンドン、キング・ファハド・アカデミー学長）、荒木美智雄（筑波大学教授）、シャンティ・アラム（インド、シャンテイ・アシュラム総長）、トーマス・アクスウォーシー（カナダ、ＣＲＢ財団理事長）、ブトリアヴァド・ファラトゥリ（ドイツ、ケルン大学教授、イスラム学アカデミー学長）、アナンダ・グレロ（元スリランカ控訴裁判所判事）、キム・キョン・ドング（韓国、ソウル大学教授）、ケーニヒ枢機卿（オーストリア）、ハンス・キュング（スイス、チュービンゲン大学名誉教授）、ペーター・ランデスマン（オーストリア、ウィーン大学）、リュー・シャオ・フェン（香港、中国キリスト教学研究所学長）、Ｌ・Ｍ・シングヴィ（ロンドン、インディア・ハウス高等弁務官）、マージョリー・スコッキ（アメリカ合衆国、クレアモント神学校学長）。

ジャーナリスト：フローラ・ルイス（インターナショナル・ヘラルド・トリビューン）。

普遍的倫理基準の中枢として上記に合意したグループは、国連の世界人権宣言が１９９７年に50周年を迎えるにあたり、人権宣言の補完と強化のためにも、国連総会が「人間の責任に関する世界宣言」案を採択するよう世界指導者に訴えることを提言した。その後一年をかけてハンス・キュング博士の指導の下に、先の〝一、〟で概説した「責任宣言」が起草されたのだった。起草段階ではＯＢサミットメンバーはもとより、１００人以上の指導者や知識人にも意見を仰いだ。米国のジミー・カーター元大統領、ヘンリー・キッシンジャー元国務長官、ロバート・マクナマラ元国防長官・世界銀行総裁やドイツのヴァイゼッカー兄弟（兄カールは著名な物理学者、弟リヒアルトは元ドイツ大統領）他、世界的指導者たちからのアドバイスが多々あった。何重もの改定と調整を経て「責任宣言」が案として完成したのが１９９７年８月末だった。一般公表前に１００名近い世界的指導者が同案に賛同者として名を連ねた。シュミットは「これで福田先生への約束が果たせた」と大いに満足していたし、安堵もしていた。

三、責任宣言への反応とその後の進展

「責任宣言」案は、新たにＯＢサミットの共同議長に就任し、福田・シュミット両先輩を恩師と仰ぐオーストラリアのマルコム・フレーザー元首相によって１９９７年9月１日に発表された。同氏は、世界各国の現役指導者、国連事務総長、主要国メディアに同案を送付し、自らも国連に乗り込んで関係者の説得に積極的に動いた。同案は、オリジナルの英語版から瞬く間にそれに感動したボランティア達によって18カ国語に翻訳され、[14] 関係者を感動させた。

14　オリジナルの英語に加え、アラブ語、中国語（大陸と台湾双方の漢字版）、フィンランド語、フランス語、ドイツ語、ギリシャ語、ヒンズー語、インドネシア語、イタリア語、日本語、韓国語、ポーランド語、ポルトガル語、ロ

シア語、スペイン語、タイ語、トルコ語に翻訳されていった。

１９９７年秋の国連総会では、インドネシアのアリ・アラタス外務大臣が「責任宣言」案を同総会で議論し採択するよう提案した。その動議には中国、エジプト、インドも共同提案国となり、オーストラリアやコスタリカ代表も支持を強く総会で訴えた。不幸にして、西側世界の人権擁護グループの強烈な反対により採択されなかった。反対者たちは、「責任宣言」が「人権の概念を弱体化させる陰謀だ」と喧伝していたし、第14条を「プレスの自由を脅かす」と誤解した西側メディアが猛烈な反対運動を展開したのだった。個人的には「責任宣言」に賛同しても、公的には支持を表明できなかった指導者も多かった。

しかし、シュミットは落胆しなかった。翌年のＯＢサミット総会で、実現に半世紀もかかった欧州同盟（ＥＵ）を引き合いに出し、「このような抽象的な概念が一般的に受け入れられるためには、極めて長期にわたる努力と行動が必要とされるのだ」と語った。そして「責任宣言」に関する賛否両論が巻き起こした論争のお蔭で、同案への賛同者も増えていった。事務局には２０００名近くの人々からの賛意が寄せられた。政治家、学者、メディアの指導者達も多くいたが、一般市民からの賛同が圧倒的に多かった。代表的な賛意として、1998年4月に極めて深遠な意見を病床から寄せてくれたユーディ・メニューヒン[15]の手紙から一部を紹介したい。

15　(1915~1999) ユダヤ系米国人の著名なバイオリニスト。

「私はこの人間の責任宣言の中に、人類の進歩に対する深遠な激励を感じ取りました。それは人間の尊厳を定義する第一の方法といえます……　各個人、グループ、または文化にとって奪うことのできない新たな尊厳 ― 責任の尊厳 ― は、上に立つ強者、責任ある人々によってこそ認識されるべきで、それが依存せざるを得ない弱者の権利を強化できるのです。責任ある者の責任、依存する者の権利が正しい道なのです。私達は往々にして、その逆に直面します。すなわち、責任ある者の権利の乱用と依存する者への過多の責任の要求です。

この文書は、自由世界の全ての機関により採択され、全ての学校で教えられ、全ての排他的社会に導入されるべきです。責任宣言は、人類への文明化への物差しとして有用であり、あらゆる国旗や信仰の下で暮らす全ての人びとの生活にとっても、真に実行しうる共通項を初めて入手できる提言です。

人間も地球上の全ての生命も道徳的権威のある声を求めています。私達は、少なくとも一つ自明の理に合意すべきです。すなわち、人間の責任なしに人権は決して存在しえないことを認めない限り、人間が人間的な進歩を決してとげることはできないということです。人権と責任は一つのコインの両面で、真の人間の交換活動にとって唯一の普遍的通貨なのです。それは、私達を戦争から守ってくれます、人間の搾取、不幸、経済的困難から相互依存を護ることによって、事実、人権を強化してくれるのです。

私達の細胞、原子も全てがより高い啓蒙を所望しているのです。すなわち、学習と奉仕の自由への見返りとしての義務を認識することは、私達を最も深い内面にある精神面に近づけさせてくれるのです。責任宣言は、キリスト教、ユダヤ教、仏教、自然崇拝あるいは多神教であろうと、あらゆる宗教的表現とも両立するのです」

その後、世界中で「人間の責任」について、多くの記事や著書が現れ、そのテーマで多くの国際会議も開催されていった。また、同様の宣言が特定の職業や分野に関して他のグループからも打ち出されていった。特に国連関係では、国連教育科学文化機関（UNESCO）と国連難民高等弁務官事務所（UNHCR）が共同で、「人間の義務と責任に関する宣言」を1998年に打ち上げ、人権宣言の50周年を記念した。また2002年には中国のイニシャチブで国連経済社会理事会（ECOAC）がOBサミットの責任宣言を採択するよう決議案が提出され、アジアやアフリカ、中米の国々から支援された。フィンランドの指導者達は、「責任宣言」を功績として、OBサミットをノーベル平和賞に推薦した。教育面では、オーストラリアのヴィクトリア州で、中学・高校の教科書に「責任宣言」を1998年に導入した。支持者や賛同者も年々増大し、OBサミットを世界の道徳的権威と呼ぶドナーも現れた。この宣言は、とりわけ南アジア、東南アジア、東アジア、開発途上諸国から広く支持されてきている。

OBサミットも責任宣言との取り組みをより長期的な運動に切り替え、人間の責任という概念の普及に努力を集中させた。毎年人間の責任を年次総会テーマの一つに掲げ、責任宣言への支持をグローバルに訴え続けた。普遍的倫理基準に関する専門家会議もその後開催し続けた。

それは、「国連総会で採択され、他の無数の決議同様忘れられてしまうのと、恒常的に世界の人びとの意識に訴え続けるのと、福田先生だったらどちらを選んだろうか？」というシュミットの問いへの応えだった。

シュミットは、1998年にはドイツのフランクフルトで、「責任宣言」の普及戦略について専門家たちに知恵を絞ってもらい、1999年にはキプロス島で中東問題をテーマに学者や宗教指導者たちと対話した。

そして、21世紀に入ってから、9・11に続く第2次イラク戦争が始まった。OBサミットは、この「対テロ戦争」が世界中での不安定を高め、秩序の崩壊すらもたらしかねないという懸念から、2003年インドネシアのジャカルタで新たな宗教間対話を開催した。参加者たちは、「すべての宗教指導者は、すべての暴力・テロに対する宗教上の正当化を断固として拒絶すること。すべての指導者は宗教と人種の異なる人々に見られる分断に橋をかけること。すべての人々は、寛容かつ正直な人生を歩み、男女間の平等の精神を持ち、普遍的な人間の価値と基本的な倫理基準を認め、非暴力・人命尊重・団結・公正な経済秩序を遵守する文化を開拓すること」というアピールを出した。

さらに2007年には、西側世界での商業・金融・実業界における倫理基準の全般的崩壊とも思われる状況に心を痛めたシュミットは、宗教間対話を再び所望した。高齢のシュミットの健康状態を考慮し、同対話はドイツのチュービンゲンで開催された。テーマは「平和・正義・倫理の勢力として、世界の主要宗教をいかに復活させるか」であった。その研究の中核にあったのが、やはり世界の主要宗教が再三にわたって受け入れ、確認してきた普遍的倫理規範だった。

宗教は、不穏とテロの源泉ではなく、統合、忍耐力、品性などの精神的力であるべきなのだ。不幸にして、原理主義者たちに利用されてあまりにもしばしば分断と対立が生じてしまう。同会議は、グローバルな諸問題と対処する人々を応援する上で、宗教指導者達が重要な役割を担っていると布告した。一連の提言が、文化的多様性と宗教グループの複数性を保存しつつ平和と団結を促進する方途として、打ち出された。すなわち、全ての宗教に共通した中核的倫理規範が世界市民の基盤であると認識すること。政治指導者による宗教の誤った利用を拒絶し、宗教指導者にそれぞれの信仰を政治的目的の為に誤用されないよう促すこと。未来の世代の利益の為に命を尊重し、地球を保護する環境上の挑戦と向き合う宗教的運動力を強化することなどである。そして当然、共通した倫理がこれらの提言の中心にあった。

ちなみに、このチュービンゲン会議終了後、シュミットはチュービンゲン大学で「政治家と倫理規範」という名演説を行った。超大国の最高指導者の言動に辟易としている方々にはぜひ一読をお勧めしたい。全文が福田康夫とマルコム・フレーザー共著の「世界はなぜ争うのか」（２０１６年朝倉書店、英語版は〝Ethics in Decision-Making〟、中国語版は王敏訳で『十国前政権要論「全球公共倫理」』）に掲載されてある。

このようにして、ＯＢサミットは福田・シュミットという20世紀の偉大な政治指導者に啓蒙され、世界の主要宗教に共通して流れる共通倫理が、平和でより公正、そして人道的な世界にとって最善の長期的基盤をもたらすと、長年訴えてきたのだった。グローバル倫理のエッセンスとは、相違はあってもすべての宗教において確認できる価値規範、取り消すことのできない基準や道徳的行動に関する最低限の基本合意なのである。それはまた、宗教心に基づかなくとも、強い倫理基準を持って生きる無神論者たちからも支持されていることも忘れてはならない。

21世紀が進み、世界の緊急な諸問題への共通したコミットメントが、かつてなかったほど不可欠となってきた。世界の人々に平和と調和をもたらすためには、福田赳夫が訴え続けた普遍的倫理の受容が大きく役立つという信念をシュミットが強めた。しかし、主要政府の政策立案において、悲しいことに倫理観が最近ますます欠如しているかのように見える。あらゆる努力において倫理的態度の重要性をいかに再確立できるかは、おそらく人類が直面する最重要な課題となっていくだろう。

米国のバラック・オバマ前大統領も、現役だった2009年6月にエジプトのカイロで行った中東問題に関する講演で、次のように訴え、人間の責任に長年関わってきた指導者たちを喜ばせた。[16]

「私達は、近年の経験からの多くを学びました。一国で金融制度が弱体化すると、世界中が影響を受けます。一国が核兵器を求めると、核攻撃のリスクが世界中で高まります。テロリストがどこかの山中で活動を始めれば、海を越えて危険が高まります．貧困国で無垢な人々が虐殺されれば、私達の集団的良心の汚点となります。これは、21世紀の世界で分かち合うことの意味です。それは、人間として私達が相互に負っている責任なのです。

戦争を始めることは簡単ですが、終わらせることは難しい。他人を非難することは、その人の内面に目を向けることよりも容易ですが、人と何を分かち合えるかを見つけることは、違いを見つけるよりも難しいのです。しかし我々は安易に楽な道を選ぶのではなく、正しい道を歩むべきなのです。また、すべての宗教の核心にひとつの規則があり、それは「他人にしてもらいたいことを他人にもせよ」です。この真理は、すべての民族、人々にも普遍です。この信念は新しいものではなく、キリスト教、イスラム教、ユダヤ教個々のものでもありません。文明発祥の地に脈打ち、現在もなお数十億という人々の心に鼓動する真実なのです。それは他人を信頼することであり、私を今日ここに導いてくれたものもこの信望です」

16　その１か月前にサウジアラビアで開催されたＯＢサミット総会に特別ゲストとして参加したウィリアム・ウェルド元マサチューセッツ州知事（２０１６年の大統領選挙では〝Independent〟として立候補し、２０２０年の大統領選に向けて共和党候補としてトランプに挑戦している）が、責任宣言に感動し「オバマ大統領に必ず渡す」と確約してくれた成果と解釈したからである。

四、「意思決定における普遍的倫理」2014年会議と出版

卒寿をとっくに越えたヘルムート・シュミットが、OBサミットの傘下でもう一度、宗教間対話に参加したいという最後の願望を表明された。それに応えたのが福田赳夫の長男で自らも総理大臣を務めた福田康夫とオーストラリアのマルコム・フレーザー元首相だった。父、故福田赳夫の最後の願いに応えて「人間の責任宣言」を完成させたシュミットの最後の願いを実現させたのが福田康夫という因縁に運命的な繋がりを感じた関係者は多かった。

2014年3月26~27日に「意志決定におけるグローバル倫理」をテーマとした宗教間対話がウィーンで開催された。[17]（ちなみに、95歳となったシュミット元首相の最後の参加だったので、共同議長を務めた福田康夫とフレーザーは、シュミットの長年の貢献に感謝する意味で95歳誕生日祝賀会も企画し、それには二人の大蔵大臣以来の旧友、フランスのジスカール・デスタン元大統領もかけつけた。オーストリア政府も惜しみなく協力してくれた）

17 以下の指導者達がウィーン会議の出席者。

政治家：Mr. Helmut Schmidt（ドイツ）、Malcolm Fraser（オーストラリア）、福田康夫（日本）、Jean Chrétien（カナダ）、Franz Vranitzky（オーストリア）、Andreas van Agt（オランダ）、Abdul Aziz Al-Quraishi（サウジアラビア）、Abdullah Haji Ahmad Badawi（マレイシア）、Valéry Giscard d. Estaing（フランス）、Abdel Salam Majali（ヨルダン）、Olusegun Obasanjo（ナイジェリア）、George Vassiliou.（キプロス）。

宗教家・学者：Hamzah Mohammed Alsalem（サウジアラビア）、Hsin-Kang Chang（中国・香港）、Friedrich Wilhelm Graf（ドイツ）、Muhammad Habash（シリア）、Kirk Hanson（米国）、Gholamali Khoshroo（イラン）、Mano Mettanando Laohavanich　（タイ）、Abdul Mukti（インドネシア）、Archbishop Niphon of Philipopolis（レバノン）、大谷光真（日本）、ジェレミー・ローゼン（英国）、Amin Saikal（オーストラリア）、Stephan Schlensog　（ドイツ）、Ravi Shankar（インド）Arif Zamhari（インドネシア）、Paul M. Zulehner（オーストリア）。

この対話の中心的課題は「政治におけるこれら倫理価値の意義とは何か?」だった。倫理とはその必要性を説くだけのものでなく政策アプローチの一部をなすのだということを、いかに政治指導者たちが保証しうるのだろうか。同会議では、以下を議論することになった。

- ２０世紀の歴史からいかなる教訓を得たか。どの教訓を無視し、どの教訓を忘れてしまったか？
- 寛容という徳―無視からではなく尊敬からの寛容―とは、教えうるものなのか？
- 私たちは、自らの宗教・文化・文明的帰属意識を抑え、他の人々や国民の帰属意識を尊重するという挑戦に挑めるのだろうか？
- 国家であろうと組織であろうと個人であろうと、自己利益は常に道徳的価値や真実と正義よりも大切なのだろうか？
- すべての人間の活動、とりわけ膨大な進歩をもたらしながらも負と邪悪な側面を持つ経済・科学技術の分野での意思決定において、倫理観はいかにして再発見されうるのだろうか？
- 世界の人口が９０億人に達するという予測に鑑み、倫理に基づく人間の英知は、実際に、平和とより公正な世界をもたらしうるのだろうか？

これらの質問のいくつかに関して、会議で特定な答えが出たわけではない。しかし、会議に提出された諸論文も活発な議論も極めて価値の高いものだった。そしてあらゆる分野で決定を下す立場にある人々に対し次の11項目の提言が打ち出された。

- グローバル倫理の促進および必要とされる責任と義務の受容。
- 全ての暴力を正当化することの拒否及び生命の価値の確認。
- 誤解されやすく分断を促しがちな政策を回避するべく慎重な努力。
- 平和への道程としてのグローバル倫理の実施と文化的・宗教的多様性から協力を促進するための政府指導者たちによる再誓約。
- 過激主義、政府による分断と誹謗の政治の拒否。
- 特定の地域と国家に見られる過激主義に対抗する特別な努力。
- 現代のグローバル化した世界共同体において、グローバル倫理の促進がより複雑化されていることの認識。
- 全ての人、とりわけ青少年に対して全ての主要宗教およびそれらが重視する共通の倫理基準を教育する特別な努力。
- 人命、環境、天然資源に深刻な影響を及ぼす90億という人口に世界が向かっていることを意識した政策立案。
- 政治家と宗教指導者間の宗教間対話の継続。

一見、これら11項目は当たり前の勧告だが、その実行がなかなか見られないのが悲しい現実である。前に触れたように、このウィーン会議の全内容は、同会議で共同議長を務めた福田康夫、マルコム・フレーザーの共著によって英文で〝Ethics in Decision-Making〟として2015年3月に出版された。この本への評価は高く、今日までに他の7ヶ国語に翻訳されている（アラブ語、中国語、ヒンズー語、インドネシア語、日本語、ロシア語、タイ語）。詳しくは、同著を一読頂きたいので（インターネットではwww.http//heart-to-heart-world.orgで検索可能）ここではこれ以上の概説を割愛させて頂く。

残念ながら、2010年以降、OBサミットを財政支援してきた日本はじめ他の先進国政府が財政困難の理由から支援を打ち切り始めた。事務局は東京からカナダに移り、会議の内容も変貌してきたことから、シュミット元首相、福田康夫元総理、フレーザー元首相は、ウィーンでの宗教間対話を最後のOBサミット会合と位置づけ、辞任された。OBサミットは事実上終止符を打ったが、その残した功績は大きい。「人間の責任」概念と普遍的倫理基準の普及は他の心ある機関が今後継続していくことが強く望まれている。特に、人間社会が前進のみでなく後退することも多々ある現実を目の当たりにする今日、福田・シュミットが推進してきた「人間の責任」および「普遍的倫理基準」という概念は、その重要性がますます高まっているのである。

悲しいことに２０１５年3月にはフレーザー元首相が、同年11月にはシュミット元首相が逝去された。（ちなみに、両氏とも、ウィーン会議の纏めが7カ国語に翻訳されつつあることの報告を受けて大いに喜ばれた後に逝去されたことが、関係者の唯一の慰めである）昨今の国際状況は、普遍的倫理基準を奨励する努力の灯が消えうせたかのようである。福田赳夫が打ち上げ、フレーザーを含む多くの指導者や学者、宗教家たちの協力でシュミットが完成させた「人間の責任宣言」や「普遍的倫理規範」という概念をさらに普及させる運動は今や福田康夫に引き継がれた。同氏に大きな期待が寄せられている所以である。

おわりに替えて　―筆者の個人的な中国への想い

筆者は50年間も続いた日中戦争の末期に中国の石門で生まれ、終戦を青島で迎えた。１９４５年末に日本に引き上げ、再度中国の土を踏んだのは１９８１年だった。鄧小平による市場経済化が始まったばかりの時期で、中国は未だ貧しかった。その後、10回ほど中国に戻る機会があったが、その凄まじい発展ぶりにはその都度目を見張るばかりだった。

筆者は若かった頃から、日本が日清戦争以来、２０００年近くにも及ぶ文明の恩師である中国に対して、いかにひどい行為を犯してきたかを調べ、苦しい思いをしてきた。戦争中、筆者は中国と中国人に対して残虐な罪を犯すには幼過ぎた。しかし成人してからは、一日本人として中国人への謝罪の意識を常に維持してきた。そして初めて出会う中国人には誰であろうと必ず「あの戦争で日本が犯した罪に関して謝罪する」ことから始めようと決めた。

幼かった筆者が個人的に何も残虐な罪を犯さなかったとしても、日本人として謝罪する責任が自分にもあると思ったからである。そして「日本人が二度とあのような罪を犯さない」と世界に誓うことが、日本と日本人の責任であり義務であると思っているからである。これは、「人間の責任宣言」に数十年関わってきた者としては当然の思いだろう。

拙稿を読んで下さった中国の方々に、この想いを伝える機会を与えてくれた王敏教授に深謝する。

了

２０１８年12月、東京

【添付資料】人間の責任に関する世界宣言

人間性の基本原則

第1条：すべての人々は、性、人種、社会的地位、政治的見解、言語、年齢、国籍または宗教に関わらず、すべての人々を人道的に遇する責任を負っている。

第2条：何人も、いかなる形にせよ非人間的な行為に支持を与えてはならず、すべての人は他のすべての人々の尊厳と自尊のために努力する責任を負っている。

第3条：何人も、いかなる集団も団体、国家、軍隊もしくは警察も、善悪を超越した存在ではない。すべてが倫理的規範の対象である。すべての人は、あらゆることにおいて善を推進し悪を避ける責任を負っている。

第4条：理性と良心を授けられたすべての人々は、家族と地域社会に対する人種、国家および宗教に対する責任を、連帯の精神によって受け入れなければならない。自分自身が他者からされたくないことは他者に対しても行ってはならない。

非暴力と生命の尊重

第５条：すべての人々は、生命を尊重する責任を負っている。何人にも、他の人間を傷つけ、拷問し、または殺す権利はない。これは、個人または地域社会の正当な自衛の権利を除外するものではない。

第６条：国家、集団または個人間の抗争は、暴力を伴わずに解決されるべきである。いかなる政府も、集団虐殺またはテロリズムを黙認または加担してはならず、戦争の手段として女性、児童その他のいかなる市民をも虐待してはならない。すべての市民および公務員は、平和的、非暴力的に行動する責任を負っている。

第７条：すべての人々は限りなく尊く、無条件に保護されなければならない。動物および自然環境も保護を求めている。すべての人々は、現在生きている人々および将来の世代のために、空気、水および土壌を保護する責任を負っている。

正義と連帯

第８条：すべての人々は、高潔、誠実そしてまた公正に行動する責任を負っている。何人もまたいかなる集団も、他人または集団の財産を強奪し、または恣意的に収奪してはならない。

第9条：すべての人々は、必要な手段が与えられているならば、貧困、栄養失調、無知および不平等の克服に真剣に努力する責任を負っている。すべての人々に尊厳、自由、安全および正義を保証するために全世界で持続可能な開発を促進すべきである。

第10条：すべての人々は、勤勉な努力によって、自らの才能を開発する責任を負っている。人間は、教育および有意義な仕事への平等な機会を与えられるべきである。誰もが、困窮者、不遇者、障害者および差別被害者に支援を与えるべきである。

第11条：あらゆる財産と富は、正義に則し、人類の進歩のために責任を持って使われなければならない。経済的・政治的権力は、支配の道具としてではなく、経済的正義と社会的秩序に役立つように使われなければならない。

真実性と寛容性

第12条：すべての人々は、真実を語り誠実に行動する責任を負っている。何人も、その地位がいかに高くまたいかに権限が強大であっても、偽りを語ってはならない。プライバシーと個人的および職業上の秘密保持の権利は尊重されるべきである。何人にも、常にすべての真実をすべての人に話す義務はない。

第13条：いかなる政治家、公務員、実業界の指導者、科学者、文筆家または芸術家も一般的倫理基準から免責されず、顧客に対して特別な義務を負う医師、弁護士その他の専門職も同様である。職業その他の倫理規定は、真実性および公正性などの一般的基準の優先性を反映すべきである。

第14条：公衆に知らせ、社会制度および政府の行動を批判するメディアの自由は、公正な社会にとり不可欠であるが、責任と分別をもって行使されなければならない。メディアの自由は、正確で真実な報道への特別な責任を伴うものである。人間の人格または品位をおとしめる扇情的報道は、いかなる時も避けなければならない。

第15条：宗教的自由は保証されなければならないが、宗教の代表者は、異なる信条の宗派に対する偏見の表明および差別行為を避けるべき特別な責任を負っている。彼らは、憎悪、狂信および宗教戦争を煽りまたは正当化してはならず、むしろすべての人々の間に寛容と相互尊重を涵養すべきである。

相互尊敬とパートナーシップ

第16条：すべての男性とすべての女性は、そのパートナーシップにおいて尊敬と理解を示しあう責任を負っている。何人も、他人を性的搾取または隷属の対象としてはならない。むしろ性的パートナーは、相互の幸福に配慮する責任を認容すべきである。

第17条：あらゆる文化的および宗教的多様性の中で、結婚は愛情、忠実心および寛容を必要とするものであり、安全と相互扶助の保証を目指すべきである。

第18条：賢明な家族計画は、すべての夫婦の責任である。親と子の関係は、相互の愛情、尊敬、感謝および配慮を反映すべきである。いかなる親も他の成人も、児童を搾取し、酷使または虐待してはならない。

結論

第19条：本宣言のいかなる規定も、いずれかの国、集団または個人に対して本宣言および1948年の世界人権宣言に掲げる責任、権利および自由の破壊を目的とする活動に従事する、またはそのような目的を有する行為をする権利を認めるものと解釈されてはならない。

文化人類学から『世界はなぜ争うのか』を読む

神戸市外国語大学　秦　兆雄

一、はじめに

人類の歴史に関する認識は当事者の立場や視点および学識などによって多様である。戦争と平和という二分法もあるが、実際、平和な時期にもさまざまな争いが起きている。弓道の専門家で筑波大学名誉教授の入江康平（1939〜）は、「有史以来現在に至るまでの人類の歴史は、まさに戦い（闘い）の歴史であると言っても過言ではない。すなわち、人類はこの世に生を受け、死を迎えるまでの間に、自然界からの脅威を防ぐための戦いから始まり、猛獣から身を守ったり食料にする小動物を捕獲するための戦い、さらには土地争いや政治体制・宗教などを背景とした人間同士の戦いなど、さまざまな戦いに遭遇してきた。そして、私たちは、今日においても世界のどこかで互いに殺傷し合う状況がおきていることも承知している」（入江2018a：15頁）と指摘している。

人間が争うのは人類の誕生以来の宿命であるが、科学技術の進歩とともに、その規模と形態は著しく拡大してきた傾向がみられる。グローバルに展開されている現代世界では、大量の核兵器および通常兵器、人口増加、食料危機、環境破壊などの諸問題が、全人類の生存と平和を脅かしている。また、世界には人種的偏見や異文化への蔑視はまだ残っており、各地域で紛争が続発して、人間は互いに殺しあっている。しかしながら、他方では、世界のさまざまな集団は政治、経済、宗教などの諸分野において互いに無関係・無関心で暮らすわけにはいかなくなり、運命共同体としての人類という意識を常に持たざるを得なくなってきたことも事実である。

福田康夫元首相他が、２０１６年出版した『世界はなぜ争うのか —国家・宗教・民族と倫理をめぐって—』は、各国の元首脳や宗教指導者および学者達が集い、国際紛争と世界倫理について議論したＯＢサミットの記録である。彼らはそれぞれの立場から、世界はなぜ争うのか、それを食い止めるためにはどうすれば平和な世界を構築できるのかについて、建設的な提案をしている。いずれも注目に値するものであるが、それらの主旨について高く評価した上で、さらに議論を深めながら視野を広げて発展させていく必要があると思われる。

本稿は主に文化人類学の視点から、『世界はなぜ争うのか —国家・宗教・民族と倫理をめぐって—』を熟読した所感である。特に本書の中で繰り返して強調されている黄金律、すなわち「自分にして欲しくないことは、他者にもしない」（31頁）を中心的に取り上げたい。また、本書の２６７頁には、「黄金律の否定文での表現は、『自分自身が他者からされたくないことを他者に対しても行なうな』ということである。肯定文での表現をすると、『他人にしてもらいたいことを他人にせよ』となり、より積極的で連帯的役割を意味する」と説明されている。これについても検証しながら、議論を深めることを試みる。

なお、本書の黄金律は出典が明示されていないようであるが、「自分にして欲しくないことは、他者にもしない」は『論語』における孔子の言葉「己所不欲、勿施於人（己の欲せざる所は人に施す勿れ）」、「他人にしてもらいたいことを他人にせよ」は『新約聖書』に由来するものだと理解している。

まず、文化人類学の基本的な考え方を確認しておこう。

二、文化人類学の基本的な考え方

文化人類学とは全人類の文化を研究対象とする総合的な学問であり、人類学の一分野である。人類学は人類の進化過程や生物学的な側面を研究する自然人類学と、人類の文化的・社会的な側面を研究する文化人類学または社会人類学からなる。いずれも19世紀半ばの欧米諸国に生まれ、世界各地に広がった人文社会科学である[1]。

文化人類学は米国で用いられる名称で、英国および多くのヨーロッパ諸国では社会人類学と呼ばれる。ドイツをはじめとする一部のヨーロッパ諸国と日本などでは民族学の名称も用いられている。なお、１９３４年に日本民族学会が設立されたが、戦後米国の影響を強く受けて、２００４年に日本文化人類学会に改称された。１９５２年に設置された東京都立大学人文学部に社会人類学科（現在の首都大学東京社会人類学研究室）や、１９７７年に開館した国立民族学博物館などが有名であるが、このような機関に所属する研究者の多くが日本文化人類学会の会員になっているため、本稿で語る文化人類学は社会人類学および民族学を含むことにする。

「文化」または「文明」に関する定義は研究者によって異なるが、いずれも広い意味で使われている。「文化人類学の父」と呼ばれる英国のエドワード・バーネット・タイラー（Edward Burnett Tylor1832~1917）は１８７１年に出版した *Primitive culture* の中で、「文化または文明とは、知識、信仰、芸術、道徳、法律、慣習その他、社会の成員としての人間によって獲得されたあらゆる能力や習慣の複合総体である」と定義している。この定義は、文化現象を具体的・羅列的に記述している点と、文化を文化要素の単なる寄せ集めではなく複合的な総体として考えたところに特色があり、長年にわたり広く受け入れられている。複合的な総体としての

１　人類学協会が１８５９年に米国のワシントンで、１８７１年に英国のロンドンでそれぞれ設立されていた。日本では明治17年（１８８４年）に東京で「じんるいがくのとも」研究会が組織された。

文化は、固定不変なものではなく、人類の歴史の発展過程において、内部要因や外部要因などにより各要素の変化とともに常に変化していくものである。

　1922年にポーランド出身の英国のブロニスワフ・カスペル・マリノフスキー（Bronisław Kasper Malinowski 1884〜1942）の『西太平洋の遠洋航海者』、英国のアルフレッド・ラドクリフ＝ブラウン（Alfred Reginald Radcliffe-Brown 1881〜1955）の『アンダマン島民』の両書がそれぞれ英国で出版された。マリノフスキーがフィールドワークの手法を確立し、ラドクリフ＝ブラウンがフランスの社会学者デュルケームの社会理論に基づいた構造機能主義理論を確立し、ともに人文社会科学としての基礎と地位を築いた。これは文化人類学が学問として確立された時期である。これ以前は欧米近代をその頂点とし、すべての社会は未開状態から段階を経て進歩していくとする進化主義（代表者ルイス・ヘンリー・モルガン Lewis Henry Morgan1818〜1881）や、ある類似する社会習慣がある場合、一方から他方にそれが伝播したとする伝播主義（代表者ジェームズ・フレイザー Sir James George Frazer 1854〜1941）などの考えが主流であった。なお、モルガンの進化主義はマルクス主義の形成に多大な影響を与えていた。しかし、進化主義と伝播主義はフィールドワークに基づくものではないため、説得力は不十分であった。1922年以後はマリノフスキーとラドクリフ＝ブラウン流のフィールドワークと構造機能主義は英国社会人類学の伝統となった。第2次世界大戦後、米国ではフランツ・ボアズ（Franz Boas 1858~1942）を中心とする学派が、社会関係と社会構造に注目する英国の社会人類学よりも、人間の慣習や社会制度、心理的傾向性、言語、物質文化という多様な要素からなる広義の文化に焦点を当てる文化相対主義を主張した。文化相対主義とは進化主義を自民族中心主義として否定し、それぞれの文化はそれぞれの価値において記述し、評価すべきだという立場であり、世界の文化人類学者にとって自明のものとして広く認知されるようになった。

この他に、構造主義や新進化主義などさまざまな学派や学説もあるが、いずれにも文化の相対性という共通認識がある。すなわち、人間は、時代・空間にかかわりなく同じような問題に直面するが、その解決方法は民族や集団および国家によって多様である。いずれも環境や伝統などにより規定され、そこに各文化の特徴が現れる。いかなる民族または国家も固有の言語を有しているように、あらゆる文化や文明は固有の価値を持っている。各々の文化または文明の間には、絶対的な優劣はなく、相対的な違いがあるだけである。相対的に違うさまざまな文化を、文化人類学者は理解しようとし、また理解できると考える。

例えば、一夫多妻制または一妻多夫制は、その文化体系では「正く」、「当然」のことであるが、一夫一妻制の文化体系の中では「悪く」、「違法」になる。また、食事についても、牛肉や豚肉を高級食品として見なす社会もあれば、それを忌避する社会もある。したがって、異文化または他者の理解は相手の立場に立って行うことが必要不可欠である。ある文化体系の下にいる成員は自分の文化や価値を基準にして、別の文化体系の下にいる人達の文化を判定する権利を持たないと言うことができる。このような文化相対主義の考えに根ざしている学問こそ文化人類学である。

文化相対主義は、人間文化の多様性＝異質性の認知、容認を基礎とするもので、文化の研究の深化、そして異文化間相互理解の促進に対する文化人類学の偉大な貢献であったといえる。ただし、文化相対主義は、これまでの欧米人の自民族中心主義に対する反省から、国際理解の鍵としての寛容の精神を学問的に裏付けようとした善意から出たものとして評価できるもので、必ずしも人類に普遍的価値の基準がないという意味ではない。人類または民族同士が相互に理解し共感しうる共通の基盤が存在しており、人類文化には多様性＝相対性と並んで、一様性＝普遍性も存在していると文化人類学者は考えている。

これまで世界中の文化人類学者は、主に長期的なフィールドワークによって得られた資料と身体知に基づいて、世界各地の民族集団に共通の特徴と各々の集団に独自な特徴、つまり人類の普遍性と多様性を明らかにしてきた。また、異なる人種と民族および文化に対する誤解や偏見を改め、共通の人間性を認識できるように貢献してきた。世界の諸民族の文化の多様性と人間性の豊かな可能性を知れば知るほど、視野が広がると同時に、異文化を鏡として、自文化を相対化することになる。そうすれば、自文化に誇りをもつばかりではなく、そこに潜む偏見や差別などの問題点にも気がつき、自らの見識を豊かにすることになる。

文化人類学者が著した調査報告書はそれ自体異文化理解を促進するが、その社会の変化や経済発展などに積極的に手助けする場合もある。１９８０年代以降は、発展途上国における開発、出産、医療、教育、観光、環境などの社会問題を処理する応用人類学の分野が急成長し、多様化が進んだ。また、文化人類学者の実践的行為の政治性や方法論・理念についての議論も盛んに行なわれている。

我々文化人類学者は人間とは何であり、何ができるのかという根本的な問題を問いつつ、研究成果を生かして人類全体が直面する諸問題に対処しなければならない。筆者はこのような学問背景や問題意識および使命感をもって本稿を書くことにした。

三、福田康夫氏の論文について

『世界はなぜ争うのか ―国家・宗教・民族と倫理をめぐって―』に掲載された福田康夫元首相による論文「寛容と理解」（94〜102頁）は、多神教的な日本社会・文化に対する内省を踏まえ、「寛容」だけでは不十分であり、そこから真の意味での「理解」と、さらにはその共通理解の上で異なる文化や習慣を乗り越えてお互いが社会生活をともにするという実際の「行動」までを伴って、初めて私たちの求めている共通の倫理を求めることができると指摘している。また、グローバルな倫理を探す作業を進めていく上での三つの「手がかり」として、①他者に対する思いやり（Compassion）、②異なる文化に対する感受性（Cultural Sensitivity）および③相手との信頼感（Confidence）の構築を提唱している。

このような考え方と提言は、文化人類学の姿勢と目的に非常に近いため、共感して賛同できる。文化人類学者は現地で長期滞在し、生活しながら、言語を習得し、相手の文化を理解しようとするフィールドワークを行なわなければならない。フィールドワーク自体も、やはり単なる「寛容」だけでは不十分であり、「思いやりや共感」および「文化の違いやニュアンスに対する鋭敏な感受性」をもって「個人間の信頼関係構築」ができるように努力しなければならない。そのために、文化人類学者は心を開いて相手の立場に立ち、相手を尊重し、相手から話を聞き、相手との対話と交流を通じて真の相互理解を深めなければならない。文化人類学者にとって異なる他者を自己の鏡として考え、相手と対話を続けていくことは、他者と異文化の理解だけではなく、自己と自文化に対する再認識にも繋がるよいチャンスとなる。

こうした内省に基づく対話を通した相互理解は、個人間や集団間および民族・国家間の誤解や紛争などを無くすために必要不可欠である。筆者は、池田大作と杜維明が提唱する文明および国家間の対話（池田・ドウ２００７）だけではなく、文明および国家内部におけるさまざまな形の対話も極めて重要であり、そのメカニズムをよりよく構築する必要があると考えている（秦兆雄　２００８）。すなわち、その内部対話とは、国家という枠組みの中で、異なる民族や党派、宗教、性別、階層、社会集団などが、学術研究を含めた国家内部の諸問題を対等かつ公開の原則に従って、相互に納得し了解しあうまで議論するための政治制度とメカニズムである（秦２００５：43～44頁）。また、東アジアの地域内部でも、国際関係における対話の規範はおもに欧米により設定されたものであるが、我々はそれを尊重しながら、この地域に根ざした独自の伝統文化と価値観を活かした対話メカニズムを構築していく必要があるだろう。東アジアの国々は文化交流の歴史を相互にしっかり認識して平和のために常に意見交換を行ない、信頼関係を樹立したいものである。

四、黄金律の普遍性について

１９８３年、福田康夫元首相の父親でもある福田赳夫元首相は、ドイツのヘルムート・シュミット首相たちと「インターアクション・カウンシル（ＩＡＣ、通称ＯＢサミット）」を創設した。さらに、創設以来、毎年定期的に各地で会議を開いて、「人類が直面する政治、経済、社会、倫理等の分野における諸問題の実践的な解決へ向けた提言を検討する」という創設趣旨に向けて、多くの人々が努力し実践してきた。

『世界はなぜ争うのか ―国家・宗教・民族と倫理をめぐって―』の31頁に、ＯＢサミットが示している二つの提言は注目に値するものである。すなわち、人類共通の倫理として①「思いやりや慈悲」という意味の人間性――誰もが人道的に扱われなければならないこと、②有名な「黄金律」が語る相互主義――「自分にして欲しくないことは、他者にもしない」。また、本書の２６７頁には、「黄金律の否定文での表現は、『自分自身が他者からされたくないことを他者に対してもしても行なうな』ということである。肯定文での表現をすると、『他人にしてもらいたいことを他人にせよ』となり、より積極的で連帯的役割を意味する」と補足説明がある。

この二つの提言のうち、最初の①「思いやりや慈悲」という意味の人間性——誰もが人道的に扱われなければならないという提言は、イエス・キリストが主張した博愛主義や孔子が提唱した仁愛精神に相当するもので、人類と文化の普遍性からすれば妥当であり、完全に共感できる。

しかし、次の②有名な「黄金律」が語る相互主義—「自分にして欲しくないことは、他者にもしない」および「他人にしてもらいたいことを他人にせよ」という提言は、それぞれ一理あり、基本的に賛同するが、人類と文化の多様性からすれば、それをさらに議論する余地があると思う。

まず、黄金律の肯定文について議論していきたい。

この「他人にしてもらいたいことを他人にせよ」の出典は、『新約聖書』マタイ7章12節であると思われる。その新国際版の939頁の英語の原文はDo to others what you would have them do to youであるので、厳密に訳せば、最初の「他人にしてもらいたいこと」は、「自分にしてもらいたいこと」であろう。すなわち、「自分にしてもらいたいことを他人にせよ」ということである。これは相互主義的な考え方であり、人類普遍の倫理道徳として基本的に成立する。ただし、人類と文化の多様性からすれば、私たちは自分にしてもらいたいことが必ずしも他人と同じであるとは限らない。また、他人に何を与えるかまたは与えないかについて、相手の価値観や文化背景をよく確認し、十分に尊重する必要もある。

次の否定文「自分にして欲しくないことは、他者にもしない」または「自分自身が他者からされたくないことを他者に対しても行なうな」とは、孔子の言葉「己所不欲、勿施於人（己の欲せざる所は人に施す勿れ）」に由来するものであると思われ、筆者は中国人として誇りに思うが、文化人類学者としては部分的には同意しながらも、全面的に賛同できないと言わざるを得ない。最初の「己所不欲」の訳は、「自分自身が他者からされたくないこと」よりも、「自分にして欲しくないこと」の方が正しいと思う。以下は「己の欲せざる所は人に施す勿れ」という日本語の定訳に基づいて議論を展開してみる。

この孔子の言葉は『論語』の中に二度出ている。それを確認しておこう。まず、「顔淵第十二」の「仲弓問仁。子曰、出門如見大賓。使民如承大祭。己所不欲、勿施於人。在邦無怨、在家無怨。仲弓曰、雍雖不敏、請事斯語矣。」（弟子の仲弓から「仁とは何か」と聞かれた時に、孔子が「門を出て社会の人と交わる時には、地位の高低を問わず、貴賓にまみえるように敬虔であるがよい。人民に責務を課する場合には、天地宗廟の神々を祭る時のように敬畏であるがいい。己の欲せざる所は人に施す勿れ。もしそれができたら、国に仕えても、家にあっても、怨むことがないだろう」。仲弓が「不肖の学生であるが、ご教示を実践するように努力する」と答えた)。次は、「衛霊公第十五」の「子貢問曰、有一言而可以終身行之者乎。子曰、其恕乎。己所不欲、勿施於人。」(孔子が弟子の子貢に「一生実践できる徳目はあるか」と聞かれたときに、「其れ恕か。己の欲せざる所は人に施す勿れ」と答えた)。

この二度の孔子の語りはあくまで同じ社会と文化内における人間関係のあり方に関する見解であり、「己の欲せざる所は人に施す勿れ」は、「己の欲せざる所」が他人にとっても同じであるという人間と文化の同一性を前提としている。しかし、人類と文化の多様性および文化人類学の相対主義からすれば、その前提条件は普遍的ではないことが明らかである。

筆者は2015年8月に孔学堂で開かれた第3回全国儒学社団聯合会議及び儒学文化と核心価値観のシンポジウムに参加し、さらに孔学堂についてフィールドワークを行なった[2]。孔学堂は中国貴州省貴陽市政府が2011年7月から建設を始め、2013年初に対外開放した孔子廟および儒教研究施設であり、総面積は88ヘクタールである。この中にある大成殿の正面壁

2　2016年9月に貴州師範大学で開かれた中日陽明学国際シンポジウムに参加し、補足調査を行なった。

には「己所不欲、勿施於人」が刻まれている。当時、筆者はシンポジウムに提出し、後に発表した拙文（秦2016a）の中でこの孔子の言葉を取り上げて以下のような主旨を述べた。

筆者は2000年4月から2001年3月まで訪問学者としてハーバード大学フェアバンクセンター滞在中に、当時ハーバード大学イエンチエン研究所所長であった杜維明教授と出会ってから、「己所不欲、勿施於人」が孔子および儒教の最高価値の一つであり、世界に適用できるという彼の主張を何度も拝聴した。その後、彼の主張は世界に広く知られ、近年の中国における儒教復興のキーワードの一つにもなったように思われる。

確かに、日常生活の中には「己の欲せざる所は人に施す勿れ」といった場合があり、またその必要性もある。例えば、自分は戦場に行きたくないなら、他人に行かせるべきではないし、戦争を引き起こすべきではないだろう。これは戦争を防ぎ、平和を維持することに役立つ。この点に関して、「己の欲せざる所は人に施す勿れ」は平等互恵の国際関係を律する倫理的原則として必要であると思う。

しかし、「己の欲せざる所は人に施」してもよい場合もある。すなわち、「己の欲せざる所」（衣食住や婚姻制度、市場原理および政治体制など）は、「人に施す勿れ」の場合もあれば、「人に施す」必要がある場合もある。食事を例にすれば、自分は肉類が欲しくないが、他人が欲しいならそれを施してもよいし、その必要性もあるだろう。このように、「己の欲せざる所は」必ずしも「人に施す勿れ」とは限らない。したがって、私たちは、「己の欲せざる所」は己だけの価値判断なのか、それとも他人と共有する価値判断なのかについて明白に分別する必要がありはしないか。また、他人に何を与えるかまたは与えないかについては、文化や価値観の多様性を今一度思い出して、他人の価値観や文化的背景をよく確認して十分尊重する必要もあるのではないか。

さもなければ、「己の欲せざる所は人に施す勿れ」という倫理的原則は、人に誤解を与えてしまい、さらに悪くすると、人類の普遍的な価値観を否定するような自己中心主義および自民族中心主義を正当化させてしまうことになる。例えば、その倫理的原則にしたがえば、人が愛や平和を「欲せざる」なら、それを他人に「施す勿れ」という生き方が正当化されることになる。親が学校教育を「欲せざる」なら、それを子供に「施す勿れ」ということが倫理的に妥当だと判断されるであろう。教員が自ら信奉する宗教や思想および知識などと異なる宗教や思想および知識などを「欲せざる」なら、それを学生達に「施す勿れ」という立場も許容されることになろう。国営企業が公平透明な市場競争原理を「欲せざる」なら、それを私営企業に「施す勿れ」という市場独占を容認することにつながるであろう。国家の指導者が選挙や言論の自由などの民主制度を「欲せざる」なら、それを国民におよび世界に「施す勿れ」という独裁政治の正当化につながりかねない。このような実例は古今東西存在し、枚挙に暇がない。

このように、「己所不欲、勿施於人」は他者に対する慈愛や思いやりの一面があるが、文化人類学的な視点からみれば、実は自己と他者を同一視しており、必ずしも相手の立場に立ち、相手の価値観や文化的背景をよく尊重するという他者理解の姿勢ではないと思われる。また、上述の『論語』の原文からわかるように、孔子自身もこの言葉を人類の普遍的な倫理道徳としては主張していない[3]。この意味で「己所不欲、勿施於人」は孔子思想の精髄であるかどうか、また黄金律として世界のあらゆる人間関係および国際関係に適用できるかどうかについて、さらに検討する必要があるように思われる（秦２０１６ａ：２３９～２４１頁）。

なお、孔子の時代にはすでに中華と異民族または異文化間のあり方に関する華夷観が存在していた。すなわち、中華は天下の中心であり、その東西南北にはそれぞれ東夷、南蛮、西戎、北狄という野蛮な夷狄がいるという中華と夷狄を分ける「華夷の弁」があった。『論語・八佾』に「夷狄之有君，不如諸夏之亡也。」という孔子の有名な言葉がある。

この言葉に関する解釈が二つある。まず、中華と夷狄の区別に民族的なものがあるならば、「夷狄の君あるは，諸夏の亡きに如かざるなり（たとえ夷狄に君がいても、中華に君がいないのに及ばない）」と解釈し、君主がいる夷狄はあくまでも夷狄に過ぎないという民族優越論になる。次は、中華と夷狄の区別に文化的なものがあるならば、「夷狄の君あるは，諸夏の亡きが如きにあらざるなり（夷狄にきちんと君がいるのは、中華にいないような状態とは違う）」と読み取り、君主のいる夷狄が君主がなくて混乱している中華よりもまだよいという文化優越論になる（土田2011：162頁、秦2016a：241頁）。

早稲田大学教授土田健次郎（1949〜）が指摘したように、歴史上、中国と朝鮮と日本およびベトナムの間では、この孔子の言葉を民族優越論と文化優越論を使い分けてそれぞれ都合よく解釈してきた（土田2011：162〜165頁）。たとえば、山鹿素行（1622〜1685）が寛文9年（1669）に著した『中朝事実』は、中国の中華思想に反論し、日本こそが中朝（中華）であると主張した（山鹿1985：29〜43頁）。これは後の日本ナショナリズムの思想的源泉の一つとなった。いずれも、自民族中心主義であり、民族平等主義と文化人類学の相対主義ではないと考えられる。

3　『論語・陽貨』において孔子は「夫三年之喪，天下之通喪也（三年間父母の喪に服する慣例は世界に通用する）」と強く主張している。しかし、この孔子の主張は尚武の日本には通用しない。

五、文武教育の普遍性

　賢人と教師への尊敬そして教育と学問の重視は、儒教の一貫した伝統であり、孔子が偉大な教育家と思想家として東アジアおよび世界で高く評価される所以である。これは時代を問わず、人類全体が共有できる普遍的な価値と文化遺産である。ただし、教育と学問の内容や形態は時代や地域によって異なり、変化しうるものである。荻生徂徠（1666～1728）が享保12年（1727）に著した『鈐録・序』で、「古代中国は文武は二つではないとして武芸を重視し、孔子も例外ではなかったが、それ以後、特に宋代になると、文武がわかれて、宋儒は尚文のみとなった。これは中国古来の伝統に反するものである」（荻生1973：217頁）と指摘していた。また、土田健次郎も「儒学というものは軍人のための思想ではなく、官僚の思想である。中国儒教は伝統的に『武』を卑しんで『文』を尊ぶ」（土田2014：74頁）と指摘している。この「重文軽武」の伝統は、宦官制度や科挙制度、頻繁な王朝交替などがあり、さらに、欧米列強および日本による侵略戦争の被害などとあいまって、欧米と日本の武道教育や尚武の伝統に対する理解を困難にしてしまった。この傾向について畠山香織（2013）が論じている。

杜維明教授による論文「孔子の論語」は、孔子の「六芸（礼、楽、射、御、書、数）」（227頁）の文武の教育的実践を賞賛している。この指摘は重要であり、筆者も共感できる。特に、六芸のうちの「射」をめぐる中国大陸と日本列島における文武教育は、上述の黄金律のうちの「己の欲せざる所は人に施す勿れ」以上に重要で普遍的な価値をもつ。しかしながら、杜教授は詳しく論じていない。また、管見の限り、これに関する先行研究はほとんど見られない。例えば、2002年に刊行された『日本における中国伝統文化』さえも、中日両国の弓射文化交流史を取り上げていない。このため、以下ではこの点について筆者の調査研究を踏まえて、さらに深く論じてみたい。

六芸教育は周王朝時代の官学であり、紀元前1046年から実施されてきた。後に孔子はこの教育制度を活用して、史上初の私塾を開き、「有教無類」[4]（『論語・衛霊公』）の教育理念を打ち出し、六芸の文武教育を一般庶民にも広めたという点では大きな成功を収め、社会に大きな影響を及ぼし、後世に「至聖先師」の称号を受けて高く評価されるようになった。

4　「有教無類」とは、教育は有るが、人間の種類というものはない。つまり人間はすべて平等であり、誰でも教育を受けることができ、受ければ偉くなれるということを意味する。これは孔子の平等思想であろう。

当時、六芸の中の「射」は貴族と士人に尊ばれ、学校教育に必須の素養として重視された。射は為政者の表芸であり、射と礼は一体であり、観徳の器として官吏の登用にあたっては射を行なわせて人物を識別し、人材を選抜していた。『礼記・射義』にある「射は進退周還必ず礼に中り云々」は、弓人の誰もが熟知するところである。『論語』に「子曰、君子無所争、必也射乎、揖讓而升、下而飲、其争也君子」(孔子が仰った。君子は人と争うことはない。もし争いをするならば、弓射による争いくらいであろうか。その場合にも礼をもって射場に昇って射て、礼をもって射場を下りる。そして弓射の争いに負けた方は罰杯を受けて飲む。これが君子の争いというものである)とある。また、孔子は「射は仁の道なり」といい、孟子も「仁は射の如し」といって、射を人格の形成の基としていた。

こうした儒教の礼射思想は、五世紀頃から仏教とともに日本に伝わり、日本の弓射における儀礼的側面の醸成に繋がり、文武両道の教育体系と国民の道徳規範の形成に大きな影響を与えた。皇室では7世紀後半の天智朝には既に年中行事として大射(射礼)が行われていた。それ以後、日本の弓道は、本来持ち続けてきた邪を払う神聖なものという側面に、さらに中国周代の『礼記』、明代の高穎の『武経射学正宗』と李呈芬の『射経』などの名著の教えが加わって、江戸時代に各流派が形成された。明治28年(1895)に設立された大日本武徳会は伝統武術

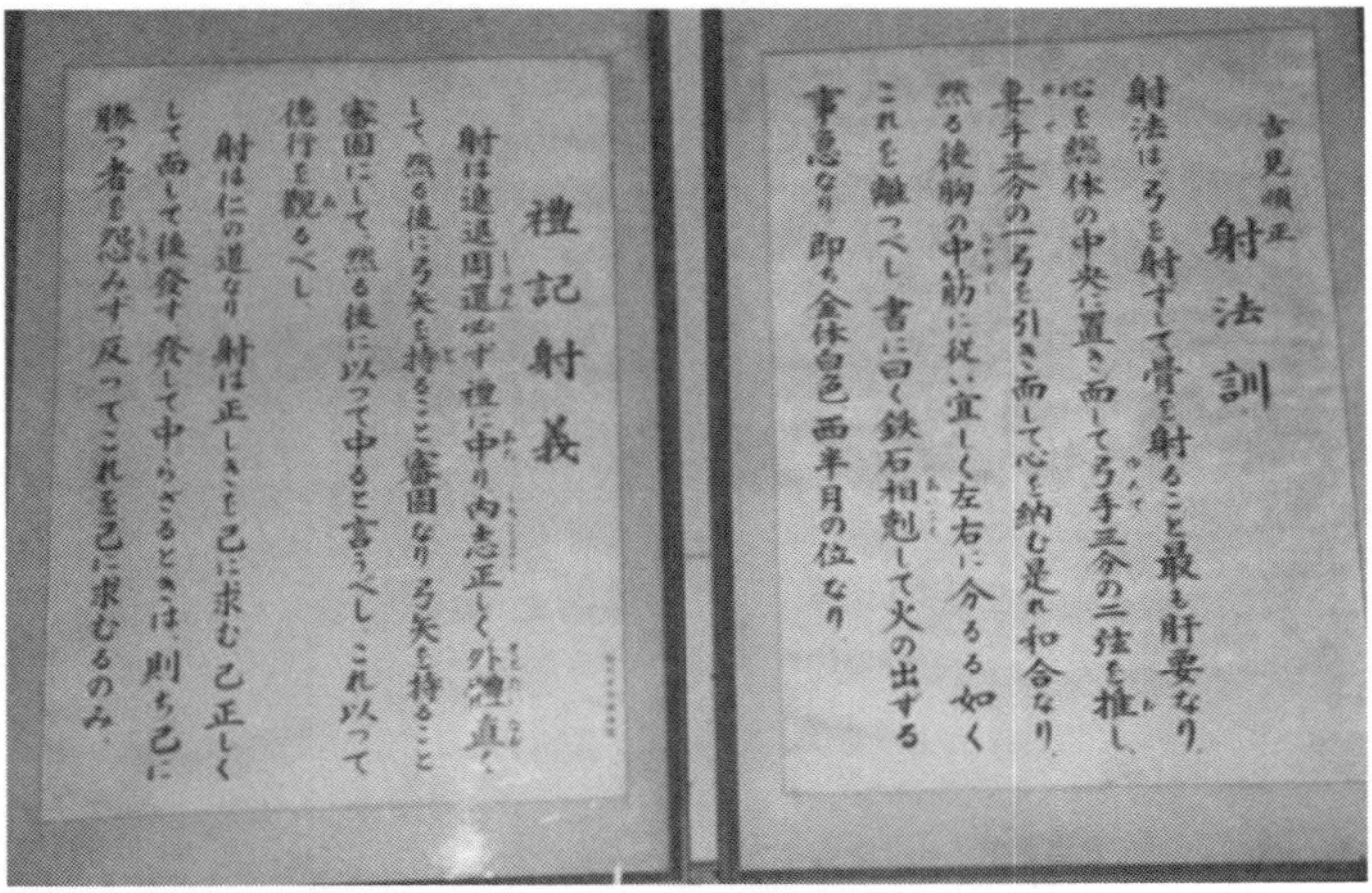

神戸市外国語大学弓道場に掲げられている『礼記・射義』と『射法訓』（筆者撮影）

の振興を促進したが、弓道はほかの武道と同様、第2次世界大戦中に日本軍国主義に利用されてしまった。このため、連合国軍最高司令官総司令部（GHQ）は無条件降伏の日本に対して大日本武徳会を解散し、武道禁止令を出した経緯がある。

　戦後、全日本弓道連盟は新たに民主的な組織として発足した。そのHPによると、2017年3月31日現在、日本全国に弓道場は公営・私営含め全国に1000箇所以上があり、会員は13万7979名に達している。これは戦後も日本の弓道は著しく復興し、再び社会に普及している現状を示している。また、1971年以降、『礼記・射義』は江戸時代の弓道の達人、吉見順正（1663～1713）の『射法訓』とともに、日本の弓道の基本理念として、財団法人全日本弓道連盟編

『弓道教本』第一巻の冒頭に掲載され、ほとんどの弓道場の壁に掲げられている（写真参照）。

すなわち、全日本弓道連盟はそれまでの武道の在り方を反省し、弓を手にする者に倫理道徳面の心構えを教える『礼記・射義』と、技法・心法の根本を教える『射法訓』を時代を越えて意義あるものとし、この両面を普段から心掛けて稽古することによって、競技と礼節が一体となり、はじめて真・善・美が顕現されるとしたのである。『礼記・射義』にみられるように、儒教思想にもとづいて、弓道を修練すれば、仁、義、礼、智、信などの徳行が体得されるとした。弓道は、矢を発して中らなければ他を怨むようなことなく、反ってこれを己に求めてよく反省せよ、と教示するもので、儒教を基礎とした道徳の修養の方法である。スポーツ以上に自己反省（反求）が体感できるため、弓道の教育的意義はたいへん大きいといえる。

また、日本の弓道の国際化は戦前にまで遡ることが出来るが、戦後はさらに大いに発展した。日本の提案と主導により、２００６年5月、東京渋谷区に本部を置く国際弓道連盟が設立された。そのＨＰによると、国際弓道連盟も、全日本弓道連盟と同様、『礼記・射義』と『射法訓』を弓道理念とし、心身鍛錬および真、善、美への不断の追求を目標としている。２０１8年10月現在、弓道組織を持ち競技活動をしている連盟加入国・地域は28、非加入国・地域は20にのぼる。

注目すべきは、こうした儒教思想を取り入れて発展した日本の弓道文化は近年、逆に中国にもさまざまな形で大きな影響を与え、近世以降衰退し、毛沢東時代の１９５７年には正式に停止していた中国の伝統弓射の復興を促進する一因にもなっているということである。たとえば、北海道第一高校の英語教師を退職した内藤敬は１９９６年から中国天津市の天津体育学院と珠海市の北京師範大学珠海分校に自費で弓道場を作り、多くの大学生に日本弓道を伝授した功労者として高く評価されている。２００９年５月に、北京で第１回中国伝統射箭研究大会が行なわれた。２０１７年４月に中国江蘇省徐州市で「第１回礼射国際学術会議」が行なわれ、海外から多くの弓道専門家が招待された。日本からは筑波大学の入江康平名誉教授と松尾牧則准教授をはじめとする４名が参加し、学術交流が行なわれ、相互理解を深めた。

以上のような弓射をめぐる交流史の概況から、中日両国は儒教思想や文武教育について互いに影響し合っていることがよくわかる。中国の儒教思想も日本の武道も漢字や仏教などと同様、中日両国が共有できる善い点であり、両国民が相互理解しうる歴史的価値観と文化的な資源であるといえる。

ただし、日本の弓射文化は中国古代の「射」文化とは同じものではない。両者には多くの相違が見られる。例えば、日本の弓は中国の弓より長く、弓の中央より下方三分の一のあたりに握りが位置することが大きな特徴の一つである。西晋の陳寿が3世紀末頃に編纂した中国の史書『三国志』の「魏志倭人伝」に「……木弓短下上長（木弓は下部が短く、上部が長い。）」という記述があり、中央より下方を握る長弓の特徴が記載されている。両国には弓の長さは時代や地域などにより多様性が見られるが、和弓の長さは江戸時代になると、七尺三寸（約2.21m）が標準として定着するようになっていった。ところが、多民族国家である中国では現在でも弓の長さの標準はなく約0.5mから1.9mまでさまざまである。和弓は世界の弓の中でも最長の部類であり、その形が世界に類を見ないほど美しいといわれている。なぜ日本は中国の射文化の影響を受けていたにもかかわらず、古来より長弓に固執しているのかについては諸説あり、未だはっきりと解明されておらず、日本弓道史上の大きな課題である。

六、結語：日中の相互理解と平和共存に向けて

歴史上、日本は中国古代の先進文化を吸収してきたため、日本の文化または文明には中国の文化もしくは文明と密接な関連性をもつ要素が多く見られる。もし中華思想の優越感をもって日本の文化または文明を表面的にみるならば、中華文明の模倣もしくは延長として容易に誤解

し、日本の文化と文明体系の独自性を見落としてしまうことになる。文化人類学の視点から日本の文化と文明体系を注意深く観察するならば、上述の弓道の事例から分かるように、日本は中国古代の文明を多く受容しながらも、中国とは明らかに異なる独自の文化と文明体系を築いてきた。ところが、中国は孔子時代の尚武の伝統も伝承せず、日本の尚武の伝統も受け入れなかったため、尚文すなわち、「文優位の社会」（石毛２００３：57頁）に変わってきた。

推古天皇12年（６０４）に聖徳太子が制定したとされる『十七条憲法』第1条のうちの「以和為貴（和を以て貴しと為す）」は、『礼記』と『論語』から汲み取った言葉である。それ以来、人々が互いに仲良く、調和していくことが最も大事であるという意味の「和」は、上述した黄金律のうちの「己の欲せざる所は人に施す勿れ」以上に、中国と日本が共有できる重要な倫理道徳と価値観の一つとなった。２００４年9月、胡錦濤政権が「和諧社会（調和の取れた社会）」建設の政治理念を打ち出して、限られた条件の下で、調和の取れた社会および国際関係を構築して、国内外から高い評価を受けている。

ただし、日中両国はそれぞれ社会構造が異なるため、「和」の発音が異なるように、その捉え方は全く同じではない。通常、中国社会では『論語・子路』にある「和而不同（和して同ぜず）」という孔子の言葉から示されるように、「和」は団体性または社会性だけではなく多様性や個性も認める。それに対して、日本社会では「和而不同」を受け入れず、「世間体」や「空気を読む」などという独特な言い方に象徴されるように、多様性や個性よりも組織序列と主従関係や同質性を意味する「和」が強く求められる（秦2017a：153~167頁）。

また、日中両国には歴史上「士農工商」という社会分業があったが、それぞれの「士」の主体が異なる。中国の「士」とは「士大夫」を指し、文官である。士大夫は主に社会各階層から科挙の試験に合格した官僚であり、流動性がある。しかし、日本の士とは武士を意味し、武官である。武士は農工商から分離され、世襲制であった。儒教は武官ではなく文官のための思想であり、「武」を軽視し「文」を重んじる「重文軽武」の伝統がある。他方、日本の武士は武道と技術と組織を重んじるため、儒教を吸収する際に、「文武両道」の思想理論を確立した。士大夫と武士はいずれも国家の統治支配を支えるエリート階級ではあるが、価値志向が異なるため、それぞれの国作りや、家族を中心とする人間関係と社会構造および伝統文化の形成に大きな役割を果たしてきたと思われる。

日本の伝統的な「家 ie」制度は時代や地域および階層により異なるが、近世以降武士階級に基づく家督相続制が定着し、子供の中から一人だけに家を継がせる一子継承という特徴をもつ。これは中国人から見れば不平等であるように見えるが、日本人にとっては、機能的、文明的な組織である。一方、中国の伝統的な「家 jia」の特徴は、周王朝以来続いてきた父系血縁を重視する「同居共財」と兄弟均分相続制である。日本人からみれば、財産が細分化され、共倒れという結果をもたらしかねないが、中国人にとっては儒家の描いた理想的かつ幸福な家族形態である。

実際、日中両国における「和」や「士」、「家」などの漢字が発音も意味も異なるように、「孝」を第一とし、革命思想を是認するという中国の儒学と、忠孝一体を説き、革命思想を認めないという日本の儒教との間には大きな違いもある。

明治時代に起きた白鳥庫吉（１８６５〜１９４２）や福沢諭吉（１８３５〜１９０１）などの儒教批判や各地の孔子廟の一時閉鎖などは中華民国初期の新文化運動に大きな影響を与えたと思われる。それ以降、周知の歴史的事実ではあるが、近代１００年余りの中国では政権交代のたびに指導者は、孔子および儒教についての評価を二転三転させてきた。特に否定論者の毛沢東は孔子および儒教を厳しく批判して文化大革命を主導した。逆に肯定論者の習近平主席は孔子および儒教を含めた伝統文化を政治資源として活用しようとしている（秦２０１７ｂ：10〜18頁）。

文化人類学の観点からは、伝統とは時代によって異なり、しばしば創られたものであり、また同時に文化は固定不変ではなく時代と共に変化しうるものである。伝統文化の最良部分は生命力をもち続け国際化されていくが、時代遅れの要素は自然に淘汰されてしまう。日本の中国古代文明の受容は、中国からみれば「漢化」であるが、日本からみれば積極的かつ選択的な「化漢（漢文化を消化すること）」となる。日本が受け入れなかった中華文明の一部である科挙制度や宦官制度、纏足といった風習などが欧米および日本の近代文明の洗礼を受けて中国で既に廃止された歴史も、注目に値する。孔子および儒教に対する再評価も、伝統的な中華思想を克服し、欧米および日本の近代文明をさらに吸収して、21世紀の多極的世界秩序の思想を創出する方向をとるべきであろう。

日清戦争以降、中国は日本からさまざまな形で圧倒的な影響を受けているにも拘わらず、中華思想と戦争の被害とがあいまって、中国の日本に対する理解は受動的、表面的に留まり、日本の中国に対する理解に比べてアンバランスである。戴季陶（1891〜1949）が1928年に著した『日本論』の冒頭で指摘したように、日本人は長年中国を深く研究してきたのに対して、中国人は日本の社会と文化と歴史をあまり研究しないかまたは排斥しようとする傾向がある（戴2014：3頁）。筆者からみれば、この傾向は未だに続いている。改革開放以後、来日して人文社会科学を専攻する中国人の多くは、日本の社会と文化および歴史に無関心で、中国だけを研究している。これは日本における中国研究および当事者の生活にとっては重要であるかもしれないが、日本から学ぶことにはならないし、中国の日本に対する理解には貢献しない。この傾向は文化人類学界でさえ強く見られ、しばしば話題になる大きな問題である（秦２００６：１３６〜１４７頁）。

文化人類学者である末成道男（１９３８〜）が指摘したように、「古くから、日本人は外国に対し旺盛な好奇心を持ってきた。〝外国〟という語は否定的な意味をそれほど持っていない。日本人と対照的に、中国人は常に彼ら自身の文化に関し確信に満ちた感覚をもってきた。これは個人的な選好の問題というよりも、まさに中国人アイデンティティの源泉なのであった。外国の文化に興味をもつ個人がいても、彼らはこの強力な漢文化中心主義から逃れることが困難であったのだろう。そして相対主義的な態度を獲得する個人が現れても、その業績はその社会の中では評価される見込みはなかった。周作人はこのよい事例である（王１９８９：３８４頁）。この（自）文化中心的主義は彼らの人類学的観点を制限し、彼ら自身の文化の研究に影響を与えた」（Suenari １９９２：71頁；末成２００５：77頁）。

私見ではあるが、我々中国人にとって、伝統的な中華思想だけではなく、近代日本の侵略戦争による被害の記憶が、日本および自国の歴史や文化を客観的に認識する障害にならないように注意したい。いうまでもなく、現代日本にも自民族中心主義および偏狭なナショナリズムが存在し、改善すべき問題点は多くある。私たちは日本をそのまま模倣する必要はないが、日本から謙虚に学ぶ必要がある。また、私たちの論理は全て正しいとは限らず、日本の論理に適用できる場合もあれば、適用できない場合もある。適用できない場合には、自らを変える必要があるかもしれない。鏡は他人を映すものではなく、自分を映すものである。第2次世界大戦における日本の長期かつ大規模な対中侵略戦争は日本の軍国主義者の罪悪であるだけではなく、人類史上の一大悲劇でもある。戦後、中国の国民党も共産党も日本に対する戦争賠償請求権を放棄したが、日本は中国の改革開放について、特に初動期には、協力したことも事実であり、ともに平和と繁栄の時代を築いてきた。中国人にとって、歴史の教訓をよく汲み取るならば、最近目につく日本の国粋主義の追い風にさせないためにも、戦争を事前に防ぎ、平和を永遠に維持するためにも、また日本人から真に尊敬されるためにも、平常心をもって日本の立場に立って日本の社会と文化と歴史をよく理解し、それを鏡として、自らの社会と文化と歴史を見直し、相対化しないといけないと思う。さもなければ、再び歴史の轍を踏むことになり、日本および世界と平和共存することもできなくなると考える。これは少なくとも我々在日中国人として自覚しなければならない大きな問題であろう。さもなければ、私たちは中国と日本および世界との相互理解を促進すべき「架け橋」ではなく、単に祖国から離れて自らの責務を放棄した「逃亡者」または日本および世界に利用されるだけの「情報提供者」にすぎなくなってしまうだろう。

文化人類学は人類と文化の相対性と普遍性を認めているが、相対性の認識は普遍性と密接不可分な関係である。すなわち、自他の違いをまず認識して、そのうえで相互に尊重し、かつ相互に成長するために深く自省して、信頼関係を結び、より良い平和な世界をともに構築していくことである。これも孔子以来の儒教が目指している理想の社会と平和な世界である。また、『礼記・射義』に見られる儒教の内省精神は文化人類学の相対主義とほぼ同じであろう。これは中日両国民の共通理解と価値でもある。「反省なくして進歩なし」という松下幸之助の名言がある。これは上述の福田康夫元首相の論文の主旨と同じであろう。

２００７年12月30日に、福田康夫元首相は中国訪問の一環として、曲阜の孔子廟を参拝し、「温故創新」を揮毫して日中両国の相互理解と文化交流を促進した。「温故創新」は『論語・為政』の中の孔子の言葉「温故知新」を生かした和製四字熟語である。互いに自民族中心主義ではなく、文化人類学と儒教の内省精神に基づく「温故」と対話と交流を推進して、相互尊重主義を確実ならしめるのに必要な抑制と均衡の仕組みを構築していけば、日中両国がさらなる相互理解と共存共栄の平和時代を「創新」することができる。これは東アジアだけではなく、世界の平和と繁栄にも大いに寄与することになる。

【引用と参考文献】

International Bible Society, 1988 The Holby Bible: New International Version. Grand Rapids, Michigan: Zondervan Publishing House.

Suenari, Michio 1992 Anthropology of One`s Own Society, in Chie Nakane & Chien Chiao (eds.), Home Bound: Studies in East Asian Society, pp.59~80. The Centre for East Asia Cultural Studies.

石毛直道　２００３『サムライニッポン：文と武の東洋史』中央公論新社。

石田英一郎　１９７６『文化人類学入門』講談社。

池田大作・ドウウェイミン　２００７『対話の文明：平和の希望哲学を語る』第三文明社。

入江康平　２０１８ａ『弓射の文化史（原始～中世編）―狩猟から文射・武射へ―』雄山閣。

　２０１８ｂ『弓射の文化史（近世～現代編）―射芸の探求と教育の射―』雄山閣。

王崧興　１９８９「中国における人類学的日本研究」『民族学研究』54巻3号：３８４～３８５頁。

荻生徂徠　１９７３「鈐録」今中寛司・奈良本辰也編『荻生徂徠全集６』２１５～６０２頁、河出書房新社。

蔡毅編　２００２『日本における中国伝統文化』勉誠出版。

秦兆雄　２００５「論文明内部対話」『神戸外大論叢』第56巻7号：43～60頁。神戸市外国語大学研究会。

２００６「中国人類学の独自性と可能性」『国立民族学博物館研究報告書』３(1)：１１７～１５３頁。

２００８「文明内部対話」『地球時代の文明学1』１８５～１９６頁、京都通信社。

２０１５ａ「試論日本孔子廟的歴史演変與当代功能──以湯島聖堂與弘道館為例」鍾彩鈞主編『儒学的理論與応用：孔徳成先生逝世五周年記念論文集』、台湾中央研究院文哲研究所。

２０１５ｂ「日本普及《论语》教育的历史与现状」国際儒学聯合会編『儒学的当代使命：纪念孔子诞辰２５６５周年国际学术研讨会论文集』６５５～６７３頁、九州出版社。

２０１６ａ「従人類学視野展望中国儒学復興」『儒学文化与核心価値観──第三回全国儒学社団聯席会議論文集』２３６～２４７頁、中西書局。

２０１６ｂ「日本吸納孔子文武之道的歴史与啓示」澳門社会経済発展研究中心『社会経済発展研究』30～46頁。

２０１７ａ「日本解読応用『論語』与『孟子』的社会文化背景」『国際儒学研究』第24輯：１５２～１６６頁。

２０１７ｂ「人類学からみた中国の儒教復興：東アジアへの展望」『孫文研究』61号：1～19頁。

末成道男（市川哲訳）２００５「東アジアにおける自社会人類学」中西裕二編『自社会研究としての人類学の確立にむけた基礎的研究』73～80頁、科学研究費補助金研究成果報告書。

タイラー E.B.（比屋野安定訳） 1962『原始文化：神話・哲学・宗教・言語・芸能・風習に関する研究』誠信書房。

戴季陶 2014『日本論』九州出版社。

土田健次郎 2011『儒教入門』東京大学出版会。

2014『江戸の朱子学』筑摩書房。

畠山香織 2013「中国における日本理解の一側面―「武士道」をめぐって」『京都産業大学論集・人文科学系列』第46号：315～334頁。

福田康夫、ヘルムート・シュミット、マルコム・フレーザー他著：ジェレミー・ローゼン編（渥美桂子訳）2016『世界はなぜ争うのか―国家・宗教・民族と倫理をめぐって―』朝倉書店。

ホブズボウムE・、レンジャーT・編：（前川啓治・梶原景昭他訳）1992『創られた伝統』（文化人類学叢書）紀伊國屋書店。

村上泰亮・公文俊平・佐藤誠三郎 1979『文明としてのイエ社会』中央公論社。

山鹿素行（新田大作編著）1985『中朝事実』中朝事実刊行会。

渡辺浩 2010『近世日本社会と宋学』東京大学出版会。

ワン・ガンウー（加藤幹雄訳）2007『中華文明と中国のゆくえ』岩波書店。

中国の視座からみた憲法平和主義の行方

上海交通大学日本研究センター教授　季　衛東

【筆者説明】

この論文は、2005年の春ごろ法学舘憲法研究所の誘いに応じて行った講演をベースにして書き下ろしたもので、同研究所が編集する論文集『日本国憲法の多角的検証――憲法「改正」の動向をふまえて』(日本評論社、2006年) に収めていただいた。その背景には、1999年国会法改正によってに設置された衆参両院の憲法調査会がそれぞれ報告書を出して、現行日本国憲法の意義を高く評価しつつも、いくつかの点で改憲の意見が多数を占めたとして、平和憲法を改正するのが趨勢であると結論づけたことがある。また、国会での憲法調査会の活動とはまったく無関係で、自民党も民主党も党内に独自の憲法調査会を設けて、新しい憲法を制定するための提言および新憲法草案を発表したという状況になっていた。それゆえ、法学舘憲法研究所が憲法意識調査を行い、平和憲法擁護の執筆者を組織して論文集を世に送ったのである。

以来約12年の歳月が流れていった。筆者は2008年9月20日上海交通大学法学院院長に就任し、10年の間で法学教育の改革と国際化、学際的で実証的法学研究などに専念していた。2期目の院長任期満了後、中国教育部の認定をうけた拠点たる上海交通大学日本研究センターのセンター長の任命を受けてから再び日本への注目を注ぎはじめたが、改憲と護憲の論争が依然として続いて、しかも２０１８年自民党総裁選挙の焦点にもなりそうである。日中関係の冷蔵状態とも類似して、関連主張の問題意識も、ロジックも、レトリックもここ十数年間それほど変わっていない。したがって、この古い拙稿はまだ賞味期限を過ぎたとも言えないであろう。

２０１８年6月23日、福田康夫元首相が上海交通大学日本研究センター成立式典に出席し、最高顧問として素晴らしいご挨拶を頂戴した。その後、ほかの場所では福田先生が「和平東亜」という題詞を揮毫して下さった。これは、１９９７年ＯＢ首脳サミットの『人類責任宣言』に示されたの世界和平の「黄金律」と一貫しており、平和憲法の精神とも呼応しあう命題であると理解している。どのようにして「和平東亜」ないし「和平世界」を実現することができるか。福田先生のお答えは、寛容と理解をめざす国際的コミュニケーションである。この論文も、まさに立場と視座を変えながら対話の可能性を探り、相互の理解や寛容を促進するため政治と法の言説空間に投じた一石にほかならない。少しでも平和主義的実践活動へ寄与できればと願っている。

２０１８年9月15日上海にて

一、はじめに

憲法を改正するかどうかは一国の内政問題であり、いかなる外国も干渉する権力を有しない。しかし、その一方で、日本の現行憲法、殊に戦争放棄・戦力不保持に関するその第九条は、ポツダム宣言の受諾を前提に成立した以上、最初から単なる内政問題の範疇を超えて、戦後のアジア太平洋における国際秩序の担保、あるいは世界平和のシンボルとしても見なされてきたのもまた否めない事実である[1]。それゆえ、「憲法平和主義」という美称を持つ日本国憲法に対する改正作業の動向が、当然ながら国際社会、なかでも日本軍国主義者による侵略の被害を受けた東アジア地域からの注目を集めずにはいられない。なお、1990年代初めに起こった湾岸戦争以降、護憲派と改憲派の論争が日本の「国際貢献」と自衛隊の「海外出動」に焦点を合わせてきたという言説空間のあり方も、かつてないほど日本国憲法の国際的意義を際立たせたのである。

まさに改憲による「国際貢献」、「海外出動」、および、集団的自衛権の概念再定義の文脈において、中国外交部スポークスマンが、自民党の憲法改正案を公表する直前に、「中国は日本が「侵略の歴史」教訓を汲み取って、アジア関係諸国の注意に配慮し、軍事安全領域において慎重に振る舞い、引き続き平和発展の道を歩むように希望する。これは日本の根本的な利益に適い、かつ本地域の平和と発展を維持することに有利である」というかなり踏み込んだ公式見解を述べた[2]。明らかに、中国は、東アジアにおける安全保障に鑑みて、もっぱら武力行使の

1　周知のとおり、日本国憲法第九条の内容は、マッカーサー・ノート第2項目に基づいて実定化したものである。その経緯について、田中英夫『憲法制定過程覚え書』（有斐閣、１９７９年）１００～１１１頁を参照。したがって、その改正は、日本国内からの要求もあったにもかかわらず、最終的にアメリカの承認を得なければならない。実は、アーミテッジ前国務副長官が２００４年7月21日に「日本国憲法第九条は米日同盟の障害だ」と一喝して、はじめて今回の憲法改正が動かぬものになったのである。アーミテッジの発言について、News〝Article 9 Obstacle to Japan-U.S. Alliance, Armitage Says〟Japan Today July 22, 2004 (http://armwoodnews.blogspot.com/2004_07_18_armwoodnews_archive.html) や、News〝Article 9 Hindering U.S. Ties, Bid for UNSC Seat: Aemitage〟, Kyodo News July 23, 2004 (http://www.nautilus.org/napsnet/dr/0408/AUG0504.html#item21)、報道「阿米蒂奇称日本応修改和平憲法、招致抗議和疑慮」中国新聞社２００４年7月23日などに詳しい。

2　報道「劉建超談日修憲：希望日在軍事安全領域審慎行事」『新華網』２００５年3月1日（http://news.xinhuanet.com/newscenter/2005-03/01/content_2634984.htm）。

禁止と国際平和維持の制度的装置にかかわる第九条に焦点を合わせて日本改憲を捉えている。したがって、本稿は分析の範囲を、主として日本憲法九条の改正に対する中国側の態度および平和主義を機軸とする大国のソフト・パワーの移行に限定したい。

二、日本国憲法に関する包括的な見方

中国の法学界では、日本国憲法は、軍国主義時代の終焉に伴い「国家体制において重大変動が発生した」ことの標識および憲政史上の画期的発明として、とりわけ基本的権利保障の改善および徹底的平和主義路線の採択を中心に、かなり高く評価されてきた[3]。

憲法平和主義を取る場合、一国の安全保障はどのようにすべきであるかという問題が残されているが、日本の構想では国際連合の戦争抑制機能およびアメリカの「核の傘」（日米同盟）を安全保障の柱として、しかも後者のほうが実効性の点でより現実的な力を発揮することができる。したがって、日本は、激しい論争を経た後に、戦争放棄・戦力不保持の憲法条項が日米安全保障条約体制と密接な関係にあると一般に思うようになってきた。これに対して、中国

は、自国の安全保障と台湾独立運動の阻止という観点から、1970年代末までの長い間に一貫して平和憲法を支持しながら、安保条約、とくに1960年調印の新安保条約に反対するという立場を取っていた[4]。中米関係の改善を背景として、日米安保に対する中国の姿勢に多少の変化があったものの、二国間同盟関係の反射的影響への警戒がなお保たれつづけた。これは中日平和友好条約の締結、なかでも覇権反対条項に関する中国側の提案にも鮮明に反映された

3　斉乃寛「日本国憲法」『中国大百科全書・法学』（中国大百科全書出版社、1984年）495頁、董成美「日本国1889年憲法和1946年憲法比較研究」憲法比較研究課題組（編）『憲法比較研究文集2』（中国民主法制出版社、1993年）244〜247頁。

4　かかる立場は、公式に発表した外交政策のみならず、1972年ニクソン訪中の機密会談にも現れている。たとえば、『ニクソン訪中機密会談録』（毛里和子＝毛里興三郎共訳、名古屋大学出版会、2001年）48頁に掲載されているニクソン元大統領による中国対日政策の要約、101〜102頁に掲載されている周恩来元総理の発言が、その典型的な実例となる。なお、日米安保体制が台湾を条約の「極東」適用範囲に収めて、中国内政への干渉を意欲するものであるという見方は、中国側の態度を決める主要な原因になっている。この点について、張耀武「冷戦後的日米安保体制與台湾問題」『日本学刊』2001年第3号、とりわけ17〜21頁を参照。

のである[5]。

1990年代に入ってから、再定義された日米安保条約と平和憲法との乖離がしだいに顕著になってきた事態に鑑みて、中国政府は再び従来の反安保論的立場に回帰しつつ、平和憲法だけをいっそう強調するようになりはじめた。ちなみに、中国現代国際関係研究所所長陸忠偉氏は、軍国主義の復活を防止する観点からすれば、日米安全保障体制が妖怪を閉じ込めるための瓶の栓であるよりも、むしろ「実際には日本の平和憲法のほうがそれこそもっと安全的な瓶の栓である」という命題を明示している[6]。このことは日本国民の意思、違憲審査制度などの法治のメカニズムおよびアジア地域の自主性と合意に立脚する集団的安全保障体制の構築に平和維持の信を置いたともいえよう[7]。かかる考え方の根拠には、平和憲法成立50周年にあたる1997年に日本国内で実施された世論調査の結果、改憲派が多数を占めるようになりつつあるにもかかわらず、憲法九条を改正することに賛成する意見の比率がわずか5％に止まっており、また、「9．11事件」の後に行なわれた世論調査でも、戦闘直接参加の形で米国を支援することに賛成する回答の比率が3．6％に過ぎない、というような統計数値があったのは、一目瞭然である[8]。

平和憲法を擁護する観点からみれば、興味深いことに、中国の研究者は、憲法九条のみならず、序文ないし各条項の機能相関をも含めて、日本国憲法の平和主義を総合的でかつ文脈的に理解するような傾向を見せたのである。ちなみに、序文については、日本国憲法の基礎である民主、人権、平和という三つの根本規範が強調され、これらを以って憲法本文に関する解釈の

5　中日両国政府の主張および条約交渉の実態について、張香山「中日締結和平友好条約前後」『日本学刊』１９９８年第４号１～９頁、徐之先（主編）『中日関係三十年（１９７２～２００２年）』（時事出版社、２００２年）第２章に詳しい。

6　陸忠偉「把握変化、重視未来――中日建交三十周年回顧與前瞻（代序）」徐之先・前掲著書の序11頁。

7　中国側が構想した東アジアにおける自主的な安全保障のあり方は、中日両国の平和主義的提携を機軸とするものである。その初歩的な青写真は、姚文礼「共築東亜安全大厦――浅析21世紀之初的中日安全合作」『日本学刊』２００２年第５号に見られる。

8　文白「日本改憲問題的回顧與前瞻――日本改憲問題研討会綜述」『日本学刊』２０００年第４号１５５～１５６頁、宋長軍「対日本改憲的回顧與前瞻」『比較法研究』２００１年第２号70頁、管顥＝李龍「日本憲法第九条及其走向」『中国社会科学』２００２年第４号１２５頁。なお、世論調査結果の比較と分析に関して、田所昌幸「戦後日本の憲法体制の変容と展望」『アステイオン』第62号（２００５年）24～30頁、とりわけ図表5を参照。

妥当性を点検し、立法手続による憲法改正の限度を画定しなければならないという立場が唱えられている。各条項の機能相関については、天皇の象徴性、兵役義務の不在など規定内容の特徴が憲法九条と一体化して徹底的な平和主義をなすという総合的アプローチが講じられている。したがって、憲法九条に対する改正は、現行法秩序の礎石たる根本規範の否定、国家トウタル・ストラクチュアの動揺を意味し、平和憲法体制そのものの転覆をもたらす危険性があると考えても怪しむに足らない。

この論理からすれば、日本国憲法の自殺行為を防止するために、平和主義を具現する第九条の改正が、国民主権および人権保障の根本規範を具現する条項と共に、第九六条に規定された憲法改正手続の適用範囲から排除されなければならない[9]。要するに、中国の考え方では、憲法平和主義を標榜するかぎり、第九条第一項だけではなく、その第二項も改正してはならず、第九条のいかなる改正が、結局のところ、平和憲法を死滅に導くものにほかならない。

9　さしあたり、楊聯華「『日本国憲法』的危機」『現代法学』1999年第1号110頁以下、魯義「日本修憲動向的由来與発展——以憲法第9条為中心」『日本学刊』2000年第3号40頁、甘正気「『日本国憲法』平和性的消失」『東方法眼』2003年11月24日発表（http://www.dffy.com/faxuejieti/zh/200311/20031124214637.

htm)、秦前紅＝陳道英「対日本修憲運動的憲法学思考」『法律教育網』「司法論文」欄２００５年1月11日発表(http://www.chinalawedu.com/news/2005/1/ma9471354311111500213680.html)を参照。明らかに、中国人研究者の議論が日本憲法学界の改正限界説に同調している。後者の主張について、芦部信喜『憲法学Ⅰ——憲法総論』(有斐閣、１９９２年)76～80頁を参照。

三　憲法九条を試金石に

中国で理解されている日本国憲法第九条は、戦争放棄、戦力不保持、国家交戦権否認という三項目によって構成された徹底的平和主義の最高規範であるが、その顕著な特徴として、相互主義を前提としないことおよび国際協調的平和生存権を提唱することが挙げられる。したがって、憲法九条は一国平和主義の域を超えて、憲法秩序進化の方向性および国際社会発展の未来像を先取りしたものとして位置づけることができる。また、憲法九条は「特殊」な性格を持つように見えながらも、侵略戦争の歴史に対する反省、アジア諸国の民意への配慮、地域的安定性などの合理的判断に基づいて制定され、極めて「正常」な制度設計との評価を受けるべきである。なお、中国側の立場からすれば、憲法九条を以って日本国の独立性と自衛権を否定してはならない[10]。ただし、日本の自衛権は国連体制の下で憲法平和主義と両立しうるが、独立国家としての自衛と米国支配下の軍備化との間には質的な相違もある。それゆえ、日米同盟関係の存続を理由に憲法九条が犠牲になるような戦力保持は、決して自衛のためではなく、逆にアメリカの世界戦略にコミットしすぎた結果、アジア太平洋地域ないし地球規模における平和を脅かす攻撃的な軍事行動につながる危険性がある、と中国側は見ている[11]。前に触れた安保条約と憲法九条とを分離して捉えようとする命題も、まさにこの文脈において形成されたのである。

もちろん、日本国憲法第九条が1950年代からなしくずし的に改正されてきたのは事実であり、中国の研究者もそれを充分に知っている。解釈、判例、条約改訂、関連法案の制定などを通して、無形改憲が行なわれたなか、1992年6月に採択されたPKO協力法、1994年7月に公表された村山社会党委員長の自衛隊合憲に関する発言および2001年10月に制定したテロ対策特別措置法は、憲法変遷の転換点としてとりわけ重大な波及力を持つと一般に考えられている。なぜなら、これらを標識に、改憲派は、専守防衛方針の放棄（自衛隊の海外出動）、護憲運動の挫折（改憲を阻止してきた野党「1／3障壁」の崩壊）および憲法解釈の臨界点超過（憲法九条改正の不可避化）という三段跳びを成し遂げたからである。中国における大方の意見によれば、アメリカ世界戦略の展開および日米安保条約の再定義に伴って、21世紀の初めに日本の改憲運動はすでに逆戻りできない勢いを有して、しかもその矛先を第九条に向けている[12]。有事三法案は２００３年６月に成立する際に、ある学者が論文のなかに次のようなコメントを加えた。

10　かかる中国の公式な立場は、中日国交回復交渉の際に、周恩来元総理がすでに明確に表明した。詳細は、蒋立峰「日本必須信守関于台湾問題的承諾」『日本学刊』２００２年第４号22頁を参照。

11　このパラグラフの内容は、宋長軍「関于日本国憲法幾個問題的探討」『日本学刊』１９９６年第５号34～36頁のまとめに依拠している。

12　文白・前掲綜述、１５６頁。ただし、中国の研究者が、複雑な「護憲的改憲論」をまだ射程に収めていない。日本における護憲的改憲論について、大沼保昭「護憲的改憲論」『ジュリスト』第１２６０号（２００４年）を参照。これを意識したうえ権力制限の原理を強調する護憲論の代表的な主張について、樋口陽一「立憲主義に敵対する改憲論と、改憲論の論拠としての立憲主義」全国憲法研究会（編）『法律時報増刊・憲法改正問題』（日本評論社、２００５年）を参照。なお、水島朝穂（編著）『改憲論を診る』（法律文化社、２００５年）には、異なる議論の交通整理が行なわれて、護憲的改憲論の分析もされている。

「この事態は、日本の『平和憲法』にもう一つの重大な突破口を開いた。よってすでに海外出動した自衛隊に対する行動制限はこれからよりいっそう軽減されてしまう。これはまた日本の戦時立法体制の構築がすでに仕上げに近いことを象徴し、戦後日本がずっと標榜してきた『専守防衛』原則の棚上げを示唆している」[13]。

それにもかかわらず、なぜ、中国側がなお憲法九条を謳歌して、国境を越えたところの護憲勢力の信念に平和維持の期待を寄せつづけるか。おそらくまず挙げられる一つの理由は、平和憲法を支える日本国民の不戦意思とアジア諸国民衆の警戒心との相乗作用通して、日本の軍事大国化およびアジアの戦力競争を阻止し、少なくとも緩和したり遅延したりさせるための努力にあるのであろう[14]。ちなみに、中国側は、日中平和友好条約に基づくパートナー関係が日本の憲法平和主義を前提としており、第九条改正が両国間の信頼と提携を損ねる危険性を持つという明確なメッセージを、憲法九条の堅持を鼓舞する形で、発信しようとしていると理解してよい[15]。

もう一つの理由は、日本と米国の価値観的転向およびそれによって引き起こされた憲法精神の凋落や諸原則の衝突を際立たせて、以っていわゆる「価値同盟」の背後に繰り返してきた各自の利害計算、とりわけ戦争コストの自己負担を最小限にするための覇権国の策略を暴露し、国民意思に基づかない国民犠牲を回避できるはずの安全出口を明示するという反射的効果にある[16]。ここで憲法九条は戦後平和主義の定着度および歴史的教訓の学習度の試金石とされてお

13　張進山「浅析日本『有事法制』的背景及意図」『日本学刊』2003年第4号77頁より引用。

14　一橋大学の渡辺治教授が指摘したとおり、軍事大国化の前に立ちはだかった三つの障害物、すなわち、①平和憲法、②戦後平和運動と国民の平和意識、③アジア諸国の国民の警戒心は、互いに結合してはじめて力を発揮することができる。氏の論文「日本はどこへ行くのか――グローバル大国の完成か、平和国家の道か?」『法律時報』第74巻6号（2002年）56～57頁を参照。

15　日本でかかるメッセージを受信してどのように解読しているかについては、さしあたり、吉岡吉典「日中関係と憲法改悪」『季刊中国』No．80（2005年春季号）を参照。

16　ここで二つの理論的根拠が挙げられる。一つは、アメリカの世界戦略への過剰な巻き込みを防ぐ機能を果たしてきた憲法九条の改正は、根本規範である国民主権原則、平和主義および人権保障を相当の程度まで犠牲にしてしまう恐れがあるという主張である。さしあたり、特集「日本は戦争の準備をするのか?――有事法制・個

人情報保護法案批判」『世界』２００３年第6号を参照。もう一つは、立憲主義の本質はさまざまな価値観を抱く人々が共存するための枠組みであることにあり、何らかの理想や信念により異端を排除するための道具として憲法およびその改正を捉えてはならないという主張である。関連の問題状況については、長谷部恭男「日本の立憲主義よ、どこへ行く?」『論座』２００５年第6号8頁以下を参照。

り、それを通してさまざまな脅威論の真偽を確認することが考えられる。

さらに、こうしたなか、中国は代わって自由貿易と平和主義の新しい旗手になる歴史的なチャンスを一定の程度まで見出すという可能性も、別の理由として指摘できるかもしれない。

四　改憲派の口実に対する反論

前述のとおり、日本国憲法第九条に対する改正が、依然として米国政府の意向を受けて決めたことであり、必ずしも日本国民の意思を充分に反映したということができない。しかし、日本の改憲派は、国民主権の原則に反しないかぎり、外圧を国民の意向に転換するような世論工作を行なわなければならない。すなわち、平和主義を堅持しようとする国内の民衆を説得するために、憲法九条改正の別の理由づけが必要になるわけである。その一環として、１９９０年代に日本改憲運動の盛り上がりに伴って、中国脅威論も台頭して、たびたびマスメディアをにぎわしてきた[17]。かかる論調の梃入れは、主として北朝鮮による核開発の問題および台湾独立をめぐる海峡緊張である。

この中国脅威論を打ち消すために、中国側は、日本の憲法平和主義を擁護しながら、理念よりも、むしろ現実の社会需要に基づいて反論をした。いわく、経済発展の立ち遅れた中国は、山積している内政問題を解決するために、どの国よりも長期的な国際平和の環境を必要としている。いわく、米国との軍備競争で疲弊し崩壊した旧ソ連の二の舞いを、中国は演じたがるはずがない。いわく、中国の国防費用は絶対規模、国民一人当たりの平均規模、ＧＤＰに占める比率などのいかなる角度からみても決して日米欧諸国の脅威になれず、逆に超大国の拡張に中

17　葛易「浅析中国脅威論」『亜太研究』１９９４年第５号29頁によれば、その発端は、『諸君』１９９０年８月号に掲載された中国の潜在的脅威に関する村井友秀の文章である。日本の中国脅威論は軍事、経済、資源など異なる文脈において語られてきたが、反対意見も少なくない。さしあたり、天児慧（編）『中国は脅威か』（勁草書房、１９９７年）を参照。

国の安全利益こそ脅かされているのが真実である[18]。

まさにかような論理を背景に、中国政府は、1990年代半ば以降、善隣互信の政策に基づいて、華麗な多国間外交を繰り広げてきた。1997年のアジア通貨危機および2001年の「9.11事件」をきっかけにアジア諸国の相互扶助的連帯を強化し、かつ中央アジアでは「上海提携機構」(2001年)を、東南アジアではワン・プラス・テン自由貿易地帯(2002年)を、北東アジアでは北朝鮮の核問題に関する「六ヶ国協議」の場(2003年)、台湾海峡では「政党間対話」の多チャンネル(2005年)を設け、アジア利益の代表、独立して責任を負う地域大国という役割を演じてきた。最近では、中国がよりいっそう大々的に自らの平和的台頭論、あるいは平和主義的発展戦略を提唱している[19]。この姿勢は、結果として、米国ネオコンたちの世界戦略のために軍事大国化に向かって突進するようなどこかの国の目下の姿勢と鮮やかな対比をなしたといえないだろうか。

国際社会、なかでもアジア諸国に向かって、中国政府が新しい安全観を提出したのは、1996年のことであった。この安全観は、「互信、互利、平等、合作」という8文字で定式化されている[20]。すなわち、中国からすれば、相互信頼を醸して、相互利益を促して、国家間の平等を認めて、国家間の提携を強めて、という意味での依存しあう関係ネットワークこそが東アジアの地域安全保障の中核内容である。

それは、民主化と人権保障の普遍主義理念と並んで、冷戦後の東アジアがほぼ一貫して安定と平和を保ち、経済発展に専念してきた現状を前提に、地域平和というもう一つの普遍性ある理念を案出したともいえる。したがって、後者の原理によれば、今後、平和の現状を打破する

18　たとえば、２００５年3月6日の記者会見で、李肇星外交部長が統計データに基づいて、中国脅威論に対する公式的反論を再び行なった。『人民網（日本語版）』２００５年3月7日（http://www.peoplechina.com.cn/maindoc/html/renda/0503/text/20050308/16.htm）を見よ。日本の軍事大国化および台湾海峡への介入とって不可欠な理由づけが「中国脅威論」にあるということは、台湾当局も心得ている。このような世論操作について、台湾日本綜合研究所の尹懐哲「綜合分析美日安保共同戦略目標対台湾的影響」『日本綜合情報・専論』２００５年第17号（http://www.japanresearch.org.tw/special-17.asp）に詳しい。

19　鄭必堅「中国和平崛起的新道路」『文匯報』２００４年3月21日、江西元＝夏立平『中国和平崛起』（中国社会科学出版社、２００４年）に詳しい。なお、中国の平和的台頭と民主化の相互作用について、呉稼祥「関于中国和平崛起的三個理論問題和三個発展階段」『大国』第1号（２００４年）１６７～１７０頁を参照。

20　蘇浩『従唖鈴到橄欖——亜太合作安全研究』（世界知識出版社、２００３年）62頁、68頁による。

ものこそ東アジア各国の共通の敵になるはずである。この意味で、中国は新しい安全観を以って、東アジアにおける過剰防衛の悪循環および日本改憲派の論理的連鎖を打ち切ろうとしたのである。

かような安全観によりいっそうの実効性を持たせるために、中国政府は、アジア太平洋地域における米国の地位と利益を公式に承認した。２００１年7月25日、第8回ＡＲＦ外相会議の場で、唐家璇前外交部長は次のように中国政府の立場を表明した。

「中国側は中米関係を重視し、米国がアジア太平洋地域で建設的で積極的な役割を果たすことを歓迎し、かつ米国側と共同してアジア太平洋地域における和平と安全を維持するように努力したい。と同時に、米国も中国の安全利益を認識し尊重しなければならない」[21]。

その翌年、中国は新しい安全観の敷衍として、ＡＳＥＡＮの「合作安全保障（cooperative security)」論やＥＣの「共同安全保障（common security)」論の知恵を学び取りながら、「和して同ぜず」という伝統的な世界観に基づいて、対話と提携で互恵的な共同安全の道具的な概念を提出した[22]。これをコアとして構築された相互的安全、協力的安全、共同的安全という連続的概念セットには、日米安保条約体制を相対化できるような、アメリカとアジアとの最大公約数を見出すことができよう。そこでは、武力を抜きにした多国間の平和的対話と協議に基づく集団的安全保障の構想が見え隠れしている。

以上のような安全保障の枠組みを前提として、中国は２００１年に「善隣」路線をアジア地域で広く敷きはじめた。もっとも１９９０年代の初頭から中国の外交スタイルは、周辺外交から大国外交へと変わってきたが、21世紀初頭の中国外交政策は、「地域的保守」によってはっきりと特徴付けられた[23]。その中核的内容は、「アジア太平洋に立脚して、周辺関係の安定化を図る（立足亜太、穏定周辺）」とまとめられている[24]。これを受けて、近隣諸国との関係に

21　報道「唐家璇外長出席第八届東盟地区論壇外長会並発表講話」（２００１年7月26日）（http://www.fmprc.gov.cn/chn/wjdt/zyjh/t5285.htm）より引用。
22　蘇浩・前掲書24頁以下に詳しい。
23　張文木「世界地縁政治体系中的中国国家安全利益」『大国』第1号（２００４年）14頁。
24　蘇浩・前掲書77頁。

ついて、中国政府は「隣人をパートナーとして、隣人を善意に遇して（以隣為伴、与隣為善）」、「隣人を落ち着かせて、隣人を富ませて（安隣、富隣）」という方針を打ち出した[25]。

実践のレベルでは、1999年の夏、中国政府が東南アジアの非核化地域条約に参加する意思表示を行い、かつ南海行動基準の制定についてASEANと協議する態度を明らかにした。その後、中国とベトナムとの間に陸上国境条約を締結し（1999年）、トンキン湾・排他的経済水域・大陸棚の境界線画定合意文書をも調印した（2000年）。また、中国とASEANが南海各方面行動宣言を調印し（2002年）、中国とインドが両国関係原則および全面的提携宣言が調印され、かつ同時に東南アジア友好提携条約に参加した（2003年）。さらに、国境西部協定に続いて、中国とロシアが国境東部の補足協定をも調印し、すべての領土問題を平和裏に解決した（2004年）。そこで、良き隣人と悪しき隣人との対立構図は、日本改憲をめぐる議論にあたって、一種の踏み絵になっているともいえよう。

25　この表現は、2002年中国国防白書による。張潔「亜太地区安全形勢綜述」『亜太藍皮書・亜太地区発展報告No．4（2003）』（社会科学文献出版社、2004年）265頁をも参照。

五　靖国神社参拝をめぐる憲法議論とその国際影響

中国の代表的な対日外交問題の研究者である金熙徳教授は、自衛隊の海外出動を論ずるにあたって、次のような鋭い指摘をした。

「その本質は、主としてどのように国際法あるいは日本国憲法を解釈するかという問題にあらず、日本はどのようにあの侵略の歴史を対処し、[その歴史認識が]東アジアの被害者諸国によって理解し受け入れられたかどうか、あるいは許すことができるかどうかという問題に存する」[26]。

民も含まれているから、参拝が国際的色彩を帯びて単なる内政的・文化的問題として片付けられかねる。この意味では、中国が日本政府の歴史認識と現行の政治・外交政策を共に質す視線の交差点もまさに東京九段坂の大鳥居になっているとさえいえよう。とりわけ台湾（高砂族）

26　金熙徳「日本安全戦略面臨十字路口」『日本学刊』２００２年第2号13頁。

の人々による靖国訴訟および合祀取り下げの要求が2003年に出された後[27]、日本首相の靖国参拝に対する批判の意味内容がよりいっそう複雑化したのである。

靖国問題に関する中国側の公式的見解は以下の通りである。

「靖国神社参拝は一つの孤立的事件ではない。問題の本質は、『公的身分』か、それども『私的身分』かというよりも、むしろ例の過去の戦争に対してどのような立場を取るか、国内外にどのようなメッセージを出してどこに方向づけるかといったほうにある。……中国などのアジア諸国が日本の首相らによる靖国神社参拝に強く反対してきた理由は、彼らの参拝はA級戦犯への参拝をも含めており、これは中国などアジア諸国に、『侵略戦争』と『植民地支配』の問題に関する日本政府の態度に対して、懐疑と不信任を持たせたからである」[28]。

明らかに、靖国と憲法の関係は、中国にとって主に平和主義という根本規範にかかわる問題であるから、トウタルに検討したうえ、その外交的対応を考える必要がある。

これに対して、日本国内では、侵略戦争の精神的支柱という捉え方が前提になりながらも、靖国神社参拝をめぐる問題は、おおむね政教分離原則の観点から司法審査の対象とされた形で顕在化しており、公人か私人かという身分上の相違が鍵になる問題である。これまで出された靖国訴訟判決のうち、首相らの公式的参拝活動が違憲行為である、または違憲の嫌いを免れないと結論づけたものは3件ある。すなわち、１９９１年1月の仙台高裁判決、１９９２年7月の大阪高裁判決、そして、２００４年4月の福岡地裁判決。そのうち、小泉首相の参拝が憲法第20条第３項に違反すると認定した3番目の画期的な司法判断は、中国の世論界で「良知の判決」として歓迎されて[29]、社会のなかにも活発な議論を引き起こしたのである。

福岡地裁判決が下された当日、中国外交部スポークスマンが記者会見で、「靖国神社問題に実に守り、被害国人民の感情を傷つけるような行為を二度としないよう希望する」というコメ

27　台湾原住民側の主張に関して、高金素梅（聞き手：本田善彦）「台湾先住民は何を望んでいるか――原住民立法議員に聞く」『世界』２００５年4月号を参照。

28　徐之先（主編）『中日関係三十年（１９７２～２００２年）』（前掲）３３９～３４０頁より引用。

29　たとえば、孫東民「良知的判決――福岡法院判小泉参拝靖国神社違憲」『新浪網』２００４年4月9日（http://news.sina.com.cn/w/2004-04-09/07422261884s.shtml）の記述は、その典型的な一例である。

ントを発表した[30]。関連分野の専門家もこの判決に歴史的な意義があると高く評価し、これをきっかけに靖国問題の解決で中日関係が改善されていく変化へ期待を寄せた[31]。なお、立憲主義運動を研究する北京在住のリベラルな学者秋風は、原告の損害賠償請求を却下する形で、「勝訴」した被告の上訴を阻止し、被告に「違憲認定」という実質的判断を動かぬものにした福岡地裁担当判事の知恵を賞賛すると同時に、この判決が今後の裁判に対して拘束力を持たないことを残念がっている[32]。

一般市民も新聞投稿やBBS書き込みなどの方式で積極的に意見を述べた。彼らの基本的な態度を代表するものとして挙げられるのは、次の一文であろう。

「ある意味で、靖国神社が確かに日本の文化と国民性を表現しているということを見逃してはならない。したがって、日本の政治要人が靖国神社参拝の事実が存在するのは、必ずしも日本が軍国主義に向かって歩みだしたことを意味しない。ただし、これで以って何らかの隠された目的を達成しようとする企てや行為に対しては、われわれが警戒心を持たざるを得ない。しかも首相による靖国神社参拝は、早くからすでに日本に対する第2次世界大戦の呪縛を突破するための一種の標識となったのである。戦後の中日和解の程度がフランスとドイツのそれに遥かに及ばない。近年来、両国間の揉め事が逆に増加しつつある。この事態は人に憂慮させずにいられない。『退廃は神への逆行であり、あるいは近道となるかもしれない』と川端康成は言ったことがある。これは、日本軍国主義が神の名を借りて復活することに関する政治的予言にならないでほしい」[33]。

このような意思表示は、中国の民衆における日本イメージと世論の傾向によって規定された

30　報道「外交部：希望日本領導人信守反省侵略歴史承諾」『新浪網』２００４年４月７日（http://news.sina.com.cn/c/2004-04-07/21352252195s.shtml）による。

31　さしあたり、報道「専家視点：日本法院判小泉参拝違憲的意義何在？」『中国日報』２００４年４月８日、馮昭奎「小泉参拝靖国神社被判違憲体現正義的力量」『新京報』２００４年４月８日、インタビュー「小泉参拝靖国神社被判違憲、判決有没有約束力？」『中国青年報』２００４年４月20日を参照。

32　秋風「小泉被判違憲：違憲審査的生動個案」『南方週末』２００４年５月６日。

33　青岩「歴史陰影中的『神』：従靖国神社看日本政治走向」『南方週末』２００４年４月15日。

ものである。なかでも注目すべきは、中国社会科学院日本研究所が２００２年９月下旬から10月上旬にかけて行なった全国規模の対日世論調査（N＝３４００、回収率92．９％）である。その集計によれば、日本イメージに関する14項目の選択肢のうち、平和憲法を挙げた回答の比率がわずか３．５％に止まり、選好順位の12番目である。これに対して、靖国神社を挙げた回答は34．９％に達して、中国侵略の軍隊（53．５％）、桜の花（49．６％）、富士山（46．６％）、ブランド家電製品（35．４％）を挙げたものに次いで、５番目の選好になる[34]。この調査によって明らかにされたところの靖国神社参拝についての態度は、反対者50．９％、賛成者４．６％、十分な謝罪を前提条件とする賛成者12．３％、A級戦犯の分祀を前提条件とする賛成者19．３％という構成を見せている[35]。なお、日本イメージと関連して、被調査者の60．４％が日本軍国主義の復活を憂慮し、62．３％が日本の国連常任理事国入りに反対するという意見分布も明らかにしたのである[36]。

34　蒋立峰「中国民衆対日本很少有親近感――第一次中日輿論調査結果分析」『日本学刊』２００２年第６号９～10頁による。

35　同右、17頁。

36　同右、13頁。

六、むすびにかえて

とはいえ、憲法平和主義は、戦後日本のソフト・パワーの中核をなしていた。しかし、自衛隊の海外出動に伴って急に加速している憲法九条改正の立法的作業および日本政界における保守化の動向は、明らかにそれを大きく損ねたのである。ちなみに、憲法九条によって封印されつづけた過去の侵略戦争に関するアジア諸国の集団的記憶、冷戦構造の下で帰責曖昧化への不満および軍国主義の復活に対する警戒感が、日本改憲で一気に甦り、かつ米国ネオコン流の世界戦略展開のテンポに合わせて大きく膨らみつつある。そして、靖国神社への公式参拝が繰返すたびに、暗黒な歴史と不安な未来が短絡的に結合されてしまい、戦後平和秩序の脅威へと化けていくというような構図が漸く鮮明になってきた。

まさにこの時、中国は立憲主義的政治改革の目標を掲げながら、世界に向かって平和的台頭論をよりいっそう高らかに唱えはじめた。そこでは、戦争か、それども平和かという切実な公共的選択を通して、国際関係の再編成が進み、体制や文化の相違を超えた普遍性ある価値——

不戦主義とか、共栄戦略とか、大同思想という新しい共同体倫理も姿を見せている。また、善隣路線に沿った中国の多国間外交も大きな成果を挙げ、周辺各国に好感を持って受け入れられてきた。東アジアにおけるかような雰囲気の変化は、平和主義を機軸としてソフト・パワーの重心が移行しつつあることを意味するであろう。

上述の文脈を視野にいれるならば、日本における憲法改正は、よりいっそう慎重に吟味すべきだという結論に至るであろう。しかし、立法過程において意思決定に参加し、選択権を行使できるのは日本国民にほかならない。それゆえ、国境を超えた市民社会における個人の相互理解こそ、改憲における内政不干渉原則と国際性ある憲法平和主義との矛盾を止揚するための梃入れである。要するに、アジアにおける平和主義の存続は、結局、ナショナリズムの対抗を、相互依存の関係に基づく理性的対話へと転化させるための、草の根のレベルにおける地道な努力にかかっている。

（初出：法学舘憲法研究所（編）『日本国憲法の多角的検証――憲法「改正」の動向をふまえて』、日本評論社、2006年、206～225ページ）

人類運命共同体の理念と相互に映える新書

―10カ国の前政府指導者による人類が目下臨む「倫理と決断」に関する論述―

国際儒学聯合会顧問・教育伝播普及及び委員会副主任　王殿卿

【翻訳】

王敏研究室　相澤瑠璃子

福田康夫元首相と筆者

中国共産党19回全国代表大会が開催される前に国際儒学聯合会の支援と賛助で人民出版社は日本の前首相である福田康夫に主編された『十カ国前政府指導者の「全世界公共倫理」の論術』を出版するに至った。本書は我々に習近平国家主席が提唱する異なる文明との交流、そして検証を押し進め、人類運命共同体の構築に関するさらなる学習と理解に広く国際的な新しい視野を与えてくれる。本書では10人の国家前指導者が自身の国を治めた実践に結びつけた経験談や、また世界の状況変化に直面する考えと見方については「古きをたずねて新しきを創り出す」「賢人たちの国を治める知恵」という印象を与える内容である。

1981年、日本の福田赳夫元首相とドイツのヘルムート・シュミット（Helmut Schmidt）元連邦首相は地球と人類との間に長きにわたり存在している共同の問題を探求、解決するため、先頭に立ち、前政府の指導者の立場から国際的な組織——国際行動理事会（Interaction Council、略称OB首脳サミット）を創立した。創立後30年余以来、毎年定期的に会議を開き、政治と地縁政治学、経済と金融、環境と開発など全世界的な問題をともに検討している。

１９８７年、ローマにおいて第１回政治指導者と宗教学者の対話が行われた。参加者たちは寛容で多元的な「公共倫理」を構築し、人類文明と平和発展の新秩序を立て直そうと呼びかけた。このテーマは30年来終始堅持している主旨であり奮闘の目標である。

２０１４年3月26日から27日までこのサミットはオーストリアの首都ウィーンにおいて行われ、93歳の高齢のヘルムート・シュミット氏（Helmut Schmidt）がサミットに出席し、挨拶を述べた。福田康夫氏は父親の赳夫氏の生前の希望を継承して、サミットの司会者を担当した。そして会議後に、会議上の発言、及び例年のサミットの決議と宣言の内容をまとめた論文集——『十カ国前政府指導者の当代人類が直面している「倫理と決断」』を編集した。本論文集は八つの国と地域で出版発行される予定であり、英語版、日本語版、インドネシア語版のものが続々と出版されている。福田氏は本論文集の内容は中国の発展及び世界との溶け合いに必要なささやかな鏡のような役割を果たすことを望んでいるため、中国語版の本論文集に最も期待を寄せている。さらに中国語版の「序文」を特別に書き下ろし、本書に関連するすべての手続き、すなわち中国においての出版に関することの交渉を日本の法政大学華人教授である王敏教授に任せた。

今度のサミットの開催の時期は習近平国家主席のヨーロッパへの訪問、国際連合教育科学文化本部においての公演とほぼ同時期である。そのテーマは習近平国家主席が表明した世界平和発展の新秩序と人類運命共同体の立場の構築、及び提唱した「多彩、平等、寛容、学び合い」という世界文明新秩序の主張と相互に映えるところがある。

『十カ国前政府指導者の「全世界公共倫理」』

２０１６年の新年の始め、福田氏は英語版と日本語版両言語の論文集の原稿を王敏教授に渡し、中国語版の翻訳を依頼した。２０１６年３月４日、王敏教授は北京国際儒学聯合会を訪問し、徹夜で翻訳した19万字に達する原稿を提出し、本書の出版の背景、主旨、構成と内容の詳細を語り、聯合会の支援を願い出た。国際儒教聯合会は本書の出版を大きく支持し、関係する学者を手配し、原稿の審査を行った。

本書は主にサミットに出席した10人の前大統領、前首相、前総理の文章で構成されている。日本の福田康夫元首相、ドイツのヘルムート・シュミット（Helmut Schmidt）元連邦首相、オーストラリアのマルコム・フレイザー（Malcolm Fraser）前首相、オーストリアのハインツ・フィッシャー（Hainz Fischer）元連邦大統領、フランスのジスカール・デスタン（Guiscard Goldstein）元大統領、カナダのジャン・クレティエン（Jean Christian）元首相、ヨルダンのアブドゥル・サラム・マジャーリ（Abude Salam megarid）元首相、ナイジェリアのオルシェグン・オバサンジョ（Olusegun Obasanjo）元大統領、オランダのドリース・ファン・アフト（Adrian van Acht）元首相、キプロスのゲオルギオス・バシリウ（George Vassiliou）元大統領などの錚々たるメンバーである。また、宗教学者と政府の役人も出席し、論文を発表した。

兎にも角にも、本書の主な文章の観点と内容は的確かつ未来的な見識に富み、視野を広げ、知恵の啓発に役に立ち、参考する価値がある。少なくとも以下の観点は参加者たちのコンセンサスである。

1、21世紀に入り局部的な戦争は世界秩序を壊し、絶えず状況を悪化させる。それは人類の文明の進歩の勢いに背く。

2、世界のグローバル化の発展に従い、「国際政治」にせよ、或いは「国際秩序」にせよ、「全世界公共倫理」という言葉が使用されることが当たり前になりつつある。

3、国内にしろ国際にしろ、良好な社会秩序は法律、制度、習慣に頼るだけでは実現できない。全世界公共倫理を立てる必要がある。

4、世界は統一的なイデオロギ或いは統一的な宗教が要らないが、人種、国家、文化間の差違を考慮すると、私たちが依然として世界的な倫理価値、規範と態度でお互いの意志疎通の架け橋という存在を必要としている。

5、世界の主要宗教は歴史の発展の過程の中で繰り返し検証、確認され、普遍的な倫理があり、その積極性を生かさねばならない。宗教は動乱とテロ活動の根源ではなく、人類の統合力、忍耐力と道徳力という積極的な力を持っている。全世界的な公共倫理は現在の世界を取り入れるわけではなく、現存の各種の文化と宗教の信仰の「教典」を「共通点を見つけ出し、異なる点は残しておく」とする。そして食い違いを取り除き、共同価値観の制約を受け、最も基本的な道徳線を守る。

6、人類成功の秘密は「生存競争」「優勝劣敗」という原理によって決められるわけではなく、人類の相互理解、つまりお互いを助け合う能力の中に潜んでいる。

7、いわゆる価値とは人々を成功に歩ませる理想と基準である。いうまでもなく、このような価値を政治や社会に取り入れることがいかに重要で難しいか。私たちは毎日ニュースの中から政治、経済、社会の倫理の崩壊によって引き起こされた危機とスキャンダルをよく目にする。模範的な役割を果たし、価値と倫理の核心的な力になるはずの宗教が自ら手に入れた利益とスキャンダルにまみれ、内部の紛争と仲違いで混乱に陥っているのである。

8、「宗教の平和がなければ、国家間の平和もない」。異なる民族、文化と宗教の人々は互いの共通点を重視すべきである。そのためには文化間の対話、宗教間の対話、異なる文化と宗教の間の共通の価値と倫理をさらに学び、考える必要がある。

9、私たちは天国を独占、宗教を独占するすべての独占行為と闘わなければならない。私たちは自分自身の信仰を多数の信仰の中の一つとし、信仰されている他の宗教を超越するわけではなく、多数の宗教の中の一つとする。自国がほかの国を超越するのではなく、多数の国の中の一つとする。

10、大国は倫理問題を戦略とせず、ただ政治的な利益を目的に同盟を結ぶと現在の世界のさまざまな争いを最後にきちんと解決できなくなる。平和と安全は世界各地において脅威になると、人々は兵器とテロに頼るおそれになり得る。

11、人類は友好共存を前提に価値と倫理原則を創り出した。これは全世界の文化の中に存在している。数年の間に主要宗教、人道主義の伝統は人と人の基本倫理規範を促し、特に人のために考えられた相互主義の現れとなった。これは「人のための考えと慈悲」というムードの中のヒューマニティー：「誰にでも人道的に対応する」「黄金定律」の中に唱える相互主義：「己の欲せざるところは人に施すことなかれ」の2つである。

12、現在の世界は政治、社会、宗教、文化の枠組みの制限を超える人物と組織が出現する必要があり、以前のどの時期よりもさらに正確で客観的に世界の善し悪しを判断することの必要性を求められている。私たちをより人らしい人にする正道による導き、敬意、自由と平和を土台に人間性を反映し、全世界に求められる価値観を立て直すことを促進していく。

以上に挙げた12カ条は列挙が不完全で漏れ落ちも多いが、サミットの一部の出席者は自国と自身の執政実践の視点から「第２次世界大戦」の教訓や、理論と実践を結んで国を治める経験を紹介している。その内容は非常に参考になる。

本書の中にわれわれ中国人の指導者の声はないが、その核心的な思想はすでに中華文化の遺伝子に溶け込んでおり、世界中の人々に「黄金定律」と認められている。それは中華民族が人類に捧げた「公共製品」である。元要人たちの前述されたような主張は、習近平国家主席の一貫して唱える「中華伝統的な優秀文化を世界各国の優秀文化とともに人類に幸福をもたらせる」「人類の運命共同体を構築する」という主張と共通しているところがある。１９７０年スウェーデンの物理ノーベル賞の受賞者ハンス・アルヴェーン（Henness Alvin）教授は「21世紀を目前に、人類が生存していくには２５００年前に戻り、孔子の知恵を取り入れなければならない」と述べている。

国際儒学聯合会は本書の中国における出版に対し最大の支援をしてくれた。そして福田赳夫氏、シュミット氏（Schmidt）、福田康夫氏などの人類運命共同体に関心を持ち、提唱する「己の欲せざるところは人に施すことなかれ」という全世界倫理観に対する政治家たちの積極的な応えでもある。

公共理論の中に未来を発見する（発言の要旨）

中国政法大学　陳煜
【翻訳】
王敏研究室　相澤瑠璃子

日本の元首相である福田康夫氏によって編集された『十カ国前政府指導者の「全世界公共倫理」の論術』という本は2017年10月に中国人民出版社によって中国語版が出版された。翻訳者は法政大学の王敏教授である。世界の多くの地域の状況が不安定であり、欧米の右派保守主義勢力が台頭している。中国が構築する「一帯一路」戦略の背景の下にこの本の出版は言うまでもなく、中国語版の読者に視野を広範囲に広げ、世界情勢を理解する手引書の役割を果たしている。さらに最も重要なことは本書の中に論じた種々の問題と対応策である。人類未来の運命に関心を持つすべての人にとってはそれを真剣に討論をし、模範とする価値がある。特に政治家と各企業の部署のリーダーたちには見習うべきである。

本書の主要の部分は2014年3月26日から27日までオーストリアの首都ウィーンにおいて行われたOBサミットの際に出席者たちが提出した論文と発言を編集した内容である。本書の構成から見ると、福田元首相はウィーンサミットのプロセスを忠実に再現し、その核心としての宗教、倫理、政治要素を掴めた。同時に出席者たちの間の種々の食い違いや、矛盾を避けて通ることはできない。最終的に共通点を結ぶ道を開き、福田元首相本人の人類未来に対する希望が述べられている。

本書を熟読した後、公共理論の道を求める際に次の三つの範疇に注意すべきだと考える。

一、権利と義務。現代社会は言うまでもなく権利を本位にするが、義務を強調し過ぎて、社会メンバーの義務と責任を注意しなければ、その社会は到底調和が保たれない。権利と義務のけじめをうまく取り扱うこそ、公共倫理の基礎が築かれる。目下の世界の局面に基づいて、人類の義務と責任を最も重視すべきである。それは本書が読者に訴える道理でもある。

二、表現と傾聴。国際社会の中で一つの国、特に大国が自分の意見を発表するばかりではなく、他国の言葉を傾聴すべきである。本書をまとめてみると、傾聴する場合、三つの点に注意すべきである。まず、お互いに平等に取り扱い合い、みんな平等な所に立って話し合う；次は傾聴者として十分な根気がある；その他に返答の表現の方法にも注意しなければならならない。そうしなければ、相変わらず表現者に対する無視である。

三、抗争と犠牲。不平等に反抗することは言うまでもなく、人類の権利である。しかし不平等という名義を借りてはいけない。殊に宗教という看板を借りて人民を犠牲させてはいけない。偏執から抜け出して理性的に不平等と偏見に抗争するこそ、最後に自由を勝ち取ることができる。目下は寛容を強調していくべきである。

国家間に差異が存在することは当然であるが、如何にしてその差異の中に共通性を求めるかが、二つの方面に定めると考えられる。第一は態度である。対話を行う側は尊重と包容を持ち、相手の価値観を尊重し、両者の差異を包容すべきである。第二は理解である。当然、大きな思いやりも含まれ、相手側の立場に身を置いて考えるべきである。

以上のような二つの内容から本書の中に論述した公共理論において最も重要な二点は人間は人道的に取り扱われるべきであり、己の欲せざるところは人に施すことなかれ。これらは永久不変の真理であり、理論においても実践においても証明されたものである。

「未来への信仰」・「交わりへの信仰」

─ 国境・宗教を越える新しい公共倫理の出発 ─

財団法人京都フォーラム研究員、上海社会科学院青少年研究所客員研究員　呉　端

一、問題提起：世界はなぜ争うのか

『世界はなぜ争うのか—国家・宗教・民族と倫理をめぐって』で議論されている政治倫理、および黄金律を受け取り直して感じたことだが、政治倫理学は、各時代における人間の共同知が行う根本的な世界の構図を直截に表するものとして、近代の人類思想史的転換の局面にも鋭く投影されている。倫理学が国際政治の隘路を打開しつつ新しい道につくためには、旧来の国際関係理論の地平を排除し、その限界を見定め、それを端的に超越しなければならない。『世界はなぜ争うのか』が政治倫理学の課題となるのも、かかる国際紛争の問題圏の射程においてである。この新たな政治倫理とは「自分がされたくないことは、人にもしない」という黄金律にもとづいた、いわゆる感情移入的共感である。人間の感性は、直接的なあるがままの人間的感性なのではなく、他の人間の感覚や精神が私自身のものとなる、すなわち、「私の」意識は、「相手の」意識でもある、「我々の」意識である。こうした共感する感覚によって、人々の思考方式や感覚・知覚の仕方そのものが、さらに社会的・国際的に共同主観化された意識となり、国際政治倫理の本源としてそなえはじめているのである。

過去の近代化時代における世界で平行して生じた多様な文明形態は、いまやグローバルの時代において、互いに出会い、交わり得る地平にまで到達している。ここから、より本来的な人間生成が求められる地球生命の時代に向かって、世界史が新たに動き出す可能性が生まれると考えられる。「自分がされたくないことは、人にもしない」という黄金律を世界史の公共倫理として意識することによって、極めて異なった文化と宗教的伝統を持った諸民族にとっての、歴史的な自己理解の一つの共通した枠組みが生み出され、この黄金律こそが世界平和の基礎となっていくと考える。

文明の衝突、文明の対話など文明の対立をめぐる課題は、いくつか提起されているが、ここでは、相互主体性（共同主観性・間主観性）、日本思想の古層にある多様なものが交わり、結ばれる「和」、「むすひ」（産霊）思想、「和乃生」（和すれば即ち生じる）《管子》を共通の信仰とする、永続的な人類文明の融合への思想を考察する。

次に、ドイツの哲学者ヤスパース（１８８３〜１９６９）が唱えた「未来への信仰」、「交わりへの信仰」を、人類が、宗教を超越して希求、共有できるものとして、中国思想を機軸に考察する。ヤスパースは、著書『歴史の根源と目標』で、歴史上、初めて、紀元前５００年から２００年までの中国、インド、ギリシャ、ユダヤ文明を、本来的な人間生成に目覚めた時代として、世界史の軸「枢軸時代」と呼び、日常的な信仰を超越した時代と捉え、過去（神、祖先）への信仰、現在（現世）への信仰より「未来への信仰」、「交わりへの信仰」の大事さを強調している。

さらに、「同じて和せず」、すなわち、普遍的なものへ統一するか、あるいは「和して同ぜず」、多様性を理解しあう（公共する）かという、世界平和の課題に対して、ドイツの哲学者カント、政治家ヘルムート・シュミットは、一人ひとりの良心論に基づいた、根本的な解決の道を提出したが、ここでは、中国思想における「良心」について考察する。

二、日本の歴史における共生としての「和」の思想と黄金律

福田康夫氏は宗教について「日本人全体の宗教観をあえて乱暴に最大公約数的に説明すれば、私たちの多くは人間の知恵や経験を超えたところに、私たちの知ることができない超越的な存在があることを感じている。それを神と呼ぶにせよ、仏と呼ぶにせよ、天と呼ぶにせよ、その超越的な存在を感じて信じるための道はいくつも開けている、すなわち、仏教を通じても、神道を通じても、そして、例えば自分の周りにある草木や自然を通じても到達可能である」と宗教の限界を超えて、「和」「むすひ」（産霊）という、ともに生む思想を語っている。

日本思想史の古層における「産霊（むすひ）」とは、「物を生成する神霊」（本居宣長）であり、物と霊を分離して捉える二重世界を解体し、内なる自然と外なる自然とを一体化して捉えるのである。こうした産霊の思想を自らの創造的原理とすることによって、一神教の伝統の「創造する神」という概念とは対照的な世界観が展開される。創造する主体と創造される客体とは、非連続な二元性ではなく、ともに「自己増殖する霊」であり、そのような「霊」を存在の根本原理とする動態的かつ内在的な「産霊」の生命のダイナミズムの世界観である。丸山真男は「むすひ（産霊）の発動による生長増殖という宇宙創成のイメージ」と指摘している。また、民俗学者折口信夫は、「生産の根本条件たる霊魂付与」の古語―むすひと主張し、すなわち、「元の神」とともにというように、日本思想の原風景のなかに「共生」という観念はたくさん溢れており、さらに、この共生はただ人と人、人と自然が共に生きることだけではなく、人と神、人と人、人と自然がともに生み出す「ともうみ」を目指している。これらの思想のように、多文化共生とは、それぞれの民族が、それぞれに異なる文化を相互に理解するにとどまらず、ともに新たな文化を生み出す方向を見出すべきであると考える。

西暦１００年、漢の時代の辞書『説文解字』で、「和」という文字の意味は「相応」であると注釈されている。「相応」とは、互いに和合して、ともに離れないこと、言い換えれば、相互主体性（共同主観性・間主観性）と理解することができる。

「和」や「仁」を強調する『論語』は、日本には、応神天皇のときに、百済の博士王仁が献上したとされているが、王朝時代には、『孝経』とならんで、知識人、文化人の必修項目となり、鎌倉室町時代においても読者は絶えず、徳川時代には、少しでも学問をした人で『論語』を読まない人がないほどであった。古来から、中国、朝鮮半島、日本など東アジアの地域で、政治、社会の基本倫理と深い関係がある書物である。幕末維新の時代の、横井小楠は「尭舜孔子の道を明らかにし、西洋機械の術を尽くさば、何ぞ富国に止まらん、何ぞ強兵に止まらん、大義を四海に拡げるのみ。」といったが、この言葉の中に、『論語』の世界観がよく現れている。

三、横井小楠の公共空間としての国家の大義と黄金律

百年前の、「現代日本の開化」は、外発的なものとして捉えられがちだが、夏目漱石は、それよりは、内発的な「道義上の個人主義」への変換が重要であると捉え、漱石にとっては、こ

れこそが、「明治の精神」であった（１９１４年)。そして、横井小楠は『論語』の「四海が幸福を蒙って天命を永く保つこと」（堯曰第二十）の思想に基づいて「大義を四海に布かんのみ」の理念を提唱し、これが、明治精神の真髄であると考えた。

慶応３年（１８６７）10月14日、江戸幕府15代将軍徳川慶喜は朝廷に対して「従来の旧習を改め、政権を朝廷に帰し奉り」と上表した。いわゆる「大政奉還」によって国家統一という維新の課題を解決したのである。この後、明治政府は、廃藩置県とともに、身分制を廃止した。国民に平等の教育の機会を与えるために近代的教育制度がしかれ、農民の土地への隷属を解き、田畑の自由売買を認めた。その変革に基づいて、人々はそれぞれの労働、仕事、行動を通じて、自己の「天職」を日本という国に結びつけることによって、各領域で改革者となり、自己観の内面的構造が根本的に変わっていき、それは何よりも「ひらかれる」こととして経験されたのである。

日本社会では、近世の藩意識を超え、国民が国家という立場に立ってものを考えられるほどに成長していった。大政奉還以来のこの１５０年間に、さまざまな社会運動、政治変革があったが、このような運動、変革の主体は民衆であり、彼らはこの近代の史実を単に過去のものとして理解したのではなく、この政治成果を継承し、開いていくための思想の新しい土台を築いていくために、公共的空間たる近代「国家」そのものを問い直した。政治共同性の理念を受け取り直し、封建制度のしがらみから開放された、一人ひとりの個人が、ともに和する公共時代を成育していかなくてはならなかった。岡倉天心は当時の変革に対して、「高きも低きも偉大な新しい精力のなかで一つとなった」という評価した。

幕末の思想家の代表である横井小楠（1809〜1869）は、鎖国体制・幕藩体制を批判し、それに代わり得る新しい国家と社会の構想を公共と交易の立場から模索した。横井小楠は、公共性・公共圏を実現するために、「講習討論」「朋友講学」といった身分階層を超えた討議を政治運営のもっとも重要な行為として重視した。また、交易を重視する立場から、外国との通商貿易をすすめ、産業の振興をも交易として捉えて国内における自律的な経済発展の方策を建議し、そのために幕府・藩を越えた統一国家の必要性を説いた。

時代の先駆として1860年以降、横井小楠が執筆した「国是三論」「国是七条」は、「自然の天理に則る」、「大義を四海に布かんのみ」といった地球規模の立場に基づいた、一人ひとりの個人の「ともに和する」新しい国家論であることが再認されている。横井小楠の思想は、儒教そのものによって新しい時代の課題を解決していこうとし、儒教を可能な限り普遍的な思想として展開しようという意図に基づくものであった。例えば、横井小楠は、尭舜の治において、一人ひとりの意見を権力の基本として目指していたものを、同時代の社会において生かそうと考えた。横井小楠の思想は、個人の実力と競争の上に近代社会を基礎づけるものではなく、血統論を否定し、共和政治を礼賛しながらも、共和制の共和ではなく、一人ひとりの個人の「共に和する」という公共的政治であった。

横井小楠のこの考え方の基礎には、自然と人間の連続性という大きな前提があり、そこには天に仕え、天工を亮けるのが人間の第一の職分としている。これに対して当時の近代の人間観は、人間を自然との連続関係から裁断し、物理、数学的方法によって自然を認識しつつ、自然を、支配する客体として把握するものであった。近代国家は、政治における形式化の徹底化、形式的思考の極言化である。政治の形式化は、直接的に数学化と同一視され、政治権力が数量化と同一視されることもある。このような近代社会は大きく閉じており、支配的な人間を動員するシステムが多数装備され、社会管理の側面がいよいよ強化されていった。丸山眞男のいわゆる「倫理を中核とする実学」から「物理を中核とする実学」への展開である。

大政奉還以後、開放感の実態的内容は、鎖国による文化的自閉性からの開放であり、幕藩体制下の地域的閉塞性からの開放であり、蒙昧ないし非合理の因習からの開放であり、封建的身分関係による、人生の固定化した宿命からの開放であった。当時の横井小楠らの思想家を観察すると、彼らの歴史的使命には、彼ら自身もおそらく意識しなかったような、数多くの近代文明の外在性を超えた「内に存する文明の精神」（福沢諭吉）や「自己内部からの発見」（岡倉天心）という「内線回路」（丸山眞男）が相互の精神の間に張り巡らせていることに気づかされる。

横井小楠の開国論には三つの形がある。一つは、国本を正大にして神聖の道を宇内にひろめようとするもの。二つ目は、自ら強うして宇内へ横行するようになるために、まず、水軍をはじめ、航海を開くべしとするもの。三つ目は、西洋諸国の四海兄弟の説に同じて、胸臆を開いて彼と一体の交易の利を逞しくすべしとするもの。いわば、単なる国家の中の個人ではなく、世界の中の個人、世界の中の国家によって目覚めた自我意識が歴史的世界に飛翔し、近代日本の公共する自我精神が誕生したのである。

「個人」と「国家」と「世界」という三つの次元を統合した軸として掛け合わせ、大政奉還によって近代日本の幕が開き、社会共同体の形態の変転と統合化が始まった。近代化の過程の課題を考えるとき、内なる公共倫理の中核の特徴は内発公共性を第一とし、あるいは公共的統合価値が第一義である特徴をもつ社会は、社会連帯により多くの関心をもって、自然との関わりで形成される諸地域社会のさまざまな生業と個性的生活の歴史を正確にとらえることになる。それを通してはじめて、この共同体には相互に自他の個性を真に尊重しつつ、自由な主体性として公共する社会に生きる道が開けるであろう。

大政奉還は、日本の歴史の巨大な曲がり角にあって、未来社会の中に「個人」「国家」「世界」をどのように構想していくかが問われた。現在から百五十年前、日本の近代文明社会を形作った人々は、自らの生きる共同体を超えた世界の無限の広がりを初めて実感した。その衝撃に直面した人間が、生きることのより普遍的な共同体を求めたように、いまを生きるわれわれの世界の有限性を見据えたとき、まさに、「道義的個人主義」の生き方や「大義を四海に布しかんのみ」の社会構造が求められていることが見えてくるのではないだろうか。

四、儒教の「民の義を務める」によって宗教を越える思想と黄金律

孔子は、自身の出身である商（殷）の文明と、その後の周の文明を融合させるために、人と先祖の関係、人と他者の関係、人と天地の関係、人と家族の関係、人と社会の関係、人と生死の関係、人と未来の関係を一体とする「仁義」という公共倫理を提唱した。この『論語』の「仁義」の考え方は、両文明の中核としての宗教（鬼神、祭り）を越えるものであった。

胡適（１８９１〜１９６２）の『説儒』では、儒は商民族の宣教師を意味するが、最初の儒はすべて商の遺民であり、宗教は商の礼と指摘している。孔子は周の時代を生きたが、実は、５００年前に滅亡した商の王室の末裔で、死ぬ前に自称「商の人」と言ったと言われており、商文化へのアイデンティティを強く持っていた。商の民族と周の民族における歴史の融合には儒教の役割は非常に大きい。「商人の名も、すなわち商の人からはじまっている」（徐中叙）。

清末民初の学者王国維（１８７７〜１９２７）は、その著書『殷周制度論』で、商から周への政権転換は、単なる政権の更迭ではなく、旧制度から新制度への変革、旧文化を廃棄し、新たな文化を更新する中国の政治と文化の大変革、劇変であったと述べている。

貝塚茂樹（１９０４〜１９８７）の『中国古代史学の発展』によると、殷周革命は中国史上、重大な意義を持つものであるが、殷周二王朝の交替という政治的な意味に止らず、文化的及び社会的な大変革であるということの論証として、一つには政治的側面を扱い、周以前の虞夏殷三王朝の首都が皆東方、即ち華北大平原及びその以東にあるのに対し、周王朝だけが西方の陝西省から起って東方王朝の伝統を受けついだ殷王朝を滅したのであり、この古代に於ける中国の政治的中心の移動が殷周間の政治的変革の基調をなす重大な現象であると述べている。現在までに明らかにされたことによれば、虞夏二朝を除外し、殷周二国については東西二地域に住む民族対立による、二文化圏の交渉として古代文化形成過程を説明する有力な仮説とされている。

両文明の衝突の例として、司馬遷の『史記・伯夷列伝　第一』における伯夷・叔斉があげられる。彼らは、古代中国・商代末期の孤竹国の王子の兄弟である。高名な隠者で、儒教では聖人とされている。戦乱ののち、商は滅亡し、武王が新王朝の周を立てた後、二人は周の粟を食む事を恥として、周の国から離れ、首陽山に隠棲して山菜を食べていたが、最後には餓死した。死に臨んで、「暴力を用いて暴力に取って代わり、その非を知ることがない武王。神農・舜・禹の素晴らしい治世は、あっという間に没落してしまった。私たちはいったいどこに帰属すれば良いのか。どうしようもない、天命が衰えてしまったのだ」という詩を残した。そして、彼らは、孔子は「仁徳を求めてその仁徳を身につけた人物である」と評価した。

「民を貴しと為し、社稷之に次ぐ」（孟子）の「義」とは、血縁関係にない仲間同士を結びつける倫理、あるいは公共倫理を意味しているが、血縁、地縁を越えて他者とともに皆（民）のための事業を行うという意味もある。

「雍也第六の二十二　民の義を務め、鬼神を敬してこれを遠ざかる。知と謂うべし」

ここの「遠ざかる」という言葉は離れるということだけではなく、越える、超越するという意味も含んでおり、神への信仰から、人間に対する信仰、そして公共的倫理（仁、義、礼、智）への信仰に転換されていることが見て取れる。伝統の宗教、価値、信仰を敬して、「本来的人間への信仰」に超越していくという、新たな公共倫理が呈されたと言えよう。

『論語・先進』子路と曾晳と冉求と公西華が孔子のそばにいたとき、孔子が言われた。皆の理想を聞きたいと。子路の理想は、富国強兵であると。孔子はこれを聞いて一笑された。冉求の理想は民の幸せの社会をつくることであると。公西華は礼儀と祭事をきちんと行うこと。孔子は最後に「点（曾子）よ、お前はどうじゃ」と問うた。曾子は今まで先生と兄弟弟子三人の問答を聞きながら、静かに琴をポッンポッンとひいていた。コトリと音をさせて琴を置いて立ち上がり、「私は三君の抱負とはおよそ種類を異なることから」と遠慮した。ところが、孔子は、「めいめい思ったことを言うのだから、何も遠慮することはいらない」といった。そこで、曾子は答えて、「晩春の好時節に、春服に軽く着替えをして、元服したばかり二十歳ぐらいの青年五、六人と、十五、六歳のはつらつとした童子六、七人を連れて郊外に散策し、沂の温泉に入浴し、舞雩の雨乞い台で一涼みして、歌でも咏じながら帰ってきたいと存じます」と言った。これを聞いた孔子は、深い溜息をつきながら、「わしも点の仲間入りがしたいものだ」と言った。これはヤスパースの「枢軸時代」の表徴、「過去への信仰」から、青年五、六人、少年六、七人をひきつれた仲間たちと、ともに楽しむ、「未来への信仰」への転換であると考える。

さらに、孔子は文化の多様性に交わることが、新たな時代の公共文化を結ぶとも考えていた。弟子顔淵が国を治める道を問うたとき、孔子は「夏の時代の暦法を行い、商の時代の車に乗り、周の時代の冠をかぶり、樂は舜の韶舞を用いる、など」（論語・衛霊公）と多色多様な歴史文化を交えることの重要性を話した。

五、良心に基づいた共生の共同体への理想と黄金律

良心という概念は、東西を問わず、宗教、政治制度、イデオロギー、伝統などに縛られることなく、個人の生命体験に基づいた内発的価値判断と自律的な倫理秩序である。孟子が最初に、性善論に基づくだけではなく、「同じようなものがないのは自然の道理だ」（夫物之不斉、物之情也）の天理に基づいて良心、良能、良知の概念を提出した。宋の時代以後、良心は自他一体の仁「民吾同胞」（張横渠）、万物一体の仁「天地が我がと同根、万物は我がと同在なり」（僧肇）の意味を含んでいる。生き方に対する考え方も多様化し、さまざまな価値観、人生の

ステージが存在し、誰しも、一筋縄ではいかない複雑な感情を抱えながら生きている。そこで、従来型の宗教の枠組み、論理の知性だけでは対応しきれず、良心、いわゆる感情的知性が注目を集めている。良心の社会共同体という理想は、いわば「孔孟之道」の根本的な道統である。

石川文康氏の『良心論』の中で、良心とは、「共に知る」とされている。

「日本語の『良心』のもととなった、近現代ヨーロッパ語『コンシエンス』(英)なり『ゲウッセン』(独)あるいは『コンシアンス・モラル』(仏)はいずれも、まず直接的にはラテン語の『コンスキエンティア』に由来する。さらに、このラテン語のもとを辿れば、それはギリシャ語の『シュネイデーシス』に淵源する。シュネイデーシスは『共に知る』という意味になる。これが『良心』の源泉であることを確認しておきたい。」

「人間が、良心とは人の理性からくるのか、神に由来すると信じるかどうかは別として、いずれの場合も、人間の良心の存在についてはほぼ疑問の余地はない。キリスト教徒であろうと、ムスリムであろうと、ユダヤ教徒であろうと、懐疑主義者であろうと、自由な考えの持ち主であろうと、成人した人間は良心を持っているのです。」

「私は良心に関して、多く神学的・哲学的見解があることを認識しておりますが、私にとっての究極的権威は私自身の良心なのです。この言葉は、すでにギリシャ・ローマ時代に使われていました。その後、パウロや他の神学者たちは神と神が命じた秩序を意識すること、そして同時にこの秩序への違反は罪であると私たちが意識することを意味して、この良心という言葉を使いました。キリスト教徒のある人々は、『私たちの内部におられる神の声』について語ります。エマニュエル・カントは、宗教の役割を考慮せずに、彼の良心の基本的価値を考えなかったことはなかったのです。カントは、良心を『人間の正義を内面的裁判所が意識すること』と説明しています。」

孔子が描いた理想の社会や彼が例示的に教えることで築き上げた共同体は、自覚して自発的な繋がりに基づいていた。こうした繋がりの主な目的は、仲間の自己実現を促す手助けをすることである。郭店（１９９２年）で見つかった竹簡に書かれてあった仁（人間性）は、二つの記号で描かれている。上には身、下には心である。このことが、人間性とは単に社会的なものだけではなく、深く個人的なことも意味することを生き生きと象徴している。身体は根本的なものと考える。自覚した個人と個人の間の「仁」に基づいて交わり、ともに生きる公共倫理は、われわれが今日に至るまで共に生きてきた人間が生みだしたものである。

中国明朝の哲学者王陽明の「致良知」の「致す」とは、諸橋轍次の『大漢和辞典』によると、いたす、いたるの意味以外に、ひきよせる、集まる、まねくなどの意味もあり、たとえば「致万民、聚万民」(周礼)。致良知はともに良心を知ることでも認識できる。自分と共に、他者と共に、そして神と共に知るという意味を意識して、黄金律を良心と呼んでいる。良心の「共に知る」働きで最も考えられるのは、自分以外の他者と共に知ることであり、他者との共通理解、共通感覚、共生の生きがいであることと考える。「共生」は人と人とが共に生きることだけではない。王陽明は「仁者とは、天地万物と一体になることだ」、「人とは、天地の心、天地万物、我がと一体になるものだ」、「聖人の心は、天地万物を以て一体になることだ」と強調した。人間が自然と共に生きる、いわゆる「ともいき」だけでもない、人と人、人と自然がともに生き出す「ともうみ」をめざすべきである。多文化共生とは、それぞれの民族が、それぞれに異なる文化を相互に理解することのみにはとどまらない。「ともに良知の学を天下で現されること」という王陽明の言葉のように、共に新たな文化を生み出す方向を見出すべきだと考える。

六、西田哲学に「歴史的身体」の感性直観と黄金律

「自分がされたくないことは、人にもしない」という黄金律には西田哲学が示すいわゆる「行為的直観」の理論も含まれている。行為的直観は直観に基づいて行為することを意味する。この場合、「直観」と「行為」という二つの契機は、常に同時的であると共に、一体不可分であるというのが西田の主張である。行為的直観とは、他者・世界における人間の基本存在様式を示す観念であり、あるいは行為的直観とは、「世界内存在」（ハイデガー）の基本的存在様式であると解釈することもある。

世界内存在としての人間の存在様式をとりあげる場合、人間の世界に対するかかわり方、つまり人と人、自我と他者、人間と世界の関係の構造をどう考えるかということである。人間的主体としての自己は、行為的直観という関係構造を介して、他者・世界にかかわりつつ存在しているということができる。自己であると共に他者であるということは、自己が主体として他者に対して存在しているという有り方を示す。つまり人間は、自他の一体性において、いわば他者の意識として世界の内に存在しているといってもよいのである。

身体に備わった感性的直観の作用を通じて、他者に対して受動的な関係をもっていることが

見出される。感情、感性、直観をもって生きているかぎり、人間は自己以外の存在者（他者、自然、世界）と常にかかわりを持たざるを得ない状態に置かれている。ハイデガーは人間的主体としての現存在が世界にかかわるときの基本的態度を「配慮」（気遣い）と名づけた。この「配慮」という基本的態度を以て、他者・世界に対して（未来に向かって）何か企てることについての「配慮」を意味し、自己が未来に向かって、他者のために、世界に対して何事かを企てることに外ならない。

戦国時代、中国の儒家孟子の学説では、この「配慮」と比較される観念として「惻隠」という道徳感情がある。惻隠とは、他者を見ていたたまれなく思う心であり、たとえば幼児が井戸に落ちそうなのをみれば、どのような人であっても哀れみの心（惻隠の情）がおこってくる自然の感情である。「人皆な人に忍びざるの心あり。…人皆な人に忍びざる心有りと言うゆえんは、今、人にわかに孺子のまさに井戸にいれらんとするを見れば、皆な怵惕惻隠の心有り。交わりを孺子の父母にいれんとするゆえに非ざるなり。誉れを郷党朋友にもとむるゆえに非ざるなり。其の声を悪みて然るに非ざるなり。」（『孟子』公孫丑上）誰にも「人に忍びざるの心（他者に対する同情心）」があるということ、おそらくそれは民族や時代を超えて誰にもある、人間に普遍の「配慮」の心である。

西田幾多郎はこう言っている。「我々が〈歴史的身体〉的に働くということは、自己が歴史的世界の中に没入することであるが、しかもそれが表現的世界の自己限定たるかぎり、われわれが行為する、働くと言い得るのである。……われわれの身体的自己は歴史的世界において創造的要素として、歴史的生命は我々の身体を通じて自己自身を実現するのである。歴史的世界は我々の身体によって自己自身を形成するのである。……世界に没入するということは、身体がなくなることではない、単に一般的になることではない。却ってそれが深くなることである、むしろ身体の底に徹底することである」

ここで自ずからは歴史的身体として表現され、他者・世界に深く没入することも、「配慮」することも、「自分がされたくないことは、人にもしない」という黄金律も、この歴史的自己として働くことである。ここの自ずからは、歴史的世界の中に、すなわち生活世界の存在者の全体的存在関連の中に繋がっている。我々一人ひとりの生命は歴史的な生命であり、同じ歴史的生命の他者・世界を通して自分自身を実現するからである。言い換えれば、歴史的他者と世界は、わたしの行為的直観によって形成されていくのである。

このような「歴史的身体」とは、人間が単なる個体の存在ではなく、一種社会共同体の存在であることを示している。孔子の仁義の思想が描いた理想の社会と人間で築きあげられた共同体は、自発的な繋がりにもとづいていた。自己が他者の中に存する主な目的は、仲間の自己実現を促す手助けをすることである。このような互いの「配慮」に基づく共同体は、開かれていて柔軟であり、、意思の疎通がはかれ、対話が盛り込まれ、誰もが受け入れられる、相互利益をはかる性格の新しい国際関係だった。儒教の道徳は、自己修養の技能だけではなく、主に自主的・互助的・自律的な共同体の、一種、仲間的な繋がりに基づいた信頼社会なのである。「自分がされたくないことは、人にもしない」という黄金律は、人間が共有する仲間意識が具体的に表れたものにすぎない。そして、この黄金律は思弁によって論理化しようと企ることではなく、直観的な行為と直感的な配慮である東洋の形而上学の伝統の特性である。外在的、世俗的道徳ではなく、内在的、直感的な道徳と見ることができる。中国では、世俗的道徳秩序の中にありながら、その道徳規範の命ずるところを他律的拘束として受け止めるのではなく、自己の人間形成の道として自律的能動的に受けとめてゆく態度が生まれてくるのである。直感的な道徳の実践は「……してはならない」という他律的禁止に拘束されることでなく、「われ……せじ」すなわち「……しない人間となる」という積極的な意志的態度を意味するようになる。明代哲学者王陽明の思想では「内」と「外」の対比が強調された。「外」とは人倫・社会・政治など、一般的にいえば礼樂刑政・五倫五常などの儒教的規範である。それに対する

「内」いわゆる「良知」の主体としての「わが」であり、主体的自我と伝統的名教秩序の対立と見られる。これは古代日本人の「清明心の道徳」とか中世武士の「献身の道徳」などと同じく、法則としての道徳の体系ではなく、直感的な倫理的心情に止まることである。

七、人間社会から生まれた黄金律の公共倫理を提出

仲弓仁を問う。子曰く、「門を出づれば大賓を見るが如くし、民を使うには大祭を行うが如くせよ。己の欲せざる所は人に施すこと勿れ。邦にありても怨みなく、家にありても怨みなし。」『論語・顔淵』

子貢問うて曰く、「一言にして以て終身これを行うべきものあるか。」子曰く、「それ恕か。己の欲せざる所人に施す勿れ。」『論語・衛霊公』

ウィトゲンシュタインは「他者が〈痛い〉と言った場合、それは「私」と一致する」（『論理哲学論考』）と語った。

世界の文化はそれぞれの性格をもっており、場所によっては、正反対の非常に異なった倫理

意識も存在する。しかし、世界を一つに織り成すこれら人間たちの多様な活動を、如何にして世界全体で捉えるか、この世界平和の営みを古えからの各国の文化の中にある黄金律に対する諸説や、神話や、宗教や、共通的、公共の倫理としようと試みるのである。

共通的、公共の倫理の対象は「生きた人間たち」そのものである。伝統的な「国家・民族・宗教」の理論家にもっとも欠けているのは、この「世界全体を見る目」であり、人間たちのその生の営みによって創りだされた歴史的世界を、その多様性において、まるごと捉えることをもって、「世界・民衆」を新たな理の出発点とする必要がある。このような、「世界・民衆」への志向は、その後のインターアクション・カウンシル（ＩＡＣ）、通称ＯＢサミットの世界倫理の研究を色濃く特徴づけることになる。それにしても、世界をその多様性において全体的に捉えるということは、まことに困難な作業である。対称的に複眼的にアプローチするにしても、それはともすれば、人間活動の多様な側面を、あれもこれもと寄せ集める結果に終わりかねない。各国の経済、社会、宗教、文明といった歴史の諸局面は、それら諸現象の一体性を説明するための、世界倫理法則、包括的な黄金律が必要であろう。

「人間の行動を導くために複雑な倫理システムは必要ではない。いにしえの規則、すなわち黄金律が真に守られるならば、公正な人間関係は保持することができるのである。黄金律の否定文の表現は、『自分自身が他者からされたくないことを他者に対しても行うな』ということである。肯定文での表現をすると、『他人にしてもらいたいことを他人にせよ』となり、より積極的で連帯的役割を意味する。」『人間の責任に関する世界宣言』（１９９７年）

複雑な近代文明の構造は、国家・民族関係の基本構造のような簡潔な定式に還元できないことは明白であり、民族国家が自国の利益によって結ばれる糸としての国際関係は容易には構成されえない。『世界はなぜ争うのか』が主張する世界の通底の倫理、黄金律は、その意味で世界の現実の深層へ一層深く沈潜して行くことにより、変動よりは倫理構造に注目しようとしている。国際政治より、社会の基層をなす民衆の、生活の日常態であり、道徳意識の日常態であり、人類の共存のために共通的、普遍的な「心と心」の関係、相互理解と寛容の精神を探ろうとしている。ＯＢサミットが生成したこの時期は、世界に対する感性の大いなる覚醒の時代であった。冷戦前後という大変革を経て、世界は時と共に変わるということ、歴史の流れを大きく捉えることを可能にした。ＯＢサミットの賛同者たちは国家という狭い枠組みの中に閉じ込もらない、歴史的感性覚醒の担い手であった。

宮沢賢治は近代文明と新たな文化の過渡期には「何をやっても間に合わない、世界ぜんたい間に合わない」（『春と修羅』）というばらばらの分裂現象を指摘していた。また、勝海舟は

『中庸』の「万物並び育して相害わず、道並び行われて相悖らず」の言葉を座右の銘にしていた。これらからも、「未来への信仰」・「交わりへの信仰」の信念は、ある個人、権威、宗教的専有の理念ではなく、一種多元的な歴史と未来構造の人々に繋がる、交わりへの倫理観、この分裂した「国家」と「宗教」の二つの近代化世界の対立指標を「世界は私の世界である」(ウィトゲンシュタイン)ような一つに立て、自然的な人間の主体性と人為による社会の制度化を交わらせ、世々代々、公共幸福の相互扶助の共働態とする「未来への信仰」の世界文化を道として実現しようとするものであった。

2018年6月16日践行和平論壇

Not Impose on Other - Regulations of International Law on Anti-War

中国社会科学院博士課程　周　凡淼

Not Impose on Other - Regulations of International Law on Anti-War

Abstract

The proposition of 'anti-war' not only has a strong connection with culture, history, politics, and international relations, but also matters about the issue of international law. Throughout the history of the development of international law, we can see that the process of the emergence and gradual improvement of international law were he history of human beings' struggling for peace, self-realization and happiness. Nowadays, though it had already been agreed that peace is the most valuable virtue of mankind, while for the process of the development of human' s history, we had experienced war, violence, bloodshed, and sacrifice Inevitably. After the ended of World War II, international law developed rapidly. On one hand, the development and the gradually perfection of international law has been reflected in legislations of several international conventions, and on the other hand, according to relevant international law, various global and regional international organizations have been established which functioning effectively in the issue of protecting human rights. Had experienced from the World War twice, what human being had suffered during the brutal wars made them gradually realized that only peace can guarantee the survival and development environment of all mankind, and only by maintaining peace can we fully tap the infinite potential of human beings in creating happiness, only by disseminating the culture of peace around every domestic nations actively can we promote win-win cooperation between countries. From the perspective of ethic, to against war and to resolve international disputes by peaceful settlements are the concentrated expressions of the core values of human being, and from the perspective of international law, peace and anti-war are legislative obligations that every nation and individual should follow.

Keyword:Anti-War, International legal obligations, International ethics, Legal regulation

I. THE CONCEPTION OF WAR FROM THE PERSPECTIVE OF LAW

As an eternal proposition of the modern development of mankind, the conception of anti-war is an oath of appealing that bears the vision and longing for a better life. And as an important factor of reflecting social progress, it is also the basic principle of international social interactions. From the perspective of international jurisprudence, opposing war and maintaining peace are the basic adherences and most important goal of international law. The establishment of relevant international organizations, whether it is a global international organization or a regional international organization would take advocating peace and protecting human rights as its main purpose inevitably.

Generally speaking, a strict and complete system of international law includes the following contents. Firstly, the international Convention related to the subject matter is the basic element. Secondly, the corresponding implementing agency which established under the Convention is the implementation element. Thirdly, to safeguarding the enforcement of the Convention, relative supervisory mechanism which established by implementation will be the guarantee element.The basic methodology of legal research is to define the concept and establish its logical connection with other derived concepts. It can be said that legal research is built on definition. Therefore, to study the international regulations on anti-war, we should first sort out the basic definitions of anti-war. The concept of anti-war, as the name implies, opposes war. It can be seen that the logic of anti-war lies in the understanding of war, as the war and the peace are a pair of relative concepts, according to which the theoretical foothold of studying anti-war should be in the connotation and development of war and the legitimacy of the right to peace which is also the content of basic human rights.

1. THE DEFINITION OF WAR

According to the interpretation of the Modern Chinese Dictionary, war is defined as the opposite concept of peace, that is, armed struggle of a certain scale for a certain political purpose, it is the highest form of struggling between class and class, nation and nation, state and country, or political group and political group.The Compact English-Chinese Dictionary of Anglo-American Law defines war as an abnormal state of international law, as opposed to peace in a normal state, that is, between different countries or between rulers, or within a country the hostile conflicts between armed forces of different parties(1). According to international law, the term 'war' had been replaced by 'armed conflict' . And the United Nations Charter has explicitly banned the use of force, but only provides for three exceptions which are self-defense, the United Nations Security Council's authorization or action, and the national independence or national liberation movement against colonial or foreign domination in order to fight for national self-determination[(2)].

Both the dictionary and the law reveal the true meaning of war, that is, the core of war is conflict or dispute between specific subjects. For the basic types of war, it can be divided into internal war and foreign war. Internal war occurs in revolution and mostly has the purpose of overthrowing the certain regime. The foreign war may be due to the opposition of different civilizations, different religious beliefs, or the war of aggression initiated by a country for its own needs. The most serious consequence is the world war.

War not only represents bloodshed and sacrifice, but also represents the shackles and destruction of the international order, while at the same time the trampling to human rights. In war, mankind as the sole carrier of bitter fruit undertook the brunt without any choice. War is not only a subversion of human nature, it also brought a series of evil consequences, such as the environmental pollution caused by the use of chemical and biological weapons and the shadow of death in the war against innocent civilians. Even after the ended of war, this brand of terror and violence will deeply root in the heart of everyone. The reason of we opposing war is the horrible and abominable circumstances which human being had been witnessed during the twice world wars. It is the war which we had experienced in the past

---

(1) The Compact English-Chinese Dictionary of Anglo-American Law,Law Press, 2003, pp. 1412

(2) Luo Guoqiang: Seeking Foundations on International Law of Peaceful Rising From De Jure Belli Ac Pacis Libri Tres,journal of comparative law ,No. 6, 2005, pp. 97.

that clarifying the fundamental role of peace in the survival and development of mankind, and urging people to recognize the value of peace and harmony. To against war is not a political slogan which used as a leaflet of demonstrating the greatness of the individual by just calling for it, nor is the inevitable choice while international mutual interests and relevant regulations had already made war lacking of legal basis and popularity. The certainty and stability of the international structure have led people to abandon the war and turn to the embrace of peace. A series of anti-war ideas finally put into practice, the most typical of which is the regulation of war by law. As Caesar's Emperor said VENI VIDI VICI (I am, I see, I conquer), the current international law's attitude towards peace can also be summarized as I am, I see, I cherish.

2. THE LOGIC ORIENTATION OF WAR

The essence of war is conflict.

'Conflict, performance and human language and action, but actually exist profoundly in the human heart.' (3)

The history of mankind has gone through countless wars and had suffered countless pains. In China alone, in the Spring and Autumn Period and the Warring States period, only one battle in Changping lost a total of 200,000 soldiers. The war can be said to be the life-saving incinerator. In spite of the cost of giving life again and again, war still exists inevitably.Even the First World War which had left Europe with devastating and endless scars, in order to prevent similar incidents, after the war the United States, Japan, Britain and other countries established League of Nations and signed the Pact of Paris which is also knew as the Kellogg-Briand Pact, the main content of the Pact of Paris is to prevent using war as the tool of settle down international disputes and the state party promised that war will no longer be used between each other. For the first time in human history, nations proposed to resolve disputes by peaceful means and made promises by law that the state party will not use force or any kind of war. When people saw the dawn of peace consciously, only 11 years later when the post-war reconstruction work in the European continent was not completed, the Second World War broke out, and the scale and influence far exceeded the World War I. These cases are confusing, why do people who are rationally present fall into wrong choices again and again? In fact, war as a machine created by mankind does not appear out of thin air, and its existence has its own logic. In essence, war is a violent act of human beings, and this violent attribute inherits the animal nature of human beings and living things. From the perspective of thinking mode, from the smallest ideological of individual to the biggest civilized and faith of all mankind, everything born with humanity. At the time when a human being was born, he or she will exclude those members who

(3) Li Zan: The Achilles's Heel of Peace in International Law: Starts from the Kant's Perpetual Peace. presentday law science,Vol. 11 No. 4, August 2013, pp. 94

do not belong to their own groups. From the perspective of profit-seeking, human beings' indulgence of their own desires and unrestrainedness are the origins of all evil.

(1) HUMAN' S NATURAL INHERITANCE OF VIOLENCE

No matter the natural state of the everyone against all people which the jurisprudence defined by the jurist Hobbes originated, or the primitive society defined by the social scholar Morgan. What cannot be denied is that the development of human beings has gone through a long process, this process was as the same as the construction of human society. The reason why human beings inherit the nature of violence from the animal nature is because from the primitive society, there is no difference between humans and beasts without any normative consciousness, or we can say that for a long time human beings themselves are members of the beasts. At that time, human fought against each other through violence, struggled, and eliminated. Consider ing about the real situation which human used to be, no one can stand on the commanding heights of morality and criticize the primitive people's contempt for life. Just as today, we cannot use the moral rules of human beings to blame the brutality and violence of the beasts.With the development of human society, morality and law have become the two pillars for maintaining the stability of human society. However, it is undeniable that violent consciousness is still deeply imprinted in human bones, as the only person under completely natural conditions. Self-protection tools, people's application of violence is handy. Locke once described the rationality of violence in the natural state.

'In the natural state, everyone has the power to execute a murderer, killing one hundred to stop others from committing the same damages that cannot compensate for the loss,and also to protect others from crimes.This crime has been seriously ruined the common principle that God has given to mankind to declare war on all mankind by his unjust violence and killing against another person, and thus can be destroyed as a lion or a tiger, as a whole human being cannot co-produce with it. And a beast that cannot be guaranteed to be destroyed'[4].

But as time went by, human gradually found that continuous fights cannot bring greater benefits but to weak themselves that made fight or any behaviors connect with fight meaningless. At this time, humans began to try to establish an organization through collections and achieve settlements through agreement or contract. Constrained by each other, this organization limits the individual freedom of each member for the public good, regardless of whether the transfer of rights is voluntary or not, but ultimately leads to a result, that is personal privacy is restricted. And in order to avoid any behavior which break the rules or regulations, the organization established special rules to punish those who go cross the bottom of the discipline. This specific part is not for personal purposes but the right to enforce punishment with a public awareness symbol is public power, in which

[4] John Locke : The Second Treaties of Government (Part 2), translated by Ye qifang.Zhai junong.The 24th Edition.The Commercial Press.

case the organization has the nature of the state. However, just as the emergence of law did not eliminate crimes, the establishment of the state did not eliminate the emergence of war. Instead, due to the expansion of the country's territory and economic interests, a large-scale war organized by the state emerged. This is because the state as a collection of people, in essence, also inherited the attributes of violence. The state' s violence is mainly concentrated in two aspects. One is war, the other is penalty which means the law that the state will impose violence through punishment. Power is nationalized.

Both human beings and the state are escaping from animal violence and aggression instinct through moral and legal statutes, but this correct understanding of human nature does not go through a long process, but the human instinct is excessive. The result of extremes is Darwinism. Extending to the national level means that the state can only survive in the national society with resorting to strong military power, but this view has been proved to be a big mistake. In a civilized society, we must use human nature as the excuse of social Darwinism. As Hegel said, if we recognize the advanced nature of human beings, then we must ensure that people can only exist as purpose rather than means. If we admit all human being was born free and equal and if we admit the highest value of everyone, and if we respect the dignity of people, actually it would be the same in the international community which we also compare nation as individual. It is the most wrong and low-level practice to regulate the relationship between countries in the international society by simply using the survival of the fittest or natural selection theory. The ridiculous of using this theory into modern international relationship is under this theory, the civilized society has regressed back to the jungle era and humans have degenerated into beasts. The reason why human beings can get rid of the evil of animal nature is because human beings have sympathy and compassion for the weak in the social composition, and help the weak people through the state system, so that their basic rights to subsistence can be guaranteed. In international relations, one country is like an individual. If Darwinism prevails in the process of communication, there will be the consequences of a big country crushing a small country by its strength. In the end, the country will inevitably fall into a state of military competition, then the outbreak of war will become an inevitable consequence.The Second World War is the most direct proof.

'The modern Western European system, guided by the survival of the fittest, has been widely spread in the process of dividing the world by imperialist powers, and eventually covers the whole world. However, the contradictions contained in this international system have also been fermented and grown at the same time, which eventually led to the outbreak of the world war.' [(5)]

Drawing on the experience of the two world wars, all countries have profoundly realized

(5) Li Han: The development track of modern Japanese peace ideologies, Ph.D. thesis of the Graduate School of the Chinese Academy of Social Sciences, May 2010, pp. 89

that international law is not a tool for big countries to abuse small countries in international relations, nor is it a tool to protect their own interests by 'legal' means and regardless of other countries. No matter the size and the strength of the country, from the perspective of international law they are equal subjects. This is the most correct position of international law after the Second World War. It is precisely because the social Darwinism is completely abolished that the United Nations has avoided the footsteps of the League of Nations. Making international law a real legal nature provides a new platform for exchanges between countries, and it brings about the hard-won peace situation.

(2) THE INEVITABLE RESULT OF EXCLUSIVITY

The development of human society is a diversified process. The differences in geographical location, farming methods, natural environment and religious beliefs have brought about different civilizations. The continuation of civilization has the same thing as the reproduction of human beings, that is, we are all at the maximum degree of eliminating the so-called heresy, in the modern society,

'People form a community and feel a certain belief or feeling in them. The opposite consciousness always dispels each other, and the same consciousness always blends with each other and grows with each other; the opposite consciousness always detracts from each other, and the same consciousness always strengthens each other.' (6)

Just as with the Crusades, the purpose was to eliminate those unclean pagans. In World War II, Hitler pursued a genocidal policy against the Jews and proposed to optimize the German national lineage is also based on the idea of excluding aliens. The more human civilization develops and progresses, and everything based on civilized society will in turn lead to ruin freedom and equality. The reason we reject alienation is because the difference brought about by alienation will undermine social stability and eliminate the basis on which we depend.As

'The most primitive feelings of human beings are the feelings of their own existence; the most primitive concern is the care for self-protection.' [(7)]

The establishment of the state is essentially a process of excluding alienation. Hobbes believes that human beings are evil when they are born. In order to break the survival of the war state of everyone against all people, and the nation is

'A large group of people make mutual trusts, and each person authorizes its actions so that it can use a personality of all powers and means in a way that it believes is beneficial to everyone's peace and common defense.' [(8)]

The state must be built on the commonality of people. This commonality may be expressed in geographical location, or in a common language and culture, or in a common

---

[(6)] Emile Durkheim: Social Division of Labor, translated by Qu Dongfang, Sanlian Bookstore Press, 2000, pp. 61.
[(7)] Jean Jacques Rousseau: A Discourse Upon the Origin And the Foundation of the Inequality Among Mankind, translated by Li Changshan, The Commercial Press, 1962, pp. 112.
[(8)] Thomas Hobbes: On Citizens, translated by Ying Xing, Feng Keli, Guizhou People's Publishing House, 2003, pp. 132

belief, and more in a common nation. These commonalities constitute the common value foundation of human beings, and this sameness is the foundation of the country. The continuation of civilization has something in common with the reproduction of mankind, that is, we are all about eliminating the so-called heresy. When we purchase for the most extent sameness, what cannot be denied is difference will still exist lifelong time. Compared with the endless tolerance of human beings, the human beings are responsible for eliminating. Since entering the Middle Ages, the outbreak of war has mostly been due to religious beliefs and ethnic differences, and even to the law. Even in the capital revolution period, various declarations concerning civil rights have embodied advanced nature and strong inequality. As well as the color of discrimination, it is a common practice in the law to classify people according to race, gender, country and class. Even the Universal Declaration of Human Rights, which has an epochal meaning, has also experienced the debate during the process of drafting about whether its subject is a specific person or a person of universal significance.This is in line with the objective law of the development of human.The people are not born to be tolerant, nor are they born to have a certain degree of cognition of the world. Human development is a process of tortuous progress, as Engels said,

'All social relations and state relations that have appeared in history, all religious systems, good legal systems, and all theoretical views, only when they understand the material living conditions of each corresponding era, and when they are derived from these material conditions, can we truly understand them'. [(9)]

And this exclusivity ended with the ideology of the concept of human rights.Before establishing individual's personality, it recognizes the commonality of human beings in the legal, especially in international law. The natural rights that human beings should have in human life is human rights. The greatest value of human rights lies in its universal use. In the history of mankind, for the first time, it conquers the rejection and even the destruction, and it will finally lead to mutual respect and equality.

(3) CHASING FOR POWER AND DESIRE

Marx once had a prolific description of the profitability of capitalists. When the profit reached 200%, the capitalists dared to risk the gallows. These sentences of the sarcasm satirizes the capitalist's crazy pursuit of interests, and at the same time reflect human's aggressive desire of pursuing for benefits and power.

'There is a common desire in mankind that the pursuit of power will never end until death'. [10]

---

[9] Karl Marx and Friedrich Engels: Anthologies of Marx and Engels, Vol. 2, People's Publishing House, 1972, pp. 117.

[10] David P Barash and Charles Weber : Peace and Conflict Studies, translated by Liu Cheng et al, Nanjing Publishing Society, 2007. pp.125. Quoted from Li Zan : The Achilles' s Heel of Peace in International Law : Starts from the Kant' s Perpetual Peace. presentday law science,Vol. 11 No. 4, August 2013, pp. 95

Power has the innate nature of expansion, and this attribute is as inevitable as human beings can't get rid of animal nature. The expansion of power is reflected in both internal and external aspects. The expansion of power in the inner is mainly reflected in the expansion of administrative power.

'The continuous expansion of administrative power is actually a common phenomenon affecting the operation of governments around the world'.[(11)]

But power leads to corruption, and absolute rights lead to absolute corruption.

'Power is necessary to protect rights and freedoms, but power must be controlled for rights and freedoms, because the exercise of power is often marked by impermanent and intolerable repression'.[(12)]

On the outside, the expansion of power is reflected in the war.

'Human struggle for interests is another important cause of conflict and non-peace. Power, reputation, life, status, money, resources and so on are all human greed. According to their own subjective standards, they are reluctant to give love to the above foods. If they don' t get it, they will pursue it with one heart and one mind. If they get it, they hope to grow

infinitely. If they own it, and they hope to keep it forever. Since everyone wants possession with erotic desire and possesses it continually, it will inevitably lead to conflict and become an endless struggle and even war'.[13]

As of World War II,the development of one country is mainly achieved through the form of war.Whether it is to confirm the territory or seek economic benefits, it is mostly based on the national conquest of force.Even for the purpose of peace,the establishment of bilateral treaties and even multilateral treaties between countries promised to settle down disputes peacefully and friendly,but driven by the interests,the unilateral or bilateral tearing of agreements has triggered regional wars and even world wars timely. Such a result inducing every country to use military power for its own existence and development which always threatening the peace of the world.In particular, the emergence of nuclear weapons has made life safe for all human beings burning on fire. With the development of human society,morality and law have become the two pillars for maintaining the stability of the whole society. But what cannot be denied is the conscious awareness of violence is still deeply printing in the bones of human beings. As the only self-protection tool in a completely natural conditions,people were comfortable with the application of violence.The

---

(11) David H. Rosen, Brom, etc.: Public Administration, translated by Zhang Chengfu, Chinese People's Publishing House, 2002, pp. 49-50.

(12) Bodenheimer: Jurisprudence, translated by Deng Zhenglai, China University of Political Science and Law Press, 2004, pp. 233.

(13) Li Zan : The Achilles's Heel of Peace in International Law : Starts from the Kant's Perpetual Peace.presentday law science,Vol. 11 No. 4, August 2013, pp. 94

different is the authority had passed the power of using violence to public administration through penalties. When an individual's ambitious of chasing for power is strong enough to affect the functioning of the entire country, just as what Hitler did during the World War II,once the militant trend spread among all citizens,the outbreak of war would become a mistaken necessity.Fortunately,the method of war was quickly rejected by all human beings. This is because no one in the war can be alone,everyone is forced to swallow bloody bitter fruit of war,the enormous cost of mankind has caused all humans to begin to introspect.As what has been declared in the preamble of the Charter of the United Nations, 'We are the peoples of the united nations determined, to save succeeding generations from the scourge of war,which twice in our lifetime has brought untold sorrow to mankind'.(14) Accompanied by this bloody pain,the nations of the world began to realize that it is not enough to urge peace which condenses the lofty values of the consensus of all mankind through the ethical approach,the moral coercive power is not enough to form an effective constraint on the state's autonomy. Therefore, it must be determined by law and regulation that to against war and to cherish peace are the international obligations which every country must abide by. The theme 'anti-war' must rise to the height level as international human rights law do.From the history of international law itself, the most fundamental purpose of building international legal system is to emphasis the reality of peace. Then with the development of the times,the contents of international law began to diversify which gradually covered all aspects of basic human rights,economic cooperation,and environmental protection.

3. THE LEGAL HISTORY OF WAR

'War is like a human nightmare which always lingering, a history of human civilization can also be said to be a history of war and peace. There is a strange phenomenon in human history, that is everyone wants peace, but war never stopped. All wars, no matter how irrational they are, no matter how the war was declared in the name of justice, the essence of war is injustice and it never changed. Fortunately, mankind is never stopping pursuing peace.' .[15]

Throughout the history of mankind, the development of war has gone through three stages. At first, war as a state system has no laws to regulate it. In a long time, war is a country' s legal and absolute right. It also led to the unbridled use of force by the state, which caused great harm to the entire human race. Even if we recognize the various shortcomings of war, the law still recognized the legal identity of the war as the way of self-defense and more as a normal machinery of a nation. After determining that the war needs to be regulated, the only binding condition for jurists to initiate war is its justice, the legal scholars representatives as Cicero, Augustine made it clear that the propose of war should be just, in other words, war is for the purpose of justice only and conducts state behavior with the ultimate goal of achieving peace. Although the jurisprudence, especially

---

(14) See: http://www.un.org/en/sections/un-charter/preamble/index.html, last visit date: August 28, 2018.

(15) Du Xuewen: The Right to Peace to Human Rights, Doctoral Dissertation of Soochow University, March 2010, Chinese Abstract.

international jurisprudence, has been trying to define a precise and detailed definition of the just war, but the value of justice itself is controversial.

'Justice has a Proudusian face that is erratic and can be seen at any time and has a very different look'. (16)

Justice itself is an abstract concept, and it presents different value orientations as time goes by. Therefore, using justice as a criterion is actually uncertain, because it is difficult to determine whether justice can being a justice at that time, this concept of close connection with morality and ethics has rich connotations. And from the results of the war,

'When we look around history, we will find that there is only a war of justice. At least those who won the war have always been engaged in the battle of 'justice' and they have never asked for responsibility'. (17)

Based on this uncertainty, the logical deduction of the war is carried out, and trying to ignore the viciousness of war to prove its legitimacy and rationality, which itself lacks the corresponding logical basis. When we open a window for war, just as we have opened a hole in the law's norms for the wrongful act, the final result can only provide a perfect excuse for the country's misconduct. Fortunately, one of the advantages of mankind is to use history as a teacher. After experiencing the great changes in the two wars, the international community finally reached a consensus that the war system should be abolished, except for the statutory circumstances recognized by international law. As mentioned above, the current international law exceptions to war only list three situations, namely, self-defense, the UN Security Council's peacekeeping war, and the liberation movement against foreign rulers for national liberation. In these three cases, with the liberation of the colonies after the Second World War, there is no longer a possibility of application for the third situation. The first type which we called as self-defense on the one hand has specific provisions and on the other hand, the International Court of Justice also has specific precedents to explain the specific use of this term. In the judicial practice, before the implementation of the right to self-defense, the state will report to the United Nations or file a complaint with the International Court of Justice in accordance with the procedures stipulated by international law. Whether it is a self-defense situation, the International Court of Justice will make corresponding judgments, thus to minimize the possibility of abusing the condition of relevant regulation. In the second case, before the United Nations took peacekeeping operations, it was approved by the UN Security Council, and there was no bias towards a certain country. By making rules and supervising the implementation of the rules, the rights can be best practiced. From a jurisprudential point of view, the exception to the current international law for war is not to open the window for war. It is true that in practice, the

(16) Bodenheimer : Jurisprudence, translated by Deng Zhenglai, China University of Political Science and Law Press, 1999, pp. 252..
(17) Kaufman: Legal Philosophy, translated by Liu Xingyi, etc., Law Press, 2006, pp. 351.

United States-led country has repeatedly circumvented the United Nations to provoke violence against other countries, but this does not deny the determination of international law to regulate the anti-war after World War II, nor can it obliterate the advanced nature of the current international law.

No country should use any excuse to wage war. At the same time, it should also promise and practice peaceful settlement of international disputes. For the development of war, it can be divided into three stages by the signing of two international conventions as boundary line. The first stage is before the signing of The Pact of Paris when war is used as the legal right of a nation. The second stage is from The Pact of Paris to the UN Charter, after the ended of the first world war and experienced the second world war, war was used but also limited and supervised by international law. The third stage is after the UN Charter until now when the human rights and peace are supremacy in all over the world.

(1) THE LEGAL STAGE OF WAR: FROM ANCIENT TIME TO THE SIGNING OF THE PACT OF PARIS IN 1928

As mentioned above, in the long history, war has existed as a kind of national policy. During this period, the using of war used to be legal. Although it is attacked, it is not enough to shake its foundation. At that time, the scope of war was mostly concentrated between neighboring countries. The war did not break through the intercontinental range.Therefore, whether it is academic or practical, neither the ruler of a country nor the ordinary people lack the basis for understanding the essence of war, let alone abolish war. It was not until the First World War that mankind faced the cruelty and terribleness of war for the first time. The black hole of war turned the already rich European continent into a scourge. The war is the failure of any country, no one can be immune to it and it greatest extent the evil in human nature.This bitter fruit urged human beings to think about the legitimacy of war. After the end of World War I, France and the United States led the development of the Pact of Paris which came into force in 1929. By 1933, a total of 63 countries had ratified or joined.It can be said that the Pact of Paris had historical significance. From the historical perspective of international law, this is the first international convention that set up the abolition of war in all aspects and the number of allies was unprecedented. This definitely reflected the desire of peace of the various countries and all human beings. In addition, the Pact of Paris established the basic principles of international law on dealing with dispute in the international society, that is one must make promise and also take its pledge into practice that peaceful settlement would be the only way to resolve international disputes. This principle had far-reaching implications and remains the legal source of international law.

However, the Pact of Paris also had undeniable congenital malpractices, and based on this congenital deficiency, it eventually led to the occurrence of World War II. The main drawbacks are:

First, the lack of relevant enforcement agencies and supervisory bodies led to weakness in the real implementation process.The Pact of Paris, like the League of Nations established under the Treaty of Versailles, is a product of the times and fully reflects the characteristics of the times.From the history of the failure of the League of Nations, it is known that a covenant that relies solely on the support of a big country and lacks a legal basis is unreliable. It is true that the basis for the survival of international law is the treaty must be adhered to, but this cannot deny the importance and necessity of establishing an enforcement and monitoring mechanism.In nature, the Pact of Paris is more like a political declaration rather than a legal convention which had greatly weakened its effectiveness.

Second, the essence of the convention is the tool of imperialism.From the history of the signing of the Pact, it can be seen that although the First World War has ended, the trend of imperialism is still firmly established. In this situation, the contract is only a confirmation of the realm of mutual recognition of the territory and interests of the imperialists. International conventions voluntarily signed between non-equality entities.

Third, the content of the Convention is flawed.The Pact of Paris consisted of only one preamble and three articles. The content is only limited to the abolition of war as a national policy. It does not mention the abolition of military means. At the same time, the Pact did not classify the specific types of wars but adopted a one-size-fits-all approach to uniformity which is too sloppy for an international convention with 63 allies. The war of aggression must be forbid, but the war of self-defense has been a legitimate right of the state since ancient times. The practice of confusing the two showed that the Pact was only a political oath rather than a serious rule of law.

As the Pact of Paris did have a trans-century significance but also was full of contradictions, it had indeed play a role in a certain period of time. This is based on the fact that people have longed for peace just after the war, but as time went by, the various drawbacks of the Pact were inevitably exposed, and with the change of national strength of the nations and the fall of the Versailles Washington system, the Pact became one paper blanks naturally.

(2) LIMIT THE USE OF WAR:FROM THE SIGNING OF THE PACT OF PARIS TO THE ENACTING OF THE CHARTER OF THE UNITED NATIONS IN 1945

'International law is an international legal system based on the maintenance of peace and the promotion of development'.[18]

The outbreak of the Second World War left more thoughts on the country and all mankind. The blatant tearing of international conventions of Germany made people pay

(18) Li Zan : The Achilles' s Heel of Peace in International Law: Starts from the Kant' s Perpetual Peace.presentday law science, Vol. 11 No. 4, August 2013, pp. 93.

more attention to the practice of guaranteeing the implementation of the Convention by recognizing the shortcoming of League of Nations and the Pact of Paris. On the basis of defects, the Second World War achieved a major breakthrough in the effectiveness of international law on the premise of learning lessons.

The United Nations Charter which enacted in 1945, was the constitution of the United Nations. There are 19 chapters and 111 articles. In the preamble, the purpose of the United Nations is explained. It is pointed out that the purpose of the establishment of the United Nations is to safeguard peace and protect human rights. This is in the history of the development of international law. It has extremely important historical significance. Unlike the League of Nations, the United Nations is not a loose international organization. It is a legal approach that brings together member states on the basis of full recognition and respect for national sovereignty. In order to avoid the flow of international law, the United Nations has established relevant enforcement mechanisms and monitoring mechanisms in accordance with relevant international conventions.Among the fourteen basic issues of the United Nations, the most important one is the issue of peace. The United Nations' emphasis on peace is unquestionable and has been repeatedly reiterated in various legal documents.

From 1928 to 1946, the international regulations on anti-war have been subjected to several twists and turns. Especially in the Second World War, the violation of international law by the Axis Powers has caused the effectiveness of international law to be questioned.In this battle, the emergence of events with humanitarian ideas such as aggression, genocide, bacteriological warfare, and endangering civilians has made the international community fully aware that if the restrictions on military struggle are not imposed, the consequences of human survival will inevitably occur.In 1943, the leaders of China, Britain, the United States, and the Soviet Union issued the General Security Declaration during their talks in Moscow and proposed the necessity of establishing international organizations to regulate the behavior of various countries.In 1945, after the British, American, and Soviet Union met in Yalta, they proposed the prototype of the UN Charter and held a constitutional convention in San Francisco at the same year.As the basic law of the United Nations, the Charter of the United Nations has played a constitutional role. Its contents include the purpose of the organization, the establishment of a permanent organization, the rights and obligations of member states. In a word, the UN Charter is a very comprehensive international convention.In fact, in the concrete practice of the United Nations to defend peace, it can also be seen that the coercive power of the United Nations provides a strong backing for the implementation of the international statutes related to the anti-war, and from the perspective of the construction of international organizations, the United Nations and the composition of other international organizations then provides an effective template. Since then, the development of international law has entered a new stage and has shown unprecedented vitality.

'Countries not only form international law through collaboration, but also achieve

international law through collaboration. Only by helping each other can the international legal order of a safer world and lasting peace be established'.[19]

(3) HUMAN RIGHTS AND PEACE SUPREMACY: FROM UN CHARTER TO NOW

'The Second World War was provoked by a country that cruelly denied basic human rights. The end result was the conviction that the State recognizes and protects human rights, not only in keeping with the enlightened concept of the objectives of international law, but also with the basic needs of international peace are in line with each other'.[20]

'Peace and human rights are closely linked. War and unrest are a clear and complete denial of human rights. People have the right to live in a peaceful environment for development, and only in a peaceful environment can human rights be fully guaranteed'.[21]

With the emphasizing on human being, for the first time human rights were truly being respected by law regardless their nations, genders, races and so on. The first generation of human rights emphasized equality and freedom. The second generation of human rights is based on civil political rights and social rights. So far, the third generation of human rights is represented by the right to development. Among them, the right of peace which is as the basis of the right to development has once again received recognition from the field of human rights.

‘The right to anti-war resides in the core and fundamental position of the pledge of peace, and it is vital to the vision of the right to peace. In a sense, the right to anti-war is the narrow right to peace. If we say that in the past we always restricted the war rights of waste paper countries from the perspective of international relations, then the right to anti-war requires the state to perform the obligation of non-war (including armed conflict) and related behaviors from the perspective of human rights. Therefore, the right to anti-war is a negative right, and the state only needs to respect this right of him (or them) and fulfill the obligation of negative inaction. Of course, the military actions taken by the State under the authority of the Security Council and the self-defense actions carried out individually or collectively are not included here. Specifically, the right to anti-war includes: the right to require the state not to wage war, the right not to participate in war, the right not to engage in an arms race, the right not to engage in military alliances, and the propaganda of war (including not inciting, advocating, beautifying wars) and other rights, and the right not to engage in other war-related activities (including funding for war, logistics services, etc.)’.[22]

---

(19) Liang Xi: The Crisis of International Law, Jurisprudence Review, No. 1, 2004, pp. 9.

(20) Jennings, Watts Revision: Oppenheim International Law, Volume 1, Volume 2, Wang Tieya, etc., China Encyclopedia Publishing House, 1998, pp. 357, quoted from Du Xuewen: The right to peace of human right, Soochow University Ph.D. Thesis March 2010, pp. 10.

(21) Cheng Xiaoxia: Human Rights and Peace - Commemorating the 50th Anniversary of the Universal Declaration of Human Rights, in: Human Rights　and the 21st Century, edited by Wang Jiafu, Liu Hainian, Li Lin, China Legal Publishing House, 2000, pp. 99.

(22) Du Xuewen: The Right to Peace of Human Rights, Doctoral Dissertation of Soochow University, March 2010, pp. 35.

Peace is the most basic and long-lasting topic of humanity. The long-term development of experience, from the neglect of openness to the limitation of war and finally to the height of human rights, is both the development of human thought and the progress of the rule of law.The law itself, from the law within a country to the present, gradually forms a universal value that encompasses all human beings and adjusts various relationships. It also undergoes changes in the times. At the same time, when it comes to recognizing the issue, peace is more than just the international law obligations of the state administrators. Every individual should contribute to the great cause of peace. The refusal to use force is not only due to international political considerations but also the following of international law.In the war, the bloods and tears that human beings had condensed finally became the highest value of humanity, and this part of the value deserves to be cherished by all mankind.

'*The ultimate goal of the law is to seek the common good of mankind. The function of law is to protect the rights of individuals in social life*'.[(23)]

The basis for this part of the right to be truly practiced is the overall situation of a safe and stable country. Only by maintaining a peaceful environment can we open a platform for international dialogue and can we better realize economic and trade exchanges between countries so that the fruits of social development can truly benefit everyone.

The existence of war, of course, has its logic, and we cannot deny the degeneration and embarrassment that humanity may have. However, it should also be recognized that the emergence, development and eventual elimination of all systems are based on the society itself. Today, war is no longer the best way for the state to safeguard its own benefits, but it is also the enemy of all humanity. Both the domestic legislation and International law have formed the consensus that all forms of force action are violations of international law which should be excepted by law.

II. ANTI-WAR AS THE BASIC PROPOSITION OF INTERNATIONAL LAW

The current methods of peaceful settlement of international disputes include negotiation and consultation, investigation, mediation, arbitration and judicial settlement.(24) It can be said that the theme of anti-war has already had relatively perfect regulations in international law. Throughout the history of the development of international law, the emergence and development of international law are directly related to the anti-war, such as The Right of War And Peace (De Jure Belli Ac Pacis Libri Tres) which was write by the Dutch' s most famous jurist Hugo Grotius who is also known as the father of international law.This book is also to be seen as the foundation stone of the entire international jurisprudence.(25) The

---

(23) Liu Binghua: International Law (Chinese translation), China University of Political Science and Law Press, 1997, pp. 245.

(24) Luo Guoqiang: Seeking Foundations on International Law of Peaceful Rising From De Jure Belli Ac Pacis Libri Tres,journal of comparative law , No. 6, 2005, pp. 97.

(25) Luo Guoqiang: Seeking Foundations on International Law of Peaceful Rising From De Jure Belli Ac Pacis Libri Tres,journal of comparative law ,No. 6, 2005, pp. 95.

content of The Right of War And Peace is not limited to anti-war and peace, but proposes the basic elements of building international law. Starting from this book, the original reason of constructing international law is based on consideration of peace issues. Anti-war and peace are the cornerstones of international law.At the same time, there are mutual relationship between them.On the one hand, opposing war and advocating peace are the foundations for the existence and development of international law.On the other hand, the realization of the anti-war goal has also benefited from the strong protection of international law. The two rely on each other and promote each other.

1. THE TWO-WAY PROMOTION RELATIONSHIP BETWEEN ANTI-WAR AND INTERNATIONAL LAW

Since the construction of human society, there has been an inevitable problem of conflicting values.And this kind of conflict will not automatically die out with the establishment of the country and the progress of society.It is necessary to know that the individual difference between people is an objective existence. The difference in values caused by individual differences is also a normal social phenomenon. Moreover, this difference may be due to religious beliefs, cultural traditions, ruling ideas, geographical locations. The influence of other factors would further intensify the difference.We recognize different values and respect different cultures, but this does not mean that individual behavior and state behavior can be unconstrained.As Rousseau said in the Social Contract

Theory, people was born free but also in chains. This sentence intuitively expresses the inseparability between rights and obligations. No one can isolate from social life totally. No one can break the law.It is true that there are other social rules besides law, such as ethics and religious norms. But compared the applicable subject, other social norms have their limitation while law is the only one which is accepted universally. The code of conduct enforced by state enforcement.

It can be said that the development process of human society is a chronicle of seeking common ground while reserving differences, that is, the process of forming a consensus on the basic values of human beings, and the process of gradually perfecting the rule of law. Throughout history, it is not difficult to find that various regional organizations and international organizations have developed rapidly after World War II.The series of bitter fruits and the sorrows brought about by the twice world wars have made all mankind begin to introspect, and the relations between the countries have gradually evolved from cooperation and mutual defenses to cooperation and mutual benefits.Since then, peace has replaced war as the only way to resolve the conflict between nations. The demise of countless fresh lives in World War II led people to pay attention to individual rights and personal values. The rapid development and improvement of international law after World War II has its unique historical background.On one hand, the exploration of the failure of anti-war has made people begin to notice the importance of establishing an effective international organization clearly.On the other hand, the understanding of international law itself has deepened with the war.For example, the definition of the anti-war, the exception of the law and the construction of the supervision mechanism have gradually emerged new ideas with the development of the rule of law, which provides the possibility for the emergence of international legal norms related to anti-war.It can be said that the international law with the theme of anti-war is the product of a certain period of strength, and the relationship between anti-war and international law is also very close.

(1) OPPOSING WAR AND ADVOCATING PEACE ARE THE FOUNDATIONS OF THE EXISTENCE AND DEVELOPMENT OF INTERNATIONAL LAW

All researches on modern legal systems and legal theories are based on pursuing for freedom and equality.This unique value of modern jurisprudence not only affects domestic legislation, but also plays a fundamental role in the process of building and developing international law.The emphasis of modern rule of law on human rights, whether it is to protect people's basic survival and development rights, or the political, economic and social rights that the second generation of human rights have given to strong appeals, or the right to development advocated by the third generation of human rights, all of them are based on the value of survival.As the carrier of all human rights, the right to life is valued by law. The study of any human rights issue will become a loft in the air if it is separated from the right to subsistence.And when we judge whether a law or a legal system conforms to the modern rule of law and the concept of human rights, the most basic and intuitive criterion is whether it respects and guarantees the basic right to life.

The main reason why war is regarded as the enemy of all mankind is that in war, the right to life of anyone is put at risk, and the value of anyone is faced with the possibility of being completely destroyed.Therefore, the basis for safeguarding human rights is to avoid the emergence of war.Once human rights cannot be respected and maintained, the highest value advocated by international law is also attributed to nothingness. Once the foundation of the law as a human faith collapses, there is no possibility of recovery.The most direct case is the invalidation of the Pact of Paris.Therefore, if international law wants to maintain its effectiveness and permanent vitality, it must take responsibility to protect peace.In addition, the relationship of law and political power is quite close. Any law will lose its possibility of implementation in war. Once a war occurs, both domestic law and international law will be affected.Therefore, both theoretically and practically, it can be concluded that opposing war and advocating peace are the basis for the existence and development of international law.

(2) THE REALIZATION OF THE GOAL OF ANTI-WAR BENEFITS FROM THE STRONG GUARANTEE OF INTERNATIONAL LAW

'Only the public collective and authoritative will can bind everyone because it provides a guarantee of security for all. When people live under a universal external state, that is, under the state of public legislation, and there is still authority and force, such a state becomes a state of civilization. It can be seen that only in a civilized society can there be an

external mine and yours'.[26]

Law is the product of civil society, and the essence of law is a code of conduct.The law sets the framework for behavior.The reason why the law is different from other social norms such as ethics and religious norms is that the law has the coercive power that other norms don't.[27] Therefore, the realization of the goal of anti-war cannot be separated from the role of the law.In today's world, the political power of various countries is relatively stable. The bloodshed and sacrifice caused by the change of political power is gradually decreasing, and more conflicts are reflected in the process of foreign communications between the countries. At this time, the role of international law in maintaining peace has become more prominent. International law sets the rights in details and obligations of the state, regulates the illegality of armed conflicts and also provides legal exceptions, and based on this, establishes relevant mechanisms to ensure the realization of peace. This institutionalized protection gives strong defense of realization of the purpose of anti-war.

2. ABOUT THE INTERNATIONAL REGULATIONS ON ANTI-WAR

As stated earlier, the development of war in international law has gone through three stages.From a legitimate national policy to a restricted state act and then to a state act that is currently banned.This change is also fully reflected in the international regulations on anti-war.Overall, the two are consistent in time, that is, the international regulations on anti-war can also be divided into the following three stages:

(1) BEFORE THE FIRST WORLD WAR

The exploration of anti-war by international law began before the outbreak of the First World War. Kant wrote the book Perpetual Peace as early as 1795. Although the regulation of war at that time still remained at the level of just war, it was not advisable to view it from the current point of view, but this book as a study of international peace by Kant in which demonstrated the importance that international law attaches to anti-war fully. The 1864 Geneva Convention for the Amelioration of the Condition of the Wounded and Sick in Armed Forces in the Field (Geneva Convention I) was an important part of international humanitarian law,although it did not directly list the content of the anti-war, it reflected the spirit of tolerance and compassion in international law. The subsequent Second, Third and Fourth Conventions are still functioning until now, and as of 2014, 196 countries worldwide had become member states of the Convention. The series of conventions

---

(26) Kant: The Metaphysical Principle of Law—The Science of Rights, translated by Shen Shuping, The Commercial Press, 1991 edition, pp. 67.

(27) The normative and guiding role of the law is particularly evident in the criminal law. By regulated the prohibition of the law and penalizing the act called crime, a warning mechanism is formed for the citizen and thus the crime is prevented. It is difficult to judge whether this prevention effect is achieved only because those who intend to commit crimes are intimidated or because the law has psychologically educated people, or both. However, as the most effective external normative means, the normative role of the law is affirmative. For the normative role of the human heart, morality has a stronger centripetal force than the law.

adopted at the Hague Peace Conference in 1899 and 1907 are collectively referred to as the 'Hague Regulations' which included the 1899 Convention on the Peaceful Settlement of International Disputes (the Hague Convention) and the Convention on Customs and Conventions of Land Warfare (The Second Convention of The Hague), the Convention on the Principles of the Geneva Conventions of August 22, 1864, applicable to naval warfare (the third convention of The Hague), the Declaration on the Prohibition of Throwing Projectiles and Explosives from Balloons or Other New Similar Methods (The First Declaration of The Hague) and other convention declarations.The naming of these conventions and declarations shows that the international community has made tremendous efforts to achieve peace. However, these international statutes were inconsistent with the background of the times, they did not directly clarify the illegality of wars and restrict the acts of war. Most of them were mainly related to the protection and prohibition of relevant personnel in war.At this stage, the international regulations on anti-war were more focused on protection than on prevention, and they did not play an effective role in peacekeeping.

(2) FROM THE WORLD WAR I TO THE WORLD WAR II

After the end of the First World War, the Pact of Paris, as the first international law in the history of abolishing the war system, represented the transformation of international law towards war at this time.From this point on, the war was turned from legal to illegal. During the Second World War, due to the need of fighting the fascist struggle, anti-war regulations in the form of a declaration emerged.For example, in the Atlantic Charter in

1941, the Charter clearly stipulated that each country has the right to live in peace and the right of the people to live freely. All forms of violations of the sovereignty and national autonomy of other countries should be sanctioned.In 1942, the anti-fascist countries held talks in Washington and signed the United Nations Declaration in which the parties jointly issued a screaming war for human rights and controversy, and firmly suppressed the brutal acts that attempted to conquer the world.In 1943, the United Kingdom, the United States, the Soviet Union and the three countries jointly signed the Tehran Declaration, and stated in the declaration that all countries shoulder the historical mission of maintaining peace. For the common freedom and happiness of all mankind, all of the nations must be confident, united and oriented, the world most work hard for the common goal.

(3) AFTER THE SECOND WORLD WAR

After the end of the Second World War, the United Nations Charter which was signed in 1945 reaffirmed the basic purpose of the United Nations in defending peace and safeguarding human rights. As the basic law of the United Nations, the Charter has epoch-making significance.In 1948, the United Nations promulgated the Universal Declaration of Human Rights, proclaimed human rights protection and thus embarked on country restrictions. Human rights as universal values have been recognized and protected by international law. Among them, as one of the drafters, Mr. Zhang Pengchun, as a pluralist, introduced the benevolence and fraternity thoughts in Confucianism during the drafting process, and urged Professor Malik to propose the protection subject in the human rights declaration. The restriction of the restrictions ultimately made the human rights declaration equal protection to everyone. This was a major breakthrough in international law.Since then, the subject of human rights had no longer has authority over a particular country or a certain nation or a particular religion, but had no difference in application to all human beings.The Universal Declaration of Human Rights clearly enumerated the natural rights of human beings. On this basis, not only the value of human beings were respected and reflected, but also clarified the responsibilities that the state should fulfill in protecting human rights. The Universal Declaration of Human Rights was of great significance, not only because it was an important book of rights, but also because it was the first legal document in history that took all human beings as its main protection subject. It is the crystallization of the consensus of all mankind, which clarifies the rights that people and living creatures should enjoy. The Universal Declaration of Human Rights opened the door to the cooperation among nations, and since then, any human rights-related documents have reaffirmed the rights advocated by the Universal Declaration of Human Rights.The pioneering nature of the Universal Declaration of Human Rights is not only reflected in the level of international law, but also in the level of moral ethics.It expresses the values of freedom, equality and the rule of law in a vibrating way, thereby making people's value received full respectful.Viewing the drafting process of the Universal Declaration of Human Rights, it is not difficult to find that this is also a process of collision of values.In the process of drafting this document, the drafters from five countries finally ruled out the influence of political factors and religious factors, clearly indicated that no one is affected by nation, color, race, gender, religion, etc.As a human being, one should be protected by law equally. To date, the Universal Declaration of Human Rights still plays a programmatic role in many matters that guarantee human rights.The International Covenant on Economic, Political and Cultural Rights (A Convention) and the International Covenant on Civil and Political Rights (Convention B), and the Convention on Political Rights and Social Rights, which came into force in 1976, are also called the International Covenants on Human Rights.The two Conventions Defined the rights of citizens in political and economic life, among them, Articles 18 and 19 of the B Convention clearly set up the prohibition of advocacy and propaganda of war. According to the provisions of the Convention, not only the acts of war are in violation of the provisions of international law, but any acts of advocating and inciting war are also illegal form the perspective of international law.Since then, the regulation of anti-war has become more and more perfect.In 1998, the United Nations General Assembly adopted the Rome Statute of the International Criminal Court which came into force in 2002 and established the International Criminal Court in Hague according to this Statute. The International Criminal Court has jurisdiction over genocide, crimes against humanity, war crimes and aggression. This is the first anti-war judicial institution established under international law. Since then, the anti-war is no longer a paper rule, but a practical right to be guaranteed by an enforcement mechanism.

3. THE CONSTRUCTION OF INTERNATIONAL ORGANIZATION ON ANTI-WAR

(1) INTERGOVERNMENTAL INTERNATIONAL ORGANIZATION:THE UNITEDNATIONS

Among all international organizations, the United Nations has the largest number of member states and has the greatest influence. So far, the United Nations has 193 member states and member countries on all continents which is incomparable with other international organizations. Since the founding of the United Nations, it has been the responsibility of respecting and protecting human rights. Not only that, the United Nations included peace as an important matter in different legal documents, making the world' s attention to peace an unprecedented grand occasion.International law adopts the principle of pragmatism, that is, States parties must abide by the provisions of international law to ensure the implementation of international law.But as stated above, the basic principle of international law is to respect the sovereign supremacy of the nation, and there is no mandatory violence institution that transcends the government. This requires that the guarantee mechanism of the coercive power of international law must be different from domestic law. Compared with domestic law, it is concluded that within a country, after the legislature has enacted laws, in order to ensure the implementation of the law, it is often necessary to establish national violent organs that match the judicial system, such as police and prisons. However, in the United Nations, there is no violent organ that can supervise the state. Even if there is a monitoring mechanism, most of them are mainly reporting systems. From the perspective of enforcement of the law, international law is a soft law. However, the coercive power of international law is not reflected in this level, but once a State party violates the provisions of international law, it is an untrustworthy behavior to other states parties which would get retaliation from others. This retaliation is always through economic sanctions. Moreover, any international organization has already predicated on the treaty must be honored. Therefore, the act of dishonesty will affect the status and reputation of the state in the international community. Thus, international law achieves its coercive power through such peaceful means.At present, the coercive power of international law is concentrated in the operation of the supervision mechanism. The committee established in accordance with the relevant conventions regularly listens to the reports of the State party and supervises the relevant matters of the State party.In addition to the United Nations, other global organizations such as the World Bank and the International Trade Organization do not clearly define the content of the anti-war, but can impose sanctions on countries that violate the principle of peace by economic means such as refusing loans.

In addition to the United Nations, after the end of World War II, the special trial courts established for the trial of war criminals under international law have once again proved the importance of international law for anti-war.

'The international community' s practice of pursuing war crimes began with the trial of German Nazi and Japanese militaristic war criminals after the end of the Second World War, the European International Military Tribunal (Nuremberg) and the Far Eastern

International Military Tribunal. This is the first successful international trial of war criminals in human history which demonstrated the international community' s firm stance on punishing war crimes. Subsequently, two ad hoc Tribunals which are the International Criminal Tribunal for the Former Yugoslavia and the International Criminal Tribunal for Rwanda, heard the humanitarian disaster in the former Yugoslavia and the genocide in Rwanda, and the International Court of Justice also accepted a number of allegations of war crimes'.[28]

(2) THE NON-GOVERNMENTAL ORGANIZATION:INTER ACTION COUNCIL OF FORMER HEADS OF GOVERNMENT

The Inter Action Council, known as the Inter Action Council of Former Heads of Government, was formed in 1983 by former Japanese Prime Minister Fukuda Yufu and former German Prime Minister Hermione Schmidt in conjunction with the former Prime Minister of more than a dozen countries.It aims to urge the advancement of some important international issues through the influence of the former head of government, and peace is also a key topic of the Inter Action Council.In 1997, the Inter Action Council drafted the Universal Declaration on Human Responsibility by which proposing global issues related to the globalization of the world economy and related issues. In this declaration,former leaders assert that we should establish global public ethical standards which every states should follow during the process of international communication and respect the common values based on the happiness and development of all human beings. The ethical concept addresses international issues in standards. In 2014, the Inter Action Council regarded do unto others, do not impose on others as the gold rule of global public ethics. This gold rule is in line with the human instinct of compassion, and emphasizes the goodness of human nature and tries to use it. This kind of good to restrain the evil in human nature is also the highest state pursued by the rule of law. As Radbruch said：

'Whether the future criminal law can be effective depends on whether the future criminal judge can inscribe Goethe's words in Mahad, Lord of the Earth, that is, he should punish, he should be tolerant, he must be human degree people'.[(29)]

In addition, from the perspective of anti-war, it is emphasized that doing what you don't want, don't do it to others can always remind people of the suffering in the war and avoiding the rise of militant thoughts.The Universal Declaration of Human Responsibility also has many links with the Universal Declaration of Human Rights.

First of all, there is a connection between the two declarations which be mentioned above.In jurisprudence, we all recognize the indivisibility of rights and obligations. Only emphasizing rights and neglecting obligations will inevitably lead to the failure of the rule

---

(28) Du Xuewen: The Right to Peace of Human Rights, Doctoral Dissertation of Soochow University, March 2010, pp. 136.
(29) Radbruch: Jurisprudence, translated by Mi Jian, etc., China Encyclopedia Press, 1997, pp. 99.

of law and human rights protection.In our society, to exercise any right is inseparable from the cooperation with others. Therefore, while emphasizing human rights, we must also pay attention to the issue of the distribution of obligations.The basic human rights enumerated in the Universal Declaration of Human Rights are analyzed from the perspective of value. The essence of the Universal Declaration of Human Rights is to show respect to freedom and equality.These two values are not only the two foundations of the development and progress of human society, but also the ideas which are advocated by the requirement of modern rule of law. All other rights can be regarded as the extension of the spirit of freedom and equality.Whether it is the Universal Declaration of Human Rights or the Declaration of Human Responsibility, what can be seen in the preamble is the emphasizing of human' s common welfare,It can be said that in the spiritual core, both declarations serve the practice of human basic values.And, logically, we can fully regard the Declaration of Human Responsibility as a supplement and the specific implementation measures of the Universal Declaration of Human Rights.The Universal Declaration of Human Rights enumerates the inalienable rights that human beings should enjoy, and the Declaration of Human Responsibility guarantees that human rights can be truly practiced through binding provisions on individual behavior.In addition, the Universal Declaration of Human Rights and the Declaration of Human Responsibility all reflect a strong cultural background.Specifically, both of them were influenced by the Confucian culture on the world to a certain extent. One of the drafters of the Universal Declaration of Human Rights is Mr. Zhang Pengchun from China. He emphasized benevolence and sympathy. After the end of the World War

II, a declaration on the rights of all mankind should remove all prejudice and be as tolerant as possible.Therefore, in the preamble to the Universal Declaration of Human Rights, it is mentioned that anyone enjoys human rights regardless of race, gender, country, etc.In the Declaration of Human Responsibility, the basic principle that should be followed in proposing human responsibility is one should not do what he do not want others to do to him. This is also the embodiment of Confucian culture. In fact, not only the traditional culture of China, but also the spirit of freedom and the rule of law in Western culture are reflected in the two declarations.

Secondly, as we believe that rights and obligations are a pair of inseparable concepts, the same is true of distinctions and connections.The Universal Declaration of Human Rights and the Declaration of Human Responsibility embodies two aspects of the same spiritual core.That is to say, the Universal Declaration of Human Rights is right-based which take the protection of rights as its main contents, and the regulations of state behavior clarifies the state responsibility.The Declaration of Human Responsibility is based on the obligation-based, emphasizing the obligations that individuals should perform and the responsibilities they should assume.At the same time, due to the different time of formulation, there is a norm with the characteristics of the times in the Declaration of Human Responsibility.For example, all human beings have the responsibility to protect the environment, water and soil.In addition, from the nature of the two declarations, the Universal Declaration of Human Rights, as an international convention, has its own legal characteristics, that is, all member states of the United Nations should abide by these norms.The Declaration of Human Responsibility, which is the body of the Inter Action Council, is not as widely covered as the United Nations, and the Declaration is more like an advocacy rather than a legal document. The precise definition of the Declaration of Human Responsibility should be a proposal, a proposal calling for the common responsibility of human beings.From this point of view, the Universal Declaration of Human Rights and the Declaration of Human Responsibility are different norms of conduct.

In summary, the core of the Universal Declaration of Human Rights and the Declaration of Human Responsibility are all recognition of the basic values of human beings.The history of human development is a history of continuous integration. Human values are diverse and evolve with the development of the times. How to distinguish which values are universal values requires legal recognition.We generally believe that the provisions of the law are the bottom line of a society, because of the powerful state machine and the national penal system represented by the law, which requires the law to be modest (ie, humble, restrained). The law can't be too strong, and the bottom line standard should be used when setting standards. Otherwise, there is a suspicion of heavy punishment.It is not the original intention of the law to use harsh laws to blame citizens.The development process of human value is condensed in the law. To obey the law is to respect the basic value of human beings. Under this premise, the law guarantees the individual's different pursuits.Therefore, the Universal Declaration of Human Rights is not only a human rights declaration but also a master of human common ethics. Why has the word right been emphasized in the Universal Declaration of Human Rights? This is because in the context of society at the time, human rights were suppressed for a long time, and in war, human rights were deprived, so after the end of war, under the premise of fully reflecting on the lessons learned, the Universal Declaration of Human Rights emphasizes that no matter what circumstances, people's basic rights should not be denied.It can be said that the Universal Declaration of Human Rights is a product of the times and has a strong characteristics of the times. In such a special period of urgent need to confirm the natural rights of human beings and equality and freedom for all, the declaration of rights is used to calm the social order and treat the human heart,recovery the pain of all mankind is a natural thing.By the same token, emphasizing obligations and responsibilities in the Declaration of Human Responsibility is also a mark of the specific generation. With the completion of the post-war restoration work, the development of human society has entered a new stage. The material filling, spiritual prosperity and political maturity provided a good social background for human beings to face responsibility issues. With the development of the rule of law, the concept of the rule of law has become a new consensus among the people. At this time, we are not completely inclined to enjoy the rights, but for the further development, we call on human beings to shoulder their due responsibilities and make the society work through the joint efforts of all mankind. Under this situation, human beings began to realize that only by building a common ethic, sublimating common values is the basis for social development. And,the development of international law offered a possibility for human beings to take responsibility. International law is not only a declaration document, but also a normative document with legal effective.

III. THE FUTURE DEVELOPMENT OF PERMANENT PEACE

Just as the country is a collection of people, the international community is actually a collection of countries. In the country, people need to abide by the laws of the country and be self-disciplined. The state must also abide by the provisions of international conventions in the international community and fulfill its obligations.Human rights and the rule of law as the two fundamental values of contemporary humanity will inevitably be reflected in various international documents. With the development of the times, more new values will be recognized by all mankind.Human society is developing in such a self-cognition and self-reflection. Whether the Universal Declaration of Human Rights or the Declaration of Human Responsibility is by no means the end of humanity's building of shared values, but merely a milestone. They embodies the longing and pursuit of humanity for a better life, and also demand for the relationship between countries, that is, the settlement of disputes through peaceful means is not only the provisions of international law, but also the consensus of all mankind. At the same time, no matter how the international community changes, what should be admitted by all is that human's basic right is the natural right with whose its exercise should be guaranteed at all the time. These two declarations are white papers for human beings. For the country, it is a basic requirement for the country's internal rule, that is, national managers should respect and protect human rights. At the same time, the declaration believes that the state should follow the relevant principles in the process of handling foreign relations. It cannot be deliberately determined that respecting the independent status of different countries should also pay attention to the happiness of all mankind.

The history of the development of the rule of law in humanity is a history of humanity exploring how to maintain peace and human rights.There may be various views and arguments in the field of law about the nature of human beings, the core values of law, and the development of international law. However, it is undeniable that peace is the most noble and fundamental value of all human pursuit for. The most outstanding contribution is the birth of international law and the establishment of a series of international organizations. The international rules established by international law are between countries. The exchanges provide the basis, especially when conflicts between countries occurred, and the application of the rules of international law provides a path for the peaceful settlement of international disputes.Therefore, it can be said that the emergence and development of international law are all in order to adapt to human pursuit of peace. At the same time, the maintenance of peace and the friendly coexistence between countries also provide possibilities for the development of international law. All along, there is a dispute in international law that, unlike domestic law, international law does not have a compulsory institution that transcends the government to guarantee its implementation and effectiveness. Therefore, international law seems to be biased towards soft law in terms of effectiveness. It can never be as the same normative effect as domestic law do.However, with the development of the times and the emphasis on the rule of law, the current peace situation and the unprecedented prosperity of mankind undoubtedly prove to us the important role of international law played. It is true that even in the current situation, there are still some wars in the region that are contrary to the provisions of international law, but it is undeniable that since the founding of the United Nations, the war has been avoided to the utmost extent.

The greatness of mankind is that under the premise of clearly recognizing the limited life expectancy and limited personal cognitive ability, human beings continue to struggle and constantly achieve self-breakthrough. This is why human beings can achieve outstanding achievements and realize their unique values. As a member of the animal, human beings self-discipline through ethics and law, and voluntarily give up part of the freedom in exchanging for the common interests of all mankind and society. This is the reason of why human beings can surpass other species at the existing cognitive level.

'Legal sociologists generally believe that law has three basic social functions: (1) the law carries the structure and system of society over time; (2) the law injects the common interests of society into the behavior of members of society. (3) The law builds the future of society according to the theory, values and purposes of society'.[30]

The formulation of any law revolves around its core values, which determine the direction and basic content of the law. Whether a law is a good law or a bad law depends on whether its value orientation meets the needs of society. It can be said that the core of the law is its biggest hidden cost.If the establishment of a country is likened to a social contract between the people and the government, then the law has at least two attributes.

Firstly, the law is a proof of the legitimacy of a country.

'The state is the product of rights, the obligation of the state stems from the need of rights, and the need to satisfy the rights is the justification for the existence of the necessary evil of the state'.[(31)]

Secondly, the law is a tool to achieve governance. The national machine is naturally the basis for the realization of state rule, but any legal and stable government must have a specific charter of how the state machine operates. This paper-based, public charter is the law. It can be said that in all superstructures, the law is the most closely related factor to the development of the country, and it is also the right book for citizens to survive.The

---

(30) Philip Allot,The Concept of International Law, in Michael Byers(ed.), The Role of Law in International Politics—Essays in International Relations and International Law, Oxford University Press, 2000,pp. 69

(31) John Locke: The Second Treaties of Government (Part II), Commercial Press, 1964.

essence of the state is the transfer of civil rights. Citizens protect their rights by exchanging part of their private rights to exchange their basic public rights and security. This also determines that no matter which class the law serves and which class is formulated, it must conform to the basic expectations of the people and the moral bottom line. It is also why the development of the law has gradually shifted from the original public power to the current emphasis on human rights.In other words, the change of law must cater to the needs of society, and only in this way can we ensure the stability of society and the rule of the state.In his book the Republic, Plato used the words of the wise to express his views on the law.He believes that the law is an agreement made by people to avoid mutual harm. The purpose is to curb the evil in human nature and to avoid such subjective vicious infinite harm to the interests of others.[32] The law is at least an agreement that satisfies the moral and ethical needs of most people, because only such laws can be recognized.Being recognized is a prerequisite for law enforcement. Then, documents that violate basic human morality cannot be called as law.

International law as a kind of law also needs to meet the above conditions.However, the lofty goal of achieving lasting peace cannot be based solely on the law or it is difficult to do so. As Kant wrote in his preface to the book Perpetual Peace,

'On the signboard of a hotel in the Netherlands there is a cemetery with the words towards permanent peace. Is it aimed at the average human race, or is it specifically aimed

at the leaders of the countries who are never tired of war, or is it only for philosophers who are doing that sweet dream?' [33]

On one hand, this passage reflects Kant's confusion about the realization of permanent peace under the norms of international law. On the other hand, it also proposes an unchanging proposition that the law is definitely not a panacea. The normative and punitive effects of the law alone cannot completely eliminate the evil in human nature.Even if there is a law, crime never stopped, and there are provisions of international law, and the war is still there. The binding power of law to human beings is far less than the binding force of human moral discipline and inner self-discipline. Therefore, in addition to the rigid provisions of the law, the concept of peace and anti-war should be the basic ethical guidance of state behavior. Especially for the leaders of each country, it is more important to clearly understand the ethical mission what they should carry. Higher levels of ethical and ethical requirements will urge leaders to complete the change in mindset.For the anti-war, its concept should not be limited to the law prohibit the inaction, but should gradually move closer to the positive model, that is, it should be in violation of ethics and morality. This process, from passive acceptance to active implementation, will greatly contribute to the development of the cause of peace.In addition to the requirements of management, in order

---

(32) Plato: The Public, Guo Binhe, translated by Zhang Zhuming, Commercial Press, 1986, pp. 46.
(33) Kant: Perpetual Peace, translated by He Zhaowu, Shanghai People's Publishing House, 2005, pp. 3.

to achieve the mission of permanent peace, we should also promote the idea of peace among citizens to establish a moral awareness of peace and anti-war. Morality is often associated with the simple feelings of the people, that is, what Beccaria said,

'*Moral politics should not build on any lasting advantage if it is not based on indelible human feelings. Any law that deviates from this feeling always encounters a resistance*'.[34]

Through the joint efforts of both sides, we will not only consolidate the moral foundation of international law, but also promote the development of global public ethics and ultimately achieve permanent peace for mankind.

---

[34] Beccaria: On Crime and Punishment, translated by Huang Feng, China Legal Publishing House, 2005, pp. 10.

【REFERENCE】

1. Bodenheimer: Jurisprudence [M] translated by Pan Handian, Law Press, 2015
2. Bodenheimer: Legal Philosophy of Law and Legal Methods [M] translated by Deng Zhenglai, China University of Political Science and Law Press, 1999
3. Xu Xianming, Editor: International Human Rights Law [M] Law Press, 2004 Edition
4. John Rawls: The Theory of Justice (revised edition) [M] translated by He Huaihong, China Social Sciences Press, 2009
5. Chen Shaofeng,:Fair of Justice [M] People's Publishing House, 2009
6. Jean Jacques Rousseau: Social Contract Theory [M] translated by He Zhaowu,the Commercial Press 1980
7. Jean Jacques Rousseau: A Discourse Upon the Origin And the Foundation of the Inequality Among Mankind[M] translated by Li Changshan, The Commercial Press, 1962
8. Thomas Hobbes: On Citizens [M] translated by Ying Xing, Feng Keli, Guizhou People's Publishing House, 2003
9. Beccaria: On Crime and Punishment [M] translated by Huang Feng, China Legal Publishing House, 2005
10. Kant: Perpetual Peace [M] translated by He Zhaowu, Shanghai People's Publishing House, 2005
11. Kant: The Metaphysical Principle of Law—The Science of Rights [M] translated by Shen Shuping, The Commercial Press, 1991
12. Plato: The Public [M] translated by Guo Binhe, Zhang Zhuming, the Commercial Press, 1986
13. John Locke: The Second Treaties of Government (Part II) [M] Commercial Press, 1964.
14. Radbruch: Jurisprudence [M] translated by Mi Jian, etc., China Encyclopedia Press, 1997

15. Emile Durkheim: Social Division of Labor [M] translated by Qu Dongfang, Sanlian Bookstore Press, 2000
16. Kaufman: Legal Philosophy [M] translated by Liu Xingyi, etc., Law Press, 2006
17. Liu Binghua: International Law (Chinese translation) [M] China University of Political Science and Law Press, 1997
18. Du Xuewen: The Right to Peace of Human Rights [D] Doctoral Dissertation of Soochow University, March 2010
19. Li Han: The development track of modern Japanese peace ideologies [D] Ph.D. thesis of the Graduate School of the Chinese Academy of Social Sciences, May 2010
20. Luo Guoqiang: Seeking Foundations on the International Law of Peaceful Rising From De Jure Belli Ac Pacis Libri Tres [J] , journal of comparative law, No. 6, 2005
21. Li Zan:The Achilles' s Heel of Peace in International Law: Starts from the Kant' s Perpetual Peace [J] shi dai fa Vol. 11 No. 4, August 2013
22. Cheng Xiaoxia: Human Rights and Peace - Commemorating the 50th Anniversary of the Universal Declaration of Human Rights, in: Human Rights and the 21st Century [M] edited by Wang Jiafu, Liu Hainian, Li Lin, China Legal Publishing House, 2000

第2部

グローバル公共倫理から日中・東アジアの平和発展へ

福田ドクトリン、新福田ドクトリンと日中関係

―全方位平和外交理念の継承と発展―

慶應義塾大学　段　瑞聡

はじめに

２０１８年は日中平和友好条約締結40周年にあたり、日中両国ではさまざまな記念イベントが開催された。中国語では、「飲水思源」という諺がある。つまり水を飲む時にはその水がどこから来たかを考えるという意味である。周知の通り、日中平和友好条約は福田赳夫総理と鄧小平副総理のリーダーシップの下で締結されたものである。１９７２年日中国交正常化が実現してから、平和友好条約が締結されるまで6年の歳月がかかった。なぜそれほど長い時間がかかったのであろうか。またなぜ他の総理大臣ではなく、福田赳夫内閣の下で日中平和友好条約が調印できたのであろうか。それは福田ドクトリンすなわち福田赳夫の全方位平和外交理念と密接に関連していると考えられる。

戦後から今日に至るまでの日中関係を考える際、日中平和友好条約を含む「４つの基本文書」の存在が無視できない。つまり、①１９７２年9月29日に発表された「日中共同声明」、②１９７８年8月12日に署名された「日中平和友好条約」、③１９９８年11月26日に発表された「平和と発展のための友好協力パートナーシップの構築に関する日中共同宣言」、④２００８年5月7日の「『戦略的互恵関係』の包括的推進に関する日中共同声明」である。４つの基本文書のうち、「日中平和友好条約」だけが中国の全国人民代表大会常務委員会と日本の国会で批准された。また、4つの基本文書のうち、2つは福田赳夫総理と福田康夫首相の下で調印されたものである。日本の憲政史上において親子で総理大臣になったのは、福田赳夫と福田康夫だけである。その両者が日中関係に関する4つの基本文書の2つに直接かかわっている。それは単なる歴史的偶然であろうか。筆者は、それは福田赳夫の全方位平和外交理念が福田康夫によって継承され、発展させた結果であると認識している。

福田赳夫と福田康夫は首相在任期間中だけでなく、退任後も全方位平和外交を推進してきた。その主な舞台になったのでは、福田赳夫の提案で1983年に創設されたインターアクション・カウンシル（InterAction Council，通称「OBサミット」）である[1]。OBサミットはどのような理念の下で設立され、いかなる課題に取り組み、そしてどのような意義を有し、中国とはどのような関係を持っていたのであろうか。

これまで日中平和友好条約に関して、すでに多くの研究もしくはドキュメントが出版されている[2]。また、福田赳夫と福田ドクトリンに関する研究も少なくない[3]。しかし、OBサミットに関する研究は極めて少ない。管見の限り、眞田芳憲の研究があるのみである[4]。一方、近年日本におけるオーラルヒストリーの作業が進み、福田ドクトリンと日中平和友好条約に直接かかわった外務省の中江要介（1975年アジア局長、1984年在中国大使）、谷野作太郎（1975年アジア局南東アジア第2課長、1978年アジア局中国課長、1998年在中国大使）、枝村純郎（1977年参事官）、田島高志（1976年アジア局中国課長）諸氏のオーラルヒストリーが相次いで出版され、日中関係研究に新たなリソースを提供している[5]。また、筆者は昨年11月に幸運にも福田康夫元首相にインタビューをする機会に恵まれた[6]。

本稿においては、先行研究を踏まえ、上述した新たな資料と福田康夫元首相へのインタビューなどを利用して、福田赳夫元総理の全方位平和外交理念が、福田康夫元首相によって、どのように継承され、発展させていったかを考察し、それが日中関係の発展にどのような影響を及ぼしているかを検討する。

一、福田ドクトリンと日中平和友好条約の締結

㈠ 福田ドクトリンの発表

1976年12月23日に福田赳夫が第8代自民党総裁に選ばれ、翌日クリスマス・イブの日に第67代内閣総理大臣に就任した。その時福田赳夫は数え年で71歳であった。福田赳夫は、外交

面における使命として以下の２つがあると認識していた。１つは日本外交の枠組みをいかに拡大していくかということである。もう1つは、第1次石油ショックを経て混乱に陥った国際経済をどのように調整し、日本がどのようなリーダーシップをとっていくかということである[7]。

第1の課題に関して、福田赳夫は日米関係をきちんと固めておかなければ、外交基盤の強化拡大はできないと認識していた。そのため、１９７７年3月に福田赳夫はアメリカを訪問し、ジミー・カーター大統領と会談を行った。

同年8月に福田赳夫は、マレーシアのクアラルンプールで開かれたＡＳＥＡＮ首脳会議に出席し、インドネシア、シンガポール、タイ、フィリピンとビルマ（現在のミャンマー）を歴訪した。8月18日最終訪問地であるフィリピンのマニラで締めくくりのスピーチを行った[8]。そのスピーチは後に「福田ドクトリン」と呼ばれるようになった。

当時外務省参事官であった枝村純郎によると、福田赳夫首相に歴訪の最後の訪問地となるマニラで、日本の東南アジア政策を集大成した演説を行うよう提案したのは、当時外務省南東アジア第2課長であった谷野作太郎である[9]。谷野作太郎が最初に提案したのは「福田6原則」であった。具体的には、①世界の平和と安定のためには、東南アジア諸国と日本が、協調と連帯の関係に立つことが必要、②ＡＳＥＡＮ諸国及びビルマの社会経済開発並びにＡＳＥＡＮ

地域協力に対する支援の表明、③日本とASEAN諸国及びビルマとの間の特別な貿易・通商関係の設定、④日本とASEAN諸国との間の心と心とのふれ合いの増進、⑤日本とASEAN諸国及びビルマとの首脳レベルの対話の継続、⑥ASEANとインドシナ諸国との協調関係の促進並びに日本とインドシナ諸国との善隣友好関係の確立、である。

枝村純郎が谷野作太郎の提案基づいて、スピーチを起草し、6原則を4原則にまとめて、スピーチの初稿を総理官邸に届けたが、まもなくして小和田恒総理秘書官から福田赳夫総理の意向として、「軍事大国とはならないとの決意を、スピーチに盛り込む」よう指示された[10]。また、修正された第2稿について、福田赳夫総理は「軍事大国とならないとの決意はスピーチで述べるだけでなく、原則の第1に据える」よう指示した。ここから分かるように、福田赳夫は日本が軍事大国にならないことに非常にこだわっていたのである。

以上のような経緯を経て、スピーチの最終稿では下記5原則が謳われた。つまり、①軍事大国にならない、②自律的な地域機構としてのASEANの認知、③東南アジア各国への経済・技術協力の強化、④心と心のふれ合い、⑤インドシナ諸国との共存、である。

しかし、スピーチの全文が発表される前に、日本の新聞社にスクープされるハプニングが起きてしまった[11]。そのため、福田赳夫総理の指示の下で、最終的に下記のような3原則にまとめることになった。

「第1に、我が国は、平和に徹し軍事大国にはならないことを決意しており、そのような立場から、東南アジアひいては世界の平和と繁栄に貢献する。第2に、我が国は、東南アジアの国々との間に、政治、経済のみならず社会、文化等、広範な分野において、真の友人として心と心のふれ合う相互信頼関係を築きあげる。第3に、我が国は「対等な協力者」の立場に立って、ASEAN及びその加盟国の連帯と強靭性の自主的努力に対し、志を同じくする他の域外諸国とともに積極的に協力し、また、インドシナ諸国との間には相互理解に基づく関係の醸成をはかり、もって東南アジア全域にわたる平和と繁栄の構築に寄与する」と。

この3原則は福田ドクトリンの3本柱であり、福田赳夫の全方位平和外交理念のエッセンスでもある。福田赳夫がスピーチを行う時、途中で何度も拍手が起こり、なかでも「日本は軍事大国とはならない」というくだりの拍手が最も大きかったという[12]。それはフィリピンないし東南アジア諸国の日本に対する期待の現われであると考えられる。アジア・太平洋戦争を経験した東南アジア諸国にとって、「軍事大国にならない」という福田赳夫の意思表示は東南アジアの人々に安心感を与えたに違いない。事実、フィリピンのマルコス大統領は答辞のなかで、「日本がこういう形で立ち現れるのを、われわれは久しく待ち望んでいた」と述べたという。

それはマルコスの本音であろう。

福田ドクトリンの第2の理念は「心と心のふれ合い」である。当時東南アジア諸国の留日学生が帰国後反日になる者が多くいた。1974年、当時の田中角栄首相がバンコクやジャカルタを訪問した時に反日デモに見舞われていた。その背景には日本企業の一方的な経済進出に対する反発があったと言われている。そのような状況に対して、福田赳夫は危機感を覚え、1974年大蔵大臣であった時に、「東南アジア元日本留学生の集い」というプロジェクトを立ち上げた。また、現在日本の国際文化交流に中心的役割を果たしている国際交流基金も、福田赳夫が外務大臣であった1972年に設立されたものである。ここから分かるように、福田赳夫は留日学生の対日感情および国際交流を非常に重視していたのである。

1982年教科書問題が発生した際、東南アジアの国々においても日本批判の声が上がっていた[13]。しかし、2000年以降教科書問題をめぐる東南アジア諸国の対日批判が見られなくなっている。それは東南アジア諸国の対日感情の好転の表れではないかと考えられる。

福田ドクトリンの第3の理念はASEAN諸国に対する経済協力と平和共存である。近年、「東アジア地域包括的経済連携（RCEP）」の交渉が進み、2018年末に環太平洋経済連携協定（TPP）が発効した。その意味では、福田ドクトリンで掲げられた目標は、今日すでに達成されていると言われている[14]。

２０１７年は福田ドクトリン発表40周年にあたり、インドネシアのジャカルタで紀念シンポジウムが開かれた。２０１８年9月に福田赳夫がスピーチを行ったマニラのホテルでは記念プレートが作られた[15]。40年の歳月が経ったにもかかわらず、東南アジアの人々はいまだ福田ドクトリンを銘記している。その意味では、福田ドクトリンは日本と東南アジア諸国との和解のための指針であり、日本外交の優れた遺産でもあるといえる。

(二) 全方位平和外交理念の提起

１９７８年1月26日に開かれた参議院本会議で、福田赳夫が日本共産党の宮本顕治議員による日中関係に関する質問に対する答えのなかで、初めて「全方位平和外交」という言葉を用いた。福田赳夫は、「わが日本は全方位平和外交方針をとっているわけです。どの国とも仲よくするという考え方でございまして、仮に日ソと条約を締結するということがありましても、他のいかなる国を敵視するものではありません。日中と条約を締結する、そういう際において、他のいかなる国をも敵視するものじゃない。全方位平和外交である」と述べている[16]。当時、日中平和友好条約交渉において、中国側がいわゆる「覇権条項」を入れるよう求めたが、福田赳夫は対ソ関係への考慮から、全方位平和外交を唱えたと考えられる。

首相退任後、１９８０年に発表した「わが首相時代」において、福田赳夫は全方位平和外交を「全方位不等距離外交」と再定義した。つまり、「われわれが付き合う国には共産国もあり、自由主義の国もあり、また軍事国家もあり、発展途上の国もある。しかしいろんな国があり、いろんな立場の相違があるけれども、その立場の相違を乗り越えて、常に互いに理解は届くようにしておきたい。全方位等距離外交じゃないんです。不等距離外交でいいんです」。しかし、「根本的には友好親善、相互理解という立場だけは変えないように」することである[17]。この「友好親善、相互理解」は福田赳夫の全方位平和外交の基本であるといえる。

㈢日中平和友好条約の締結

福田赳夫内閣における外交基盤の拡大強化につながるもう一つの課題は日中平和友好条約の締結である。福田赳夫は、１９７６年内閣スタートの当初から日中平和友好条約の締結を実現しなければならないと考えていた[18]。当時、中国とソ連が対立関係にあった。日中両国が平和友好条約を締結し、友好関係が強化されると、ソ連を刺激することになる。日本とソ連との関係を悪化させないために、福田赳夫はソ連が「親ソ的な人物」として評価していた鳩山一郎の長男である鳩山威一郎を外相に起用した。そのような人事配置は、まさに福田赳夫の全方位平和外交理念の表れである。

１９７７年1月31日に開かれた第80回国会における施政方針演説の中で、福田赳夫は「日中共同声明を基礎として着実に発展している中国との善隣関係を揺るぎないものにすることは、アジアにおける平和な国際環境をつくる上からも、特に大きな意味をもっております。日中平和友好条約に関しましては、できるだけ早期に締結を図ろうとする熱意において両国は一致しており、政府は双方にとって満足のいく形でその実現を目指し、一層の努力を払ってまいります」と述べている[19]。

しかし、日中平和友好条約の締結をめぐる交渉はなかなか進まなかった。その主な原因として、当時外務大臣であった園田直は次の2点を挙げている[20]。1つは、いわゆる覇権条項をめぐる意見の調整に時間を要したことである。もう1つは、この間に中国では周恩来総理が亡くなったことや、四人組の全盛時代を迎えたことなどが重なり、冷静な雰囲気で交渉を行うことが事実上不可能な状態であったことである。１９７７年8月12日に中国共産党第11回全国代表大会が北京で開かれ、文化大革命の終結が宣言された。

上記2つの原因のほかに、自民党内部における慎重派すなわち親台湾派の存在も大きかった[21]。この問題に関しては、福田赳夫は自らの回顧録で次のように述べている。「いわゆる慎重派といわれる人々の中心には、灘尾弘吉、町村金五、藤尾正行氏ら私と親交の深い人たちが多かった。長い間、政治生活で苦楽を共にしてきた人々である。だから最後は私の決断に従ってくれるだろうと信じていたし、事実、その通りになったが、とりまとめまでには人知れぬ苦労もあった。だからこそ、この交渉は私でなければできないのだという自負もあった」[22]と。

また、1980年に福田赳夫は『中央公論』への寄稿においても、首相時代を振り返り、「総理大臣になったとき、これはわたしが片づけなきゃならん歴史的宿命的立場にあると考え」、「わたしが片づけなければこの問題は永久に片づかない」と述べている[23]。ここから分かるように、当時自民党内部における親台湾派を説得できるのは福田赳夫しかいなかった。そのような状況は日中共同声明が発表されてから、平和友好条約が締結されるまで6年の歳月もかかった大きな原因の一つである。

1978年8月12日に、日中平和友好条約が北京の人民大会堂安徽の間で園田直外務大臣と黄華外交部長によって調印された。福田赳夫はその様子を首相官邸で大平正芳ら自民党5役とテレビ中継で見守った。条約調印後、福田赳夫は「(日中)共同声明でつり橋ができ、そのつり橋がこんどは鉄橋になった。この鉄橋の上を重い荷物を運んで交流を積極的に進めたい」と語った[24]。同じ日に、福田赳夫は総理大臣談話を発表し、「いずれの国をも敵視せず、すべての国と平和友好関係を求めることはわが国外交の基本的立場である」ことを強調し、「この条約が日中両国の長い将来にわたる平和友好関係を強固にし、発展させるのみならず、さらにアジア、ひいては世界の平和と安定に寄与することを期待する」と述べている[25]。ここからも福田ドクトリンと全方位平和外交の理念が見て取れる。

１９７８年10月22日に、鄧小平が羽田着の特別機で来日した。中華人民共和国成立後、中国の指導者による初めての公式訪問である。翌日に、日中平和友好条約の批准書交換式が首相官邸で行われた。

日中平和友好条約の意義について、福田康夫元首相は、「中国にとっても非常に意味のあることだった。中国は『改革・開放』の方針を決め、日本もそれに応え、最大限の協力をしてきた。円借款もそうだ。それを中国も素直に受け止め、中国の発展に活用してきた」と述べている[26]。一方、園田直は平和友好条約が日本側にとっての意義として、次のような3点を挙げている[27]。第1に、日中関係を拡大的に発展させる道を開いた。第2に、アジア・太平洋地域の安定に貢献した。第3に、日本の外交活動の基盤を拡大したことである。また、ある研究者は国際政治の視点から、日中平和友好条約が「東西冷戦体制の下で、東側の一大構成員であった中国を、名実ともに西側に取り込む一つの橋渡しとなった」と評価している[28]。

福田赳夫と鄧小平との交流はその後も続いた。1979年2月6日に、鄧小平が訪米帰国途中に来日し、翌日にそれぞれ大平正芳総理、福田赳夫元総理、田中角栄元総理を訪問した。福田赳夫元総理との会談で、鄧小平は「1972年2月に上海で発表された『米中共同コミュニケ』が日中国交正常化を促進したというならば、日中平和友好条約の締結は米中国交正常化を促進したということができる。米中国交正常化は福田先生が首相在任期間中平和友好条約の締結に対する決断と密接な関係がある」と述べた[29]。このように、ニクソン訪中、日中国交正常化、日中平和友好条約の締結、そして米中国交正常化によって、中国は日本とアメリカとの関係改善に成功した。そのような良好な国際環境は、中国が改革開放を推進するため必要不可欠であった。

福田赳夫は「心と心のふれ合い」をモットーとしていたため、鄧小平との信頼関係が築かれたと思われる。それについて、中国大使中江要介が次のように述べている。「私が北京に在勤している時、鈴木善幸首相、中曾根康弘首相、森喜朗首相をはじめ何人もの日本の政治家、指導者が鄧小平に会っています。私は、たいていの会談に立ち会っていますが、鄧小平と対等に話ができたのは福田さんだけだったという印象を持っています。福田赳夫さんの息子さんの康夫さんにも共通したものを感じます」[30]と。指導者同士が胸襟を開いて語り合ってこそ初めて信頼関係を築くことができるのであろう。

２００５年９月９日に、日経ホールにおける福田赳夫元総理生誕１００周年記念講演において、西ドイツ元首相のヘルムート・シュミットは、福田赳夫元総理の功績として、日中平和友好条約の締結と福田ドクトリンを挙げ、福田ドクトリンが「21世紀の危機に対しても教訓的である」と評価している[31]。このように、福田赳夫の全方位平和外交理念が国際社会においても高い評価を得ている。

二、ＯＢサミットと中国

㈠ＯＢサミットの創設

１９７８年12月に福田赳夫は総理大臣を辞任した。その後、福田赳夫は地球人類の問題にとくに関心を抱くようになり、「地球上の人類が直面していた経済的、そして軍事的、政治的な未曽有の危機を回避するために世界中の首相・大統領経験者が中心になって、狭隘な国益にとらわれることなく考え、行動しなければならない」と考えるようになった[32]。そこで、福田赳夫はヘルムート・シュミット元首相と国連開発計画（UNDP）事務総長のブラッドフォード・モースと相談し、1983年3月にオーストリアの首都ウイーンでOBサミット設立に向けての準備委員会を開催した[33]。

会議設立の趣旨説明の中で、福田赳夫は主に以下3点を強調している[34]。第1に、東西対立の激化に伴う軍拡競争、特に核軍拡競争の危険性。第2に、人口急増による資源、環境の危機。第3に、石油ショック以降の世界経済不安である。それらの問題はいずれも地球規模の問題である。その意味では、OBサミットはまさに福田赳夫のグローバルな理念の産物であるといえる[35]。

1983年11月にOBサミット第1回総会はウイーンで開かれ、以降毎年開催されている。OBサミットの活動は、①平和と安全保障、②世界経済の活性化、③人口、開発、環境関連の諸問題という3つの分野から、その年ごとに直面している具体的な問題を取り上げて総会で議論し、行動へ向けた「提言」を打ち出している[36]。OBサミットとそのメンバーは、総会で採択された「提言」を世界各国の政権担当者、国際機関の代表者などに直接手渡している。

福田康夫元首相は、OBサミットがまとめた「提言」には執行力がないが、現役の指導者たちの政策決定の参考になるのではと指摘している[37]。また、核兵器と軍縮など地球規模の問題について、現役の指導者たちが、それぞれ自国の利益を主張するため、なかなかコンセンサスが取れない。国連においても同様な問題を抱えている。その意味では、各国のトップリーダーあるいは大臣の経験者が集まって、中長期的な視点から議論するのがまとまりやすいと福田康夫元首相が分析している。

福田赳夫自身はＯＢサミット活動のうち、もっとも意義のあるものとして以下２点を挙げている[38]。第１は、１９８５年11月にレーガン大統領とゴルバチョフ書記長による首脳会談の実現と冷戦の終結に大きく寄与したことである。第２は、資源有限時代への対応である。

福田赳夫のグローバルな理念が国際社会で高く評価され、１９８９年に福田赳夫がノーベル平和賞の最有力候補になった[39]。しかし、その年に中国で天安門事件が発生したため、ダライ・ラマがノーベル平和賞を授与された。

ヘルムート・シュミット元首相は、「福田は日本の政治家の中では数少ない国際主義者であり、自国の利益を超越して他の民族や利益を認識し、尊重し、均衡と平和の維持に心をかけ、努力している人物である」と称えている[40]。また、シュミットは「インターアクション・カウンシルはおそらく日本人が打ち出した国際的構想の中で最高のものである」と評価している[41]。

㈡ OBサミットと中国

OBサミットのメンバーには中国の指導者が加わっていないが、1985年から元外交部長黄華、全国政治協商会議副主席呉学謙、宋健などがゲストとして参加してきた。また、OBサミット第11回と第30回総会は、それぞれ1993年5月に上海、2012年5月に天津で開催された。それはOBサミットと中国との関係を示す好例である。

1989年の天安門事件によって、中国と西側諸国との関係は冷え込んでいた。そのため、中国政府はOBサミット総会の中国での開催を喜んでいた。

1993年5月13日にOBサミット第11回総会が上海で開催され、福田赳夫元総理、シュミット元首相、シンガポール元首相のリー・クアンユーなどが参加した。開会にあたって、朱鎔基副総理が歓迎の挨拶を行い、中国の経済発展状況などを紹介した[42]。この総会では、中国情勢について長時間の意見交換が行われた。最終的に「中国は世界全体の平和と安定を強化するために、核拡散を抑える政策をとること、逆に各国は中国が国際金融をはじめとする経済システムに参入できるよう協力するべきだ」という結論に達した[43]。そのような提言が2001年中国のWTO加盟につながったのではと考えられる。

総会終了後、メンバーたちが専用機で北京に移動し、全員の北京滞在費も一切中国政府持ちという異例の厚遇であった。そのことから、中国政府が一日も早く国際社会に受け入れられたいという強い希望が見て取れる。

江沢民国家主席は人民大会堂でＯＢサミットのメンバー、特別ゲスト全員と会談した。その席で、福田赳夫は「経済大国が軍事大国への道を歩むことは、歴史が証明している。しかし、日本は経済大国になったが、軍事大国への道を選ばなかった。中国も、経済発展を遂げても軍事大国にならないでほしい。アジア諸国の中には、最近の中国の軍事費増大を脅威に感じている国もある」と述べた[44]。このように、福田赳夫は中国に対しても福田ドクトリンの第一原則である「軍事大国にならない」ことを求めていたのである。

２０１２年5月10日にＯＢサミット第30回総会は天津で開催され、福田康夫元首相が出席した。総会に先立って、９日に北京の人民大会堂で習近平副主席（当時）がＯＢサミットのメンバーと会見した。習近平副主席が最初にゲストへの歓迎の意を表し、世界経済の安定化とグローバル不況下での経済成長に中国が進んで協力していく旨を述べた[45]。

同じく9日に温家宝総理は天津でＯＢサミットのメンバーと会談した[46]。福田康夫元首相との会談において、温家宝総理は２００８年5月胡錦濤国家主席訪日の際に福田康夫首相と調印した「『戦略的互恵関係』の包括的推進に関する日中共同声明」が日中関係を発展させるためには重要な意義を持っていると評価した。それに対して、福田康夫元首相は、2011年東日本大震災の際中国側が提供した支援に対して感謝の意を表し、日中両国が大所高所から真剣に向き合い、相互協力を強化することの必要性を強調した。翌10日に温家宝首相は天津ゲストハウスで歓迎晩さん会を主催した。中国側がOBサミットを非常に重視していたことがここからもよく分かる。

上述したように、OBサミットは一貫して中国の国際社会への参加を推し進めてきた。1997年6月にオランダ・ノルトワイクで開かれた総会で発表されたコミュニケには、ロシアと中国のG7（7ヵ国蔵相会議）「参加実現」の勧告が盛り込まれた[47]。翌年、ブラジルのリオデジャネイロで開かれた総会においても、同様な主張がなされた[48]。2003年エビアン・サミット以降、ロシアがG7に参加するようになった。しかし、2014年にロシアがウクライナ、クリミア半島に軍事介入したため、G8から排除された。中国はいまだG7に加わっていない。はたしてそのような日が来るのであろうか。今後引き続き見守ってゆきたい。

三、新福田ドクトリンと日中関係

(一) 福田康夫の首相就任と新福田ドクトリンの提起

2007年9月26日に、福田康夫は第91代内閣総理大臣に就任し、日本憲政史上初の親子での総理大臣就任になった。その時福田康夫は71歳で、奇しくも父・赳夫が首相に就任した年齢と同じである。

2008年1月18日に福田康夫は施政方針演説の中で下記5つの基本方針を表明した[49]。つまり、国民本位の行財政への転換、社会保障制度の確立と安全の確保、活力ある経済社会の構築、平和協力国家日本の実現、低炭素社会への転換である。その内、「平和協力国家日本の実現」は、福田赳夫の全方位平和外交理念の継承として捉えられる。

この施政方針演説の中でもう一つ注目すべきは、「留学生30万人計画」の提起である。筆者は、なぜそのような政策を打ち出したかについて、福田元首相に訊ねたら、当時すでに少子化の問題を予想していたためであると答えた[50]。2018年に日本政府が正式に外国人労働者受け入れの法整備に着手したことから考えると、福田元首相には先見の明があったといえる。

2008年5月22日に、日本経済新聞社主催の国際交流会議「アジアの未来」において、福田康夫首相は「太平洋が内海となる日へ」と題する演説を行い、包括的な対アジア外交基本方針を発表した[51]。その演説は「新福田ドクトリン」と呼ばれ、主に下記5つの方針からなっている。①ASEAN共同体実現の断固支持、②日米同盟の強化、③平和協力国家としての尽力、④若者の交流によってアジアの未来を支える知的・世代的インフラの整備、⑤経済成長と環境保護、気候変動対策の両立、である。その内、①から④までは福田ドクトリンの継承であり、⑤に関しては、OBサミットの理念に通じているといえる。

(二) 首相就任後の中国訪問

2008年9月28日、福田康夫首相は就任3日目に温家宝首相と史上初の日中首脳による電話会談を行った。それは福田康夫首相がいかに日中関係を重視しているかを物語っている。

2007年12月27に、福田首相は中国を訪問した。小泉純一郎首相の靖国神社参拝をめぐって、日中関係が国交正常化以来、最悪と言われる状態に陥った。そのため、2006年10月安倍晋三首相の訪中は「破氷(氷を砕く)の旅」、2007年4月温家宝首相の訪日は「溶氷(氷を溶かす)の旅」と呼ばれたのに続いて、福田首相は自らの訪中を「迎春の旅」と称した。福田首相の来訪に対して、中国は破格の扱いで歓迎した[52]。胡錦濤国家主席が歓迎晩さん会を主催した。それは日本の首相として１９８６年中曽根康弘首相訪中以来21年ぶりとなる中国のトップによる晩さん会である。

12月28日に福田首相が北京大学で「共に未来をつくろう」というテーマで講演を行い、講演は中国全土でテレビ生中継された[53]。講演の中で、福田首相は「長い歴史の中で、不幸な時期があっても、しっかりと直視して、子孫に伝えていくことがわれわれの責務だ。戦後、わが国は一貫して平和国家としての道を歩み、国際社会に協力してきたことを誇りに思っているが、自らの過ちに対する反省と、被害者の気持ちを慮る謙虚さを伴ったものでなくてはならない。過去をきちんと見据え、反省すべき点は反省する勇気と知恵があって、はじめて将来に誤り無きを期すことが可能になる」と述べ、歴史問題に対する自らの姿勢を示した[54]。その上で、福田首相は「日中両国は、アジア、世界のよき未来を築き上げていく創造的パートナーたるべし」と自らの信念を吐露した。

福田首相は、日中戦略的互恵関係を構築するための指針として、①互恵協力、②国際貢献、③相互理解と相互信頼を取り上げており、また日中相互理解を深めるために、①青少年交流、②知的交流、③安全保障領域の交流を強化していくことを提案した[55]。さらに、福田首相は北京大学―福田プランを提案し、具体的には①学術シンポジウムの開催、②北京大学の学生の日本への招聘、③北京日本研究センターの集中講義の支援などが挙げられている。その後、北京大学―福田プランが着実に実行され、一定の効果を上げることができたと考えられる。

㈢ 胡錦濤国家主席の訪日と第4の基本文書の調印

2008年5月6日に胡錦濤国家主席が来日した。中国国家主席の訪日は、1998年江沢民国家主席以来の10年ぶりになる。前年の福田首相の「迎春の旅」に続き、胡錦濤国家主席の訪日は「暖春の旅」と呼ばれた。

5月7日に福田康夫首相と胡錦濤国家主席は、「『戦略的互恵関係』の包括的推進に関する日中共同声明」に署名した。共同声明には、戦争や侵略に対する日本の「おわび」や「反省」は盛り込まず、「歴史を直視し、未来に向かう」という文言が書き込まれた。また、戦後日本の「平和国家としての歩み」と世界の平和と安定への貢献に対して、中国側が積極的に評価することも盛り込まれた。

日中双方は戦略的互恵関係を構築するために、下記の5つの柱に沿って対話と協力を進めていくことになった。①政治的相互信頼の増進、②人的、文化的交流の促進及び国民の友好感情の増進、③互恵協力の強化、④アジア太平洋地域への貢献、⑤グローバルな課題への貢献、である。それらの方針は、福田赳夫の全方位平和外交理念とOBサミットの理念に通ずるものばかりであるといえる。

5月8日に、胡錦濤国家主席は早稲田大学で講演を行い、日本の対中円借款が中国の近代化に積極的な役割をはたしたとして感謝の意を表した[56]。この講演も中国中央テレビによって中国全土に生中継された。福田首相と同様に、胡錦濤も講演において、若い世代の交流を強化する必要性を訴え、早稲田大学学生100人を招待する計画を発表した。また、胡錦濤は「中国はいかなる国の脅威にもならず永遠に覇権を唱えない」と述べ、中国の国防費の増加によって国際社会にある「中国脅威論」の払拭に努めた。

5月10日に胡錦濤国家主席は5日間の訪日を終え、帰国した。日本のメディアは、胡錦濤が「日中関係の『戦後』に終止符を打ち、真の『戦略的互恵関係』を構築したいとの意欲を随所に見せた」と分析している[57]。またある研究者は、「冷戦後の日中関係において、双方の指導者がともに熱心に関係改善を志向したという点では、この時が『最良の組み合わせ』であった」と評価している[58]。日中双方の指導者が互いに歩み寄ることが非常に大切である。

「『戦略的互恵関係』の包括的推進に関する日中共同声明」が調印されて、10年余りの歳月が経った。2018年5月30日に、福田康夫元首相は中国の程永華駐日大使とテレビに出演した際、「世界での中国の立場は変わった。『第5の文書』を作る意味は大きい」と述べ、新しい時代にふさわしい日中関係に関する新たな基本文書を作成する必要性を唱えた[59]。

筆者は福田元首相へのインタビューで、もし「第5の文書」を作成するならば、どのような内容が中心になるのだろうかと聞いたら、福田元首相は世界の秩序をどのようにすればよいか、日中がどのように協力すればよいかという2点を挙げた[60]。また、福田元首相は中国と日本はそれぞれ世界第2位と第3位経済大国であるため、両国が協力するならば1位になり、そのような自覚を持ってほしいと筆者に語った。今日の国際情勢を鑑み、新しい世界秩序の構築と日中協力の在り方という2点が実に重要である。

㈣ ボアオ・アジア・フォーラム理事長とその後の日中関係

２００８年9月24日に福田康夫は総理大臣の職を辞した。その後も積極的に日中関係にかかわってきた。２０１０年4月に、世界経済フォーラムのアジア版として中国で設立されたボアオ・アジア・フォーラムの年次総会において、福田元首相は理事長に選出され、２０１８年4月まで務めた。

２０１８年4月9日にボアオ・アジア・フォーラム理事長を退任した際、福田元首相は『人民日報』へ寄稿し、習近平国家主席が提起した人類運命共同体という理念の主旨が全世界のすべての人を幸せにすることであると述べ、「一帯一路」建設がその具体的行動であると指摘した[61]。その上、福田元首相は日本が「一帯一路」に参加し、中国と一緒に各国の人々のために幸福をもたらすべきだと主張している。また、関税などで米国と貿易摩擦が生じている中国に対して、1980年代の日米貿易摩擦やプラザ合意から教訓を学ぶべきだと呼びかけ、中国で大きな反響を呼んでいる。

もう一つ注目すべきは、2018年6月27日に、福田元首相は中国江蘇省南京にある「南京大虐殺記念館」を訪問したことである。日本の首相経験者では海部俊樹、村山富市、鳩山由紀夫諸氏に続いて4人目となる。

福田元首相が「南京大虐殺記念館」を訪問した背景について次のように述べている。「2014年習近平国家主席が記念館を訪問した後、内容が随分入れ替えられたと聞いた。それならぜひ行ってみたい」[62]と。また、筆者のインタビューに対して、福田元首相は2016年5月にアメリカのオバマ大統領が広島を訪問したこととも関係があると述べた[63]。つまり、戦争記念館を訪問し、事実を確認し、その事実を互いに認め、互いに理解し、またそれを知らない日本人に教えることが非常に大事であると、福田元首相が筆者に語った。そこからは歴史問題に対する福田元首相の真摯な姿勢が見て取れる。

おわりに

本稿においては、福田赳夫元総理のドクトリンと全方位平和外交理念およびOBサミットの理念が、福田康夫元首相によってどのように継承し、発展させ、それが日中関係にどのような影響を及ぼしたかについて考察してきた。福田ドクトリンと新福田ドクトリンに共通しているのは、やはり軍事大国にならない、心と心のふれ合い、平和共存の3点に尽きると思われる。

近年、習近平国家主席が「人類運命共同体の形成」を目標に掲げている。福田康夫元首相が、そこには福田ドクトリンと通ずるものがあるのでは、と筆者に語った[64]。その意味では、福田ドクトリンはヘルムート・シュミット元首相が言ったように、「21世紀の危機に対しても教訓的である」。

今日、国際社会はさまざまな問題に直面している。貿易保護主義、地球温暖化、テロ、難民、経済格差の拡大、ナショナリズムの高揚などがそれである。それらの問題に対処するために、日中両国が責任をもって協力していくことがますます重要になってくる。しかし、現状では日中両国の国民の相手国に対するイメージが決して良いとは言えない。とりわけ日本国民の中国に対する親近感が非常に低い。日中両国はどのようにして相互理解を深め、相互信頼関係を構築することができるのであろうか。筆者は福田康夫元首相の提案が非常に有用であると思う[65]。つまり、第１に、他者に対する思いやり（Compassion）、心と心のふれ合い（heart to heart）、第２に、異なる文化に対するセンシティビティ（Cultural Sensitivity）、第３に、相手との信頼感（Confidence）の構築、である。

日中両国が相互理解を深め、相互信頼関係を築き、そして互いに協力し、ともに発展して、東アジアと世界の平和と繁栄のために貢献していくことを願ってやまない。

付記：本研究は、中国・国家社会科学基金重大プロジェクト「日本民間反戦記憶跨領域研究（17ZDA284）」成果の一部である。

【注釈および参考文献】

1　宮澤喜一監修、宮崎勇編『普遍的な倫理基準の探求：福田赳夫とOBサミット』、日本経済新聞社、2001年。

2　永野信利『天皇と鄧小平の握手：実録・日中交渉秘史』、行政問題研究所、1983年。古澤健一『昭和秘史：日中平和友好条約』、講談社、1988年。緒方貞子著・添谷芳秀訳『戦後日中・米中関係』、東京大学出版会、1992年、第6章。石井明ほか編『記録と考証　日中国交正常化・日中平和友好条約締結交渉』、岩波書店、2003年。李恩民『「日中平和友好条約」交渉の政治過程』、御茶の水書房、2005年。

3　清宮龍『福田政権・714日』、行政問題研究所、1984年。若月秀和『大国日本の政治指導1972～1989』、吉川弘文館、2012年、第2章。若月秀和「福田赳夫研究：1970年代を中心に」、『立教法学』第86号、2012年10月、109～194頁。井上正也「福田赳夫：『連帯』の外交」、増田弘編著『戦後日本首相の外交思想』、ミネルヴァ書房、2016年、第10章。

4　眞田芳憲「インターアクション・カウンシルの『世界人間責任宣言』草案とその歴史的意義について」、大内和臣・西海真樹編『国連の紛争予防・解決機能』、中央大学出版部、2002年、第2章。

5　中江要介『日中外交の証言』、蒼天社出版、2008年。中江要介著、若月秀和ほか編『アジア外交動と静：元中国大使中江要介オーラルヒストリー』、蒼天社出版、2010年。谷野作太郎著、服部龍二ほか編『外交証言録：アジア外交　回顧と考察』、岩波書店、2015年。枝村純郎著、中島琢磨・昇亜美子編『外交交渉回想：沖縄

返還・福田ドクトリン・北方領土』、吉川弘文館、２０１６年。田島高志著、高原明生・井上正也編集協力『外交証言録　日中平和友好条約交渉と鄧小平来日』、岩波書店、２０１８年。

6　２０１８年11月５日、福田康夫元首相の事務所にて。ここにインタビューに応じてくださった福田康夫元首相に心より感謝申し上げたい。

7　福田赳夫『回顧九十年』、岩波書店、１９９５年、２７０〜２７１頁。

8　「福田首相のマニラにおけるスピーチ」、福田赳夫『回顧九十年』、３６３〜３７０頁。

9　枝村純郎著、中島琢磨・昇亜美子編『外交交渉回想：沖縄返還・福田ドクトリン・北方領土』、第３章。

10　枝村純郎著、中島琢磨・昇亜美子編『外交交渉回想：沖縄返還・福田ドクトリン・北方領土』、８２〜８３頁。

11　枝村純郎著、中島琢磨・昇亜美子編『外交交渉回想：沖縄返還・福田ドクトリン・北方領土』、８３〜８５頁。谷野作太郎著、服部龍二ほか編『外交証言録：アジア外交　回顧と考察』、４３〜４４頁。

12　枝村純郎著、中島琢磨・昇亜美子編『外交交渉回想：沖縄返還・福田ドクトリン・北方領土』、８８頁。

13　段瑞聡「教科書問題」、家近亮子・松田康博・段瑞聡編著『改訂版　岐路に立つ日中関係』、晃洋書房、２０１２年、第３章。

14　枝村純郎著、中島琢磨・昇亜美子編『外交交渉回想：沖縄返還・福田ドクトリン・北方領土』、９３〜９４頁。

15　２０１８年11月５日、福田康夫元首相へのインタビュー。

16 『第84回国会参議院会議録第5号』、1978年1月26日、15頁。
17 福田赳夫「わが首相時代」、『中央公論』第95年第13号、1980年10月、294頁。
18 福田赳夫『回顧九十年』、227〜228頁。
19 「第80回国会における福田首相の施政方針演説」、福田赳夫『回顧九十年』、356頁。
20 園田直『世界　日本　愛』、第三政経研究会、1981年、177頁。
21 2018年11月5日、福田康夫元首相へのインタビュー。清宮龍『福田政権・714日』、第6章。緒方貞子著・添谷芳秀訳『戦後日中・米中関係』、第6章。
22 福田赳夫『回顧九十年』、301頁。
23 福田赳夫「わが首相時代」、『中央公論』第95年第13号、1980年10月、293頁。
24 古澤健一『昭和秘史：日中平和友好条約』、223〜224頁。
25 「どの国とも友好　福田首相談話」、『読売新聞』、1978年8月13日朝刊。
26 「平和友好条約40年　日中違い見つめる時　福田康夫氏82」、『読売新聞』、2018年10月20日朝刊。
27 園田直『世界　日本　愛』、174頁。
28 宮城大蔵編著『戦後日本のアジア外交』、ミネルヴァ書房、2015年、168頁。
29 中共中央文研研究室編『鄧小平年譜（1975〜1997）』上、北京、中央文献出版社、2004年、486頁。

30 中江要介著、若月秀和ほか編『アジア外交動と静：元中国大使中江要介オーラルヒストリー』、１７６頁。
31 「福田赳夫元生誕１００周年記念講演」、『人口と開発』第91号、２００６年10月1日、27頁。
32 宮澤喜一監修、宮崎勇編『普遍的な倫理基準の探求：福田赳夫とOBサミット』、10頁。
33 福田赳夫『回顧九十年』、第8部参照。
34 福田赳夫『回顧九十年』、３３２～３３３頁。
35 宮澤喜一監修、宮崎勇編『普遍的な倫理基準の探求』、10頁。
36 宮澤喜一監修、宮崎勇編『普遍的な倫理基準の探求』、12～13頁。
37 ２０１８年11月5日、福田康夫元首相へのインタビュー。
38 福田赳夫『回顧九十年』、３４０～３４８頁。
39 宮澤喜一監修、宮崎勇編『普遍的な倫理基準の探求』、１１０～１１１頁。
40 H・シュミット著、永井清彦・片岡哲史・内野隆司訳『シュミット外交回想録』下、岩波書店、１９８９年、２０１頁。
41 宮澤喜一監修、宮崎勇編『普遍的な倫理基準の探求』、ｖ頁。
42 「在国際行動理事会第十一次会議開幕式上朱鎔基副総理的講話」、『人民日報』、１９９３年5月14日第1版。
43 宮澤喜一監修、宮崎勇編『普遍的な倫理基準の探求』、１５４頁。
44 宮澤喜一監修、宮崎勇編『普遍的な倫理基準の探求』、１５６～１５７頁。

45　「天津に新鮮な風が吹く」より引用。この資料は、インターアクション・カウンシル東京事務局の渥美佳子女史から
ご提供いただいた。心より感謝申し上げたい。
46　「温家宝会見出席国際行動理事会第三十届年会的外国前政要」、『人民日報』、２０１２年5月10日第1版。
47　宮澤喜一監修、宮崎勇編『普遍的な倫理基準の探求』、１９８頁。
48　宮澤喜一監修、宮崎勇編『普遍的な倫理基準の探求』、２０９頁。
49　「18日の福田首相施政方針演説の全文」、『読売新聞』、２００８年1月19日朝刊。
50　２０１８年11月５日、福田康夫元首相へのインタビュー。
51　福田康夫「太平洋が「内海」となる日へ―「共に歩む」未来のアジアに5つの約束―」、https://www.kantei.go.jp/jp/hukudaspeech/2008/05/22speech.html。２０１８年6月11日閲覧。「外交基本方針　防災・防疫でアジア連携　福田首相が表明」、『読売新聞』、２００８年5月23日朝刊。「『アジア、共に歩む』　防災協力訴える　福田首相が外交政策を発表」、『朝日新聞』、２００８年5月23日朝刊。白石隆「新福田ドクトリン　『アジアの中』の発想で」、『読売新聞』、２００８年7月20日朝刊。
52　「福田首相訪中　対中関係宿題残す」、『読売新聞』、２００７年12月29日朝刊。
53　「福田首相訪中　対中関係宿題残す」、『読売新聞』、２００７年12月29日朝刊。「日中、蜜月演出　首脳会談、福田首相の初訪中」、『朝日新聞』、２００７年12月29日朝刊。

54　「福田首相　北京大学講演〈要旨〉」、『朝日新聞』、２００７年12月29日朝刊。
55　「〝日中関係除了和平友好之外別無其他選択〞――福田康夫北大演講稿（摘録）」、『対外伝播』、２００８年第２期、24～26頁。
56　「中国・胡主席、円借款に謝意」、『朝日新聞』、２００８年５月９日朝刊。
57　「『戦後』終止符に意欲　胡錦濤・中国国家主席」、『朝日新聞』、２００８年５月11日朝刊。
58　宮城大蔵『現代日本外交史』、中央公論新社、２０１６年、１８３頁。
59　「日中友好へ『新文書を』」、『読売新聞』、２０１８年５月31日朝刊。
60　２０１８年11月５日、福田康夫元首相へのインタビュー。
61　福田康夫「人類命運共同体理念讓所有人幸福」、『人民日報』、２０１８年４月９日第21版。
62　「福田康夫元首相、南京紀念館『修正』評価したい」、『産経新聞』、２０１８年７月４日朝刊。
63　２０１８年11月５日、福田康夫元首相へのインタビュー。
64　２０１８年11月５日、福田康夫元首相へのインタビュー。
65　福田康夫「寛容と理解」、福田康夫、ヘルムート・シュミット、マルコム・フレーザー他著、渥美桂子訳『世界はなぜ争うのか』、朝倉書店、２０１６年、１００～１０１頁。中国語版、福田康夫主編、王敏訳『十国前政要論〝全球公共倫理〞』、人民出版社、２０１７年、１０２～１０３頁。

脱亜入欧　仲違い　和合東亜

国際儒学聯合会顧問・教育伝播普及及び委員会副主任　王殿卿

【翻訳】
東方文化芸術団　田偉
王敏研究室　相澤瑠璃子

歴史を鏡として見ると、それは国と世界を統治する古代中国の歴史的見解であり、今日では国家だけでなく、一地理学的帯地域、ひいては世界の生存と発展にも明確な意義を示している。福田康夫氏編集の『世界の公衆倫理に関するトップ10政府』という本は、歴史と未来を象徴するすべての問題に言及している。それに触発され、拙文を書き留めたので、読者に教えを請いたい。

東亜近代史を別の角度から見ると、「脱亜入欧」の利害ではないだろうか。仲違いからずる賢い狼を部屋に引き入れるなど、骨身に刻んだ歴史教訓の中から意識をしっかりと戻し、東アジア文明の魂を探し求めている。そしてともに新時代の和合東亜を打ち建て、東亜子孫の後代と平和幸福の人生のために、東アジアをアジア全体そして世界平和発展の基盤としていく。東亜学者として、協力を惜しまず、気力を振り絞ってこの問題に立ち向かっていく所存である。

一、「脱亜入欧」の損得

19世紀は西欧列強ではイギリスが中心となり、東アジアと東南アジアへの多大なる侵略を行い、略奪と植民地の分割の世紀であった。このような現実に直面して、アジア各国は対策と脱却を考えていた。１８４０年代に中国の「阿片戦争」勃発後、１８６０年代に「洋務運動」が起こり、「中体西用」というスローガンが用いられた。１８７０年代に日本では「明治維新」が起こり、「脱亜論」の国策を採用した。20年後の１８９０年代末に、中国では「戊戌の変法」が起きた。この政変はわずかな期間であったものの、20世紀初頭の「辛亥革命」の成功のための、思想の基礎を築いた。

日本の「脱亜入欧」が中国へ伝わり、「全面西洋化」となった。西洋の政治、経済、科学、文化、教育、価値観を取り入れ、国家の近代化を加速していくなど、日中はよく似たところがある。相違点は、明治維新が日本を工業化の道へ進ませ、次第に日本は世界強国の道を歩み、徹底して東洋の儒教文化を捨て、前進していった。特に大和民族の「大和魂」が「戦魂」へと形を変え、西欧列強の対外侵略の一員に入って行った。

日本がこのような選択をしたことは、「脱亜入欧」の提唱者である福沢諭吉（１８３５～１９０１）による、当時の世界発展の形勢に対する誤った判断、とは無関係である。福沢の一生は、「阿片戦争」と「戊戌の変法」を経て、時代背景と彼個人の学識見聞が福沢自身を日本近代の傑出した思想家、そして日本近代文明の創建者として、「明治維新」を推進し促進していった。日本は１世紀余り脱亜入欧の国策を実行していくために、思想理念の基礎を固めていった。

二、福沢は生存競争、優勝劣敗の哲学を信奉した

福沢は西洋文明が世界を征服し、東洋各国は絶対的に抵抗する能力がないと考えていた。それは東京人が長崎からの伝染の麻疹を止める事が出来ないようなものであり、免れることができない。賢明なやり方は「その蔓延を助け、人々に早くその気風に浴せしむる」ことであるとする。

福沢は、アジアの近代化を実行し、その最たる近道こそが戦争であると深く信じていた。また戦争が日本に立ち遅れを取り戻させるきっかけを与えるとわかっており、戦争を利用して国を強大化し、他のアジアの国に早くに「警戒」を与え、改革と強化をしていった。

福沢は「吾輩を以て此二国を視れば、今の文明東漸の風潮に際し、迚も其独立を維持するの道ある可らず。」と書いている。

彼は明治16年（１８８３）９月20日から10月４日まで、連載していた「時事新報」の社説「外交論」の中で、当時の国際関係を、「禽獣相接し相食む」関係であると分析している。食は文明国、被食は半開化国や野蛮国を指している。日本の外交未来図はただ二つのみの選択肢がある。一つは「非文明」国の「食者」行列に入り、「文明国」とともに「良餌」を探すか。も

う一つは数千年来不振がちなアジアの古き仲間と、伝統を守り、「文明国」に呑み込まれるかである。日本が選択すべき道は、一つ目の道であり、「東アジアの一つの新しい西洋国」になることだけである。この「高説」の形は、日本の脱亜入欧が「食人呑国」という帝国主義の「路線図」を決心したことを生き生きと表明している。

この論文発表の12年後の１８９５年、１９０４年に日本は日清戦争と日露戦争において順調に、アジア一帯の覇権を握った。また48年後の１９３１年、日本は中国東北部において、故意に「満州」事変を起こし、侵略戦争の序幕に突入した。第2年目、すなわち１９３２年に日本は東北3省を占領後、傀儡政権である「満州国」を建てた。引き続き１９３７年日本が「盧溝橋事件」を起こし、中国の全面侵略と東南アジア戦争が始まり、「2次大戦」の元凶となった。各国の人民が生死をかけて抵抗し、国際正義の声援の援護の下、１９４５年日本が戦争に負けて敗戦国となった。2、3代続いて日本人は血と汗と命で以て、「強国必覇、覇則必亡」の歴史ロジックを実践することとなった。

孟子は「春秋に義戦無し」を総括して、「王道」を主張し、「覇道」を反対し、「天下大同」を追求した。彼は不義にして富み、好戦的という「争地以戦、殺人盈地。争城以戦、殺人盈城」は、「争土地、食人肉、罪不容于死」として判断した。

福沢諭吉が述べた「禽獣相接し相食む」の国際関係を目にすると、2300年前に孟子が断言したことが、なんと「同じ道理」である！　異なる点は、「食人」に「文明」をつけ、「被食」に「野蛮」がかぶっているのである！　このように西洋現代文明の「定位」もまた「客観」できる。

100年前、日本が「脱亜入欧」の見本にしたのは英国であった。両国の国情は相似しており、島国である点も理由であった。英国は島国ながら「太陽の沈まぬ国」となり、日本に対し、触発するものが大いにあった。政治制度、経済様式、文化教育全般を「英国化」し、小から大へということになり、まず中国を侵略し、すぐに「大東亜共栄圏」を実現させた。これこそが「以英為師」の答えであった。そして今、イギリスは「脱欧州」を始めたが、では日本はどこからどこへ向かうのだろうか。「脱欧回亜」または「脱亜入米」なのだろうか。これは歴史を鑑みて考慮する必要があり、骨身に刻まれている歴史教訓の中から、「戦魂」を抜き出し、「和魂」を再び建てるべきである。改心し、善人になって人類新時代を迎えていくのである。

改めてこの100年の「脱亜入欧」の損得を考えると、1カ国の概念変革だけではなく、関係国も「全面西洋化」を脱却し、21世紀の時代の潮流についていくには、思想解放が必要である。

三、仲違いと狼の老婆

第2次世界大戦終結以降、局部戦争は止まず、その中の一つの特色は、国内の「仲違い」であり、狼の老婆を引き寄せた。一つの家庭、特に大家族、同胞兄弟の間に、種々の原因が矛盾と衝突を生み出し、その結果「仲違い」となってしまう。これは免れがたく、遠くの親戚より近くの他人だと、仲裁の調停役を買って出るので、元々は慈善行為である。もしその中のある人が悪意を抱いていると、火に油を注ぎ、武器を送り、骨肉の戦いが激化し、家が廃れ人も亡くなる時を利用し、兵器弾薬の利を得て、さらに占領を支配する。このような人物は「狼の老婆」と蔑称される。一つの家庭は、一国家、一地縁国家間のように、全て同じ道理である。20世紀中頃以降勃発した朝鮮戦争、ベトナム戦争、イランイラク戦争からアフガン、南スラブ戦争等々。また21世紀に入りイラク戦争に至るまで、地中海周辺の「アラブの春」、すでに7年続いているシリア戦争など、すべて共通点がある。7年の戦争は、シリアを焦土と化し、あまりの多数の死者数に、国連は統計を断念してしまった。2017年末のデータによると、シリア領内に少なくとも1310万人が支援を必要としており、610万人が国を追われ、298万人が今なお難民キャンプで暮らしており、他に幾百万のシリア難民が欧州一帯に押し寄せている。２３００年前孟子の非難が体感させられる状況である。まさに「争地以戦、殺人盈地。争城以戦、殺人盈城」そして、19世紀の福沢諭吉が指摘している「禽獣相接し相食む」の国際関係の現代版である。昔と今の戦争の相違点は、現在の戦争の高度な現代化である。戦争では国が滅び、家が無くなり、路頭に迷い、飢饉や寒さが交錯する。戦火の中、懸命にもがく瀕死の青少年は、このような戦争の「犠牲」であり、血肉の中に溶け、代々相伝し、人々の心に罪の意識が組み込まれていく。そうして人々は種を憎み、その想いがそのまま発芽し、根を生やし、花を咲かし、実をつけていった。人類の良心良識が一旦目覚め始めると、「仲違い」が再び起きることはなく、「狼の老婆」の干渉を拒絶する。まさに人類文明の新覚醒が、人類文明の新時代に突入させていく。

中国の古い故事に「前車之鑒、后事之師」という当代の政治の傑物が心を落ち着かせるよう願う故事がある。歴史の成り行きを総括すると、習慣となっている思考を調整し、人類運命共同体を構築するために、歴史の新しい貢献を作り出していく。

四、共建和合東亜

和合を重視し、大同の世を求める。これまで儒学を東洋文明の世界観の代表としていた。儒学は数千年の人類文明の過程における経験や教訓を基礎に、凝縮し完成した知恵である。その中の「和」は東アジアの文明の「魂」である。和と斗は人間性と動物的な性質であり、文明と野蛮の違いである。和は貴し、和はすなわち万事盛んになるとする。人和、家和、天下和など和睦をはかり、和平共存し、世界は大同の世となる。和而不同はすでに調和が互いに取れており、社会進歩をまた推進していく。「和」を有してから、「合」を有し、合すなわち事を成就する。和は繁栄であり、斗は衰退を意味する。和は双方に利があるが、斗は双方に害がある。

習近平主席は、２０１４年の孔子生誕２５６５年大会において次のように講演した。「１８４０年の阿片戦争勃発から１９４９年の中華人民共和国成立まで、中華民族は世にもまれに見る外部の侵略の内部の動乱に遭い、未曾有の苦難に見舞われ、一度国家存続の危機の境地に至った。中国人民は抗日戦争中だけで、中華民族は３５００万人の死傷者という多大な代償を払った。近代以降長き苦難を経験した中国人民は、平和という宝を最もよく理解しており、最もよく発展の重要を知る。中国人民は、平和が人類にとって太陽の光や空気と同じように重要であることをよく知っている。太陽の光と空気がなければ、万物の生存生長は不可能である。

習主席はさらに続けて述べた。「中華民族は古来より平和を愛する民族である。平和を愛する精神は儒家思想にもある深淵な淵源でもある。中国人は古くより「協和万邦」、「親仁全隣」、「四海之内皆兄弟也」、「遠親不如近隣」、「親望親好、隣望隣好」「国雖大、好戦必亡」などの平和思想を尊重している。平和を愛する思想は中華民族の精神世界に深く埋め込まれおり、今日依然として、中国が国際関係を処理する基本理念としている。

大同の世を求めることは、中華民族の代々の憧れであり、理想である。2014年、習近平主席は「講仁愛、重民本、守誠信、崇正義、尚合和、求大同」を打ち出し、これが現代の内外華人の共同の「王道」価値観となった。習主席は2014年の北京の懐柔にある雁栖湖から2016年の浙江省杭州の西湖、そして2017年の厦門におけるBRICS首脳会議の場にて、「多彩、平等、包容、互鑑」は人類文明の新しい情景であり、「創新、活力、連動、包容」の世界経済の新秩序を繰り返し説いた。平和発展し、協力してともに利益を得、戦争と覇権主義の反対の国際政治の新しい構造を語った。そして人類生存の前景である「人類運命共同体の構築」は、「一帯一路」を通して、世界に大同の世を通じると述べた。

平和発展、協力して利益を得る、一帯一路、人類運命共同体は、「和合一体」の世界観でありその魂であると総括できる。これは孔子の名言の「己欲立而立人、己欲達而達人」、そして「己所不欲、勿施于人」にあたる。

願うことは、王道を唱え、覇道に反対し、大同の世を求める儒家思想、中華民族の知恵、東アジアの人々が21世紀に生存、発展、平安、幸福の共同価値観をなすことである。

願うことは、東アジアが仲違いや互いに惨殺する戦場に再びならないこと。イラク、シリアなどの国のような二の舞が再び起こらないこと。家が家を破壊する歴史の悲劇を繰り返さず、和合した東アジアを共通の追求と行動指南をなるよう、子々孫々に伝え、一つの繁栄と幸福に満ちた世界を残すことである。

20世紀の中頃に中国の無錫にて、盲目の民間芸人おり、人々はこの盲人を「阿明」と呼んでいた。阿明が自作自演した二胡の名曲である「二泉映月」は当時の戦乱が人々に与えた苦痛を訴えており、後にある人が一曲の歌になるように譜を付けた。その最後の方の節の歌詞が以下である。

天地悠々（天と地）
唯情最長久（愛は最も長く続き）
共祝願（ともに願う）
五州四海烽烟収（五大陸と四海で平和を）
家家笙歌奏（みんなと笛で歌い演奏し）
年年歳歳楽無憂（いつも楽しく、憂いなし）

これが阿炳の、そして中国人の願いでもあり、また全世界人民共同の願いである。さらには地中海周辺の国々の難民の願いでもある。

２０１８年を迎え、中東国家は依然として紛争地域である。他国では広場に大勢の人が集まり色とりどりの花火を見て、歓声を上げて新年を迎える時に、シリアなどの地域では国を追われ、飢えと寒さに震えている大量の難民は、苦痛の涙を流す。このような時、朝鮮のある古い詩を思い出す

燭泪涙落時民泪落（ろうそくが消える時は国民が涙するとき）
歌声高出怨声高（歌声は怒りの声となって大きくなる）

五、「和合東亜」フォーラムの構想―東アジア平和合作の新時代を開く―

第2次世界大戦後、日本は「平和憲法」により、復興の道を歩んできた。１９７８年、当時の日本の総理大臣である福田赳夫は日本を代表して、中国と「日中平和友好条約」を締結した。来年に40周年を迎える。習近平国家主席はベトナムで安倍首相と会見したときに特にこの40周年の話に触れた。

１９８２年、福田赳夫氏はドイツのヘルムート・シュミット前連邦首相とともに政府の前要人から構成する国際的な組織―「国際行動理事会」、すなわち「ＯＢサミット」を創建した。この組織は歴史を鏡にして、平和を唱え、戦争に反対することを旨とした。30数年の弛まぬ努力を通して、今の和合する東アジアの新しい時代を切り開き、人類運命共同体を創建し、貴重な経験と豊富な知恵を与えてくれた。当然ながら前へ前へと進むべきである。

平和合作は東方文明の精髄であり、太和、中和、保和、大和にして、和を貴ぶ和而不同、双方に益をもたらし、和睦を紡ぎ、平和共存する。それは昔からの儒家文化圏の信条と実践である。新しい時代の東アジア各国の人民の行動の指針にもなるべきである。

平和合作があるからこそ、東アジアの繁栄があり、東アジア各国の人民の幸福円満な生活がある。それはすでに東アジアの歴史に証明されており、歴史を戒めとする。東アジアはもう身内同士が争う戦場になるべきではなく、平和合作そして繁栄で幸福な楽園になるべきである。

平和合作は東アジア各国人民の新時代の共同な価値観になるべきである。

福田康夫元首相の南京訪問

―南京で歴史と向き合う・福田元首相の南京大虐殺犠牲者記念館参詣―

中国社会科学院日本研究所研究員、全国政治協商会議委員、中華日本学会常務副会長　高洪

―福田元首相「和平東亜」に向けた実践・【記録】南京への慰霊の旅―

中国国際放送局（ＣＲＩ）日本語放送キャスター　王小燕

南京で歴史と向き合う・福田元首相の南京大虐殺犠牲者記念館参詣

『人民中国』２０１８年8月号掲載

6月下旬、中国社会科学院学部主席団の王偉光主席の招きに応じ、福田康夫元首相一行は中国社会科学院および復旦大学が共同主催した「『中日平和友好条約』締結40周年記念シンポジウム」に出席するために上海を訪れた。24日午前、福田元首相は記念シンポジウムにおいて「これからのアジアに思うこと」と題した基調講演を行い、中日の学者から幅広い支持を得た。中日のゲストとの集合写真を撮影してから、福田元首相一行は直ちに高速鉄道に乗り、上海を離れた。

福田元首相が上海に長居しなかったのは、今回の訪中でもう一つの重要な目的を実現するためだった。その目的は南京大虐殺犠牲者記念館（中国での正式名称は「侵華日軍南京大虐殺遇難同胞記念館」）を参詣することであり、歴史の真実としっかり向き合い、犠牲者へのざんげの意を表すことによって、中日両国が本当の意味で歴史的和解を果たすための力添えをしようとするものだ。しかし、それを阻止しようとする日本国内の勢力を想定して、福田元首相は公には「会議の合間を縫って、小さい頃住んでいた南京の街をもう一度訪れてみたい」とだけ表明していた。最適なスケジュールを組むため、シンポジウムの主催側はスケジュールの再確認のために、中国社会科学院日本研究所の張季風副所長と筆者を密かに日本へ向かわせた。そしてわれわれは帰国後、各方面と念入りにスケジュールを組んだ。

24日昼、福田元首相は幼少時を過ごした思い出の町並みを車で通り過ぎ、かすかな記憶に残る明孝陵へ向かった。福田元首相は幼い頃登った参道の両脇にたたずむ石獣を眺めて、思い出に浸った。午後３時、南京大虐殺犠牲者同胞記念館は、今世紀ではじめて自民党元首相を迎え入れた。福田元首相は到着早々、グレーのネクタイに換え、丁寧に締めた。そして神妙な面持ちで張建軍館長の解説に耳を傾けた。張館長は次のように説明した。

「当時、南京大虐殺が起こった６週間で、30万人以上の人々が犠牲になりました。平均すると、12秒に１人の命が失われたことになります。だから記念館では、12秒ごとに１滴の水が天井から滴り落ち、犠牲者の遺影が貼られている壁のパネルが点滅し、最終には光が消えるようになっています。これは一つの命が消滅してしまったことを象徴しているのです」

その後、張館長の解説の下、福田元首相は展示室の写真資料と証拠品を真剣に見てまわった。

参詣の途中、福田元首相一行は大虐殺の生存者の一人、夏淑琴さんと対面した。89歳の夏さんは当時、9人家族の中で妹とたった2人で日本軍の虐殺から生き延びた。夏家の境遇は当時、国際赤十字南京委員会主席ジョン・マギー氏のビデオカメラによって記録され、文献となり、かの有名なジョン・ラーベの日記『南京の真実』にも記載されている。1980年代、日本で南京大虐殺の歴史を否認する状況が激化していき、日本の右翼勢力は夏さんを「嘘つきの女」と非難した。そんな中、名誉と歴史の真相を守り抜くために、夏さんは2000年に東中野らは裁判を欠席しただけでなく、日本で彼女を起訴し、彼女に対する名誉毀損を否定した。そのため、夏さんは高齢の身でありながら何度も日本へ赴き、弁論をした。最終的に東中野らの起訴が日本の最高裁判所で却下され、夏さんは勝訴し、自己の悲惨な境遇を主張してあの血塗られた歴史を確かなものにした。

福田康夫元首相と夏淑琴さん

福田元首相一行を前にした夏さんは、胸の奥に溜まった憤まんをぶつけるのではなく、落ち着いた口調で過去に起こった凄惨な事件を冷静に語ったことは驚嘆に値する。そして彼女は福田元首相の手を握り、戦後日本の元首相として犠牲者を追悼する政治的勇気をたたえた。また、壁にかけられた大きな家族写真を指差して、「私には今、10数人の大家族がいて、平和で幸せな毎日を送っています。中国日本は平和であるべきです。戦争はいけません。日本は、平和的発展の正しい道を歩んでいくべきです」と語った。福田元首相は夏さん一家に対して深くざんげし、同情した。そして、中日は平和的発展の道を歩むべきだという夏さんの考えに強く賛同した。

上／花を手向ける元首相　下／揮毫する元首相

展示室の見学が終わると、福田元首相は記念館の広場へやってきて、夕日を背景に、犠牲者へ花を手向けた。福田元首相は「南京大虐殺犠牲者を追悼する」と書かれた帯を丁寧に直し、深く深くお辞儀をして哀悼の意を表した。そして「和平東亜」と揮毫し、その意志を表明した。張館長は、中日および第

資料と記念バッジの贈呈

三国の証言を記載した資料『人類の記憶―南京大虐殺の実証』（日本語版）と記念館が発行した平和記念バッジを贈呈した。

こうして、福田元首相一行は南京大虐殺犠牲者同胞記念館参詣は滞りなく幕を閉じた。しかし、中日における草の根レベルでの歴史的和解の道はまだまだ長いといえる。中国国内の世論の大半がこれを高く評価したが、今回の参詣が日本で引き起こした政治的影響は、深い水たまりに巨大な石を落として波紋を広げたようなもので、積極的に評価をする者もいれば、暗闇から悪辣な非難を投げかける者もいる。このような賛否両論の意見が飛び交う中、筆者は今回の行事を成功させるために努力した中日各界の方々に感謝するとともに、福田元首相が心配でならない。しかし、中日の平和と友好のために生涯かけて貢献しようと覚悟をきめている福田元首相はとても落ち着いていた。

そして、筆者たちにこう伝えた。「後日、私は『産経新聞』などのメディアから取材を受けます。その際私は、南京大虐殺犠牲者同胞記念館からいただいた第三国の証言『人類の記憶―南京大虐殺の実証』を出して、世間に知らしめます」

この言葉を聞いた筆者は感動を禁じ得なかった。東洋の文化にはかねてから「恥を知るは勇に近し」という言葉がある。歴史と真っ正面から向き合うことこそ、歴史を乗り越え、新しい未来を切り開いていける唯一の方法なのだ。その意味で、今回の福田元首相の南京訪問は良識あるすべての人々に賞賛された。そして今後、さらに多くの日本政界の有識者がこのような平和活動を実践していくことを切に願う。

福田元首相「和平東亜」に向けた実践・【記録】南京への慰霊の旅

2018年6月24日、福田康夫元首相が南京市江東門付近にある「侵華日軍南京大虐殺遇難同胞記念館」（以下、「南京大虐殺犠牲者記念館」と表記する）を訪問した。同記念館を訪れた日本の首相経験者は、村山富市、海部俊樹、鳩山由紀夫各氏に続いて4人目となった*。

筆者は中国メディア3社（CRI、江蘇テレビ、新華日報）の1社として、記念館で同行取材することができた。当時の取材メモに基づいて、その全過程を記してみる。

◆6月23～24日　上海から南京へ

「日本と中国は互いに協力していかないと、ものすごいマイナス」

「東アジアの経済発展を通底するキャッチフレーズは〝共創、共鳴、共栄〟（相互協力）」

南京に旅立つ前日と、そして当日も、上海で開かれた2つの学会で福田元首相の講演を聞いた。その一連の発言から、福田さんは南京への慰霊の旅を、ご自身の平和に向けた実践として位置づけているのだと分かる。

まずは6月23日、上海交通大学日本研究センターの開所式だった。

「日本の何を研究していくのか、好奇心を持っています。恐れもあります。何から何まで、上海交通大学に分かられてしまうのではないかと。政治、経済、産業――もしかしたら我々一人ひとりも研究対象になっているかも」

「（研究対象になっても大丈夫なように）私も身を引き締め、今までのことは別にして、これからは正しい道を歩む人間にならなければ、とここで宣言します」……

特別ゲストとして招かれた福田さんは原稿なしで、約8分間の即興スピーチを行った。元首相という堅苦しいイメージを裏切る、ユーモアたっぷりの話に会場は笑いの渦に包まれた。後から思うと、翌日の南京訪問を控えて、揺るぎない決意がにじみ出ていたようにも聞こえるスピーチだった。「日本と中国は互いに協力していかないと、ものすごいマイナス。我々だけにとってのマイナスでなく、世界に対するマイナスである可能性がある」と強く訴えた点が印象深かった。

続いて、翌24日、上海錦江飯店で開かれた〝新型国家関係と人類運命共同体の構築に向けて――「中日平和友好条約」締結40周年記念国際学術シンポジウム〟（主催：中国社会科学院、復旦大学、中華日本学会）では、福田さんは「これからのアジアに思うこと」と題して、約13分の特別記念講演を行った。

その中で、福田さんは「流動化する世界の状況が大きな変わり目に来ている」とし、「東アジアは欧米と並んで、世界経済の発展、世界秩序の形成の上で大きな柱となり、また、これをリードしていく時代がすでに始まっている」と指摘した。そして、「東アジアの経済発展を通底するキャッチフレーズは〝共創、共鳴、共栄〟（相互協力）だ」とし、「互いに強いところ、足らざるところを認識し合い、その上で相互に刺激し合い（共鳴）、お互いに有無相通じ合い、ともに協力し合いながら汗をかき、一段と高いところを目指す（共創）。そうして、ともに栄える（共栄）世界を目指す」と、具体的なビジョンまで描いてみせた。

この日も、福田さんは日中両国の相互協力の大切さを力強く訴え、「国民感情が依然として満足できるレベルには達してはいない」ことが、協力の妨げになっていると指摘。最後に、習近平国家主席による「人類運命共同体」には「東アジアの安定を作り出すためにきわめて重要な指針が包含されている」とし、これに向けた議論が「和合東亜」の「新しい時代を生み出す起爆剤」になるようにとの期待を寄せた。

特別記念講演の後、参会者全員による記念撮影が終わると、福田さん一行は虹橋駅に向かうミニバンへと足早に乗り込んだ。同行者で、調整役を務めた中国社会科学院の高洪研究員によると、「南京は福田先生が子ども時代に住んでいた町です。到着後、福田先生の思い出に残っているという明孝陵や旧市街地を見学します。記念館の見学は午後４時から５時までの一時間を予定しています」とのことだ。

一行を乗せたミニバンの出発を見届けて、筆者もすぐに虹橋駅へと向かった。上海から南京までの高速鉄道は、快速だと1時間ちょっとで着く。

13時18分、南京南駅に降り立った。そこから記念館へと向かい、２時半前に入館した。４時までならまだ余裕がある。のんびり構えていたところに、「福田元首相一行はまもなく到着します」と江蘇省人民政府外事弁公室アジア処の盛才強副処長から連絡が入り、「２号門で待機せよ」との指示を受けた。盛副処長は、出張で留守にしていた周剛処長の手配を受け、受け入れ作業にあたっている現地担当者である。

福田さんの南京訪問のいきさつや館内での行動については、高洪氏の『人民中国』２０１８年８月号への寄稿に詳しく書かれている。ここからは、私の手元の記録に基づいて、館内での行動経路を整理してみる。

◆記録　福田康夫元首相の南京大虐殺犠牲者記念館への訪問

「侵華日軍南京大虐殺遇難同胞記念館」（南京大虐殺犠牲者記念館）は江東門集団虐殺と万人坑の遺跡の上に建てられた記念館である。１９８５年８月15日に開館した後、１９９５年、２００７年、２０１５年の３回にわたって拡張工事が行われ、現在の敷地面積は10万平米に上る。敷地内には５つの広場のほか、平和公園、紫金草花園などの緑地もある。延べ床面積35万平米のうち、陳列スペースが１万６０００平米を占める。

記念館に向かう福田元首相一行

６月24日午後３時８分頃、福田元首相をはじめとする日本からの客人７人（ほか、谷野作太郎、平井康夫、油木清明、五百籏頭真、井上正也、王敏）を乗せたマイクロバスが、南京大虐殺犠牲者記念館２号門に到着した。同行者の中には、高洪研究員のほか、江蘇省人民政府外事弁公室の黄錫強副主任らの姿もあった。張建軍館長が玄関で出迎えた。

上述の通り、記念館は広大なため、短時間で案内するのは容易ではないはずだ。福田さん一行は、予定の1時間よりは大幅に長く滞在したものの、夕方5時1分の退館まで、全部で約2時間ほどの時間しかなかった。結果的に、一行の主な日程は、「展示史料の参観」と「犠牲者への献花・追悼」という2つの内容で組まれていた。

おおよその時間配分は以下である。

・展示史料の参観：約1時間
・生存者・夏淑琴さんとの対面：約６分
・犠牲者への献花・黙祷と揮毫：約６分
・囲み取材：約10分

＜①館内で何を見学したか＞

常設展と企画展

福田さん一行が参観したのは、常設展の「人類の災難——侵華日軍南京大虐殺史実展」（中国語原題《人類浩劫——侵華日軍南京大屠殺史実展》）と企画展「再生と繁栄 - 南京大虐殺生存者の家族写真展」（中国語原題《重生・繁衍——南京大屠殺幸存者家族影像展》）である。

車を降りてから、その足で案内されたのが常設の「史実展」だった。これは、２０１７年12

月13日の国家追悼日に公開された最新の歴史資料展だ。張館長によれば、それまでの展示に比べて、ミクロ的な視点で史料を収集・整理しているのが特徴だという。たとえば、逝去した生存者のモノクロ写真1213枚と、存命中の生存者のカラー写真100枚で制作された写真パネル、12000箱余りの被害者の史料でできた壁などがそれにあたる。デジタル検索も可能だそうだ。大きな歴史だけではなく、一人ひとりの被害状況をミクロ的に調査、記録するというものになっている。

一方の企画展「再生と繁栄 - 南京大虐殺生存者の家族写真展」は2018年4月3日に開幕したもので、会期は同年7月5日まで。30人の生存者の過去と現在を並べて表記し、直近に撮影された家族写真が中心に展示されている。南京大虐殺史と国際平和研究院、および南京侵華日軍被害者援助協会の共同企画であった。

＜②張館長はどう案内したか＞

核心は「銘記歴史、珍視和平」（歴史を銘記して、平和を大切にする）

張館長は福田さん一行を案内し、その中国語での説明は、日本語通訳者が福田さんに直接伝えた。ほかの人も、その音声をワイヤレスイヤホンで聞いていた。

張館長は終始落ち着いた声と、簡潔な言葉で、陳列に沿って説明をしていた。南京陥落後、6週間にわたる虐殺により30万人が無残に殺害された歴史について、あくまで実際に起きたことを尊重し、生き証人たちの証言を取り上げながら、冷静に説明をしていた。また、9・18事件から盧溝橋事件の勃発で全面戦争に突入した歴史を踏まえ、展示された写真、動画、物品などの史料を基に、日本軍が南京に攻める道中で起きた集団虐殺、戦闘による古い城壁や町並みの破壊、文化財の略奪、女性への性的暴行など、広い意味での戦争犯罪の全容を意識した解説が行われた。１９３７年末の南京で占領者である日本軍が行った、子ども、女性、僧侶、武器を持たない一般人への無差別的な集団銃殺・生き埋め、揚子江への組織的な死体遺棄などを、展示に沿って紹介し、自身による解説を加えた。

「当時南京に滞在していたアメリカ、ドイツ、オーストリア、デンマークなど諸外国の人々が目撃者となって、多くの写真、映像を記録していた。また、ここには南京戦に参加した日本兵が撮影した史料も陳列している」と張館長がガラスケースに収められたアルバム集を指差した。

張館長はまた、南京で最初に追悼式が行われたのは１９４７年であったこと、２０１４年に12月13日が国家追悼日に指定され、その後、毎年この日に国が主催する追悼式が行われるようになったこと、記念館の第3期プロジェクトは、建築家である華南理工大学の何鏡堂院士が手がけたもので、悲憤と平和をモチーフに、外観は「平和の船」であり、折れた軍刀にも見えること、また、来館者数は年間800万人に上り、中国の記念館では最多であることや、「南京大虐殺史と国際平和研究院」が2016年に設立され、人類の戦争にまつわる記憶と恒久の平和の確立を使命にしていることなど、移動しながら記念館に関する歴史を紹介した。

福田さん一行は、真摯な態度で耳を澄まして張館長の解説に聞き入り、展示内容を一つひとつ丁寧に見ていた。福田さんが途中、同行した谷野作太郎元駐中国日本大使の耳元で何かを囁くシーンもあったが、筆者の見た範囲では、展示品から目をそらすようなことは一度もなかった。歴史としっかり向き合う意志が貫かれていた。

史実展の見学は約1時間続いた。出口に近づくにつれ、室内が少しずつ明るくなってくる。張館長は出口に掲げられた大きな看板を指差して、「この8文字こそが、史実展の核心なのです」と付け加える。その8文字とは、「銘記歴史、珍視和平」（歴史を銘記して、平和を大切にする）だった。福田さんもすでにこれに気づいていたようで、傍にいた王敏教授と何か語らいながら、初めて和らいだ表情を見せた。

その後、休憩室へ一旦案内されたものの、福田さんはゆっくり休むことはしなかった。10分もしないうちに、「さあ、まだやることは終わっていませんよ。早く行こう」とスタッフたちをせかし始めた。

休憩室を出てすぐにあるのは、「侵華日軍南京大虐殺遇難同胞記念館」という手書きの文字が彫られた石壁だ。「鄧小平氏の題字です」と説明を受けて、引き続き移動。次に入ったのは、企画展「再生と繁栄－南京大虐殺生存者の家族写真展」の３号展示ホールである。

＜③生存者・夏淑琴さんとの対面＞
81年の歳月を超えた握手

企画展の会場では、壁一面の大きさの家族写真を背に、小柄な老婦人が座っていた。生き証人の夏淑琴さん（89歳）だ。「当時の生存者の方です」と張館長が紹介すると、福田元首相は深く頷いて、「ああ、そうですか」と感無量の声をあげた。

「この方は、当時９人家族のうち、７人を殺害されました」と館長が説明し、福田さんが「すると、私と同じぐらいの年かな」と聞き直した。

自分のことが紹介されているのを見て、夏さんは福田さんに向かって会釈すると、「私はもう89歳です」と答えて、向かい側の壁に展示された大きなモノクロ写真を指差した。写真には地面に横たわる複数の屍とそれを呆然と眺める纏足の老婆が写っている。

「虐殺直後の我が家です。当時、私は4歳の妹と、死人だらけの家に10日以上も身を隠していました。その後で、避難先から一時帰宅してきた隣のおばあちゃんに見つけられたのです」

夏さんは両手の人差し指を十字にクロスさせる動作をしながら説明を続けた。ただ、通訳を介しての対話には、少しタイムラグがある。

「お若く見えますね」と福田さんはさきほどの年齢のことについてフォローする。

夏さんは肩、腰、背中と指差しながら、「私も日本兵に銃剣で刺されました」と続ける。夏さんの身振りの意味は福田さんにもしっかりと伝わったようで、福田さんの顔が「どんなに痛かっただろうか」と、苦痛の表情に変わった。

夏さんは紹介を続けていた。

「私は気絶してしまったので、その後のことは何も覚えていません。目覚めたら、家族たちはほぼ全員死んでいたのです……。9人家族のうち7人が殺され、私がもし息を吹き返さなかったら8人になっていました。4歳の妹は布団に隠されていたので、難を逃れました。2人で家の中に10日以上隠れた後、老人堂（当時の高齢者福祉施設）に引き取られて、それから国際安全区に送られ、6週間ほど過ごしました」

孤児になった夏さんはその後、おじに引き取られるが、おじ一家も貧乏だった。12歳から働き始め、辛酸を嘗め尽くした人生だった。しかし、昔のことを語る夏さんの口調は、ずっと落ち着いたままだった。

夏さんのその後について、張館長が補足説明をした。安全区に入った夏さん一家の被害状況を聞きつけ、当時の南京紅十字会国際委員会主席のジョン・マギーが現場に駆けつけ、映像で記録を残したそうだ。また、南京安全区国際委員会メンバーのジョン・ラーベも、夏家の凄惨な様子を自身の日記に記録している。

「今日、日本の福田元首相が、あなたに会いに記念館を訪れたのですよ……」と張館長が夏さんに話しかけると、とっさに夏さんから返ってきた言葉は、なんと「謝謝！」だった。

「わざわざ来てくれて、ありがとう！」

その時、やはりとっさのことだった、福田さんが夏さんに手を差し伸べた。それまでずっと一定の距離を空けて会話をしていた二人の距離が一気に縮まった。当時の加害国の男児と被害国の少女の、時を超えた握手である。81年の決して平坦ではなかった月日を経て、多くの障害を乗り越えて、やっと実現できた握手だ。

福田さんは夏さんの手を握ったまま、何かを語りかけた。「ぜひ長生きしてください」という内容だったろうか、一斉にシャッターの音が鳴ったため、はっきりとは聞き取れなかった。

カメラで記録していた人たちもきっと私と同様、胸にこみ上げるものがあったに違いない。そして、「この握手が、何故、もっと早く実現できなかったのか」という一抹の思いも脳裏を掠めていたのではないか。

家族を紹介する夏さんと、それに聞き入る福田元首相

夏さんは福田さんと手を握ったまま話を続ける。

「思い返せばいつも、ただ、ただ、無駄死にしてしまった30万人のことが可哀想で仕方ないのです。今日、あなたたちは、本当によく来てくれました。この大虐殺は、日本人が起こしたものだったという歴史をぜひ忘れないでほしい。それは、今のあなたたちを責めるということではありません。あれは当時、軍国主義の教育を受けた日本人が中国に来て行った殺戮でした。あれから81年過ぎ、8歳だった私は89歳になりました。しかし、この間、日本政府はずっと来てくれませんでした。私はただ、30万人の死が無念で仕方ありません。この中には、私の7人の家族も含まれているのです」

1分あまり続いた長い握手だった。

夏さんが語り終えるまで聞き続けた福田さんは、「どうぞお元気で」と言葉をかけた。張館長は立ちっぱなしの夏さんを気遣い、「どうぞ座ってください」と促した。椅子の置かれている場所は、４世代19人の、現在の夏さん一家を撮った写真の正面だった。夏さんはそこで、写真を指差しながら、福田さんに家族のことを紹介し始めた。

「81年が経って、89歳になって、こんな大勢の家族に恵まれました。これは長男と長男家族、こちらは長女」。一点の曇りもない、明るい笑顔だ。写真を眺める福田さんも頷きながら、「本当に立派なご家族ですね」と明るい笑顔で応じた。

この時の２人の笑顔は本当に素敵だった。生き地獄から命を永らえ、長生きできたことを素直に喜ぶ笑顔であり、加害と被害の事実を心に刻みながらも、恩讐を乗り越えて心の和解を目指すことを願った、純粋な笑みでもあった。

＜④献花と揮毫＞

福田さんはすたすたと早足で歩く。３号展示ホールを後にすると、無数の小石が敷き詰められた追悼広場の脇を通り、万人坑の遺跡を経由して、「祭場」と呼ばれる被害者を弔うスペースに入った。

塀に囲まれた、黒が基調の四角い空間だ。厳かで静かな空気が漂っている。奥の塀の中央には、丸い花輪の形をした白いレリーフが飾られている。レリーフの中央には、弔いを意味する黒い文字「奠」が彫られている。下に目を向けると、黒い香炉を備えた祭壇になっている。長方形の黒い花崗岩が敷かれ、その中心に、消えることのない火が灯されている。

祭場では、花輪がすでに用意されていた。「日本国元総理大臣福田康夫」の落款で、「南京大虐殺被害者を追悼する」と毛筆で書かれた白い帯が2本ついている。福田さん一行の入場をきっかけにして、黒の礼服姿のスタッフ2名が花輪を丁重に持ち上げた。福田さんが最前列を歩き、厳かな雰囲気の中で、一行は祭壇に向かって献花を行った。

花輪につづいて祭壇に向かう一行

花輪が地面に下ろされた。福田さんは一回礼をした後、スタッフの案内通りに、白い帯を手で軽くなでた。15秒間ほどの黙祷をして、もう一度丁重に礼をした。

「祭場」の後方は、「冥思庁」だった。犠牲者を偲び、平和を祈願するホールだ。「冥思庁」の入り口には、福田さんのために机と書道用具一式が整えられていた。迷いなく揮毫をする福田さん。書き記したのは「和平東亜」の４文字だった。

張館長が書を受け取ると、今度は記念館側から福田さんへの資料贈呈が行われた。贈られたのは、中日および第三国の人々の証言と一次資料を集めた『人類の記憶──南京大虐殺の実証』（日本語版）と平和の徽章だった。

これで記念館訪問の全日程が終わり、後は記者からの囲み取材になる。５時が回ったところで、張建軍館長に見送られながら一行は車に乗り込んだ。ドアが閉められ、福田さんが車内から手を振って、車は出発した。

一行を見送った後、張館長は、「福田先生はとても丁寧に展示を見ていて、細かいところまで質問をしてくれました。正しい歴史観をもってこの歴史と向き合った点を高く評価したいです。歴史問題の解決には、中日双方の努力が必要です。より多くの日本の政治家に記念館を訪れ、この歴史に触れてほしいです」と感想を聞かせてくれた。

高洪氏によると、その後、夕方に南京市の関係者との交流夕食会が開かれ、席上、福田さんは「日本では、一部の人は歴史を理由に南京を訪れたがりません。しかし、今の南京は目覚ましい発展を遂げており、活気あふれる美しい町です。日本に帰った後、私は大勢の人に南京へ行くよう勧めます。（日本人に）南京という町を見直してほしい」と発言したそうだ。

◆インタビュー記録

福田康夫元首相「事実は事実　それを後世に伝えるのが今の我々の責任」
新時代に向け、日中は協力してより良い世界を作ろう

記念館を発つ前に、福田さんは中国メディア3社の質問に答えた。以下は私が整理した応答の記録である。このうちの1つ目と2つ目の問いは江蘇テレビと『新華日報』の記者によるもので、3つ目以降が筆者からの質問である。

記者：今のお気持ちを聞かせてください。

福田：まず、戦争をしてはいけない、平和が一番大事だということをつくづく感じました。この記念館を見て、戦争というものがいかに残酷なもので、一般市民を巻き込んで、被害をもたらすものかということを実感します。戦争のもたらしたものであったとしても、人類として決して、また再びしてはならないことであると強く感じました。

記者：記念館を見学してのご感想は？
福田：よく資料を集めていると思います。わが国ではあまり公開されない資料なので、日本人ももっとよく知るべきだと思いました。こういうものを通して平和のありがたみを感じますし、そうでない世界を我々の力で、そして、また、皆さんの考えと力で実現する。努力すべきであるということを改めてよく感じます。良い記念館を作られたと思います。勉強いたしました。
記者：「中日平和友好条約」締結40周年になる今年、南京訪問を決めた一番の理由は？
福田：私もいままでお伺いしなければいけないなと思っていたんです。今回は上海でこういうシンポジウムがあり、上海から近い南京に行かなければいけないと思いました。
記者：さきほど大虐殺の生存者である夏淑琴さんと握手をされました。「元総理である福田さんがよく来てくれました。ありがとう」と言っていました。どのような気持ちで手を握っていたのでしょうか。
福田：もう気持ちは同じだと思います。私もまったく戦争を知らないわけじゃない。もちろん、参加したわけじゃないですけれど、知らないわけではないです。そういう一人の日本人として、夏さんの話はよく分かります。しかし、とてもお元気そうです、ご家族も立派で、幸せそうにしておられるので、ほっとしました。

記者：午前中、上海での学術シンポジウムで、福田さんは「和合東亜」、共創、共鳴、共栄の大切さを強調していました。その中で、歴史を乗り越えるためには、何が大事だとお考えですか。

福田：アジアの重要さがこれからますます増すと思います。ですから、そのアジアが団結して、そして、世界に平和で安定した地域であることを示していかなくてはいけないと思います。そのことをそういうふうに考えて、努力をする上で、お互いの力を合わせて、良いことをしていきましょう、と。そして、もっともっと新しい時代を作るために努力しましょう、と。そういうことだと思っています。

記者：今年は日本の作家・堀田善衛氏の生誕100周年に当たり、中国では堀田氏が南京大虐殺を題材に書いた小説『時間』が全文、翻訳出版されました。この意義について、どうお考えになりますか。

福田：今日も思ったのですが、事実は事実として、貴重なものです。ですから、その事実を広く後世の人たちに伝えていくということは、現代の我々の責任だろうと思います。堀田さんもその気持ちを強く持って小説を書かれただろうと思います。事実に基づいて書かれた小説だろうと思っております。

記者：「中日平和友好条約」締結40周年の今年、中国の人々に一番訴えたいことは何ですか。

福田：幸いにして、日本と中国の関係は今までよりも改善されていると思います。両国民が過去のことを忘れることはありませんが、我々は、特に若い人はこれから前の方を見て、前進しなければいけない。そのため、日中両国国民が協力する、お互いに力を合わせて良い世界を作る、そのために働かなければならないと思います。

◆終わりに

不完全ではあるが、以上が私の取材メモに基づいた記録となる。振り返れば、２０１８年６月24日時点の中日関係は、同年5月初めに李克強首相の訪日で中国首相の7年ぶりの公式訪日が実現した直後ではあったが、安倍首相の公式訪中はまだ調整中の段階だった。両国首相の相互訪問の実現こそが、正常な軌道に戻りつつある両国関係の長期的かつ安定した発展に不可欠なものとして、多方面からの期待がかかっていた時期だ。そんな折に一つの行動を示したのが、「世界情勢の不確実性が増す中、中国と日本をはじめ、東アジア諸国は『和合東亜』に向け協力すべき」と主張し続けてきた福田さんだった。この南京への慰霊の旅は、彼が自らの理念に基づき実践した、勇気ある一歩だったと言えよう。

＊日本の首相経験者による同記念館訪問は、村山富市（1999年5月24日）、海部俊樹（2000年8月15日）、鳩山由紀夫（2013年1月17日）がある。なお、2018年9月19日、同館で行われた「2018年国際平和の日記念活動」には、世界各国からのゲスト20人の1人として、鳩山元首相が2度目の訪問を行った。

（なお、本記事の文責は王小燕で、日本語構成には同じく中国国際放送局所属の梅田謙の協力を得ている。取材や執筆にあたり、中国社会科学院・高洪研究員のほか、侵華日軍南京大虐殺遇難同胞記念館・芦鵬さん、江蘇省人民政府外事弁公室・王傑傑さん、中国国際問題研究基金会・王泰平高級研究員、清華大学当代国際関係研究院・劉江永教授、中日関係史学会・呂小慶副会長らの協力を得ている。合わせて感謝を述べる）

世界宗教の対話に参与する儒家の知恵

中国人民大学教授、国際儒学聯合会教育伝播普及委員会主任、
中国統一戦線理論研究会甘粛民族研究基地研究員　張践

【翻訳】
王敏研究室　相澤瑠璃子

はじめに

１９８０年代の初頭、人類はグローバル化時代に突入していき、21世紀にはグローバル化の速度は加速していった。グローバル化の波の発展に伴い、世界各国の政治、経済、文化の矛盾が表れてきた。人類生存に影響を与えるこれらの切迫した問題解決のために日本の前首相である福田赳夫と西ドイツのヘルムート・シュミット前連邦首相は各国の前国家元首や首相経験者に呼びかけ、「ＯＢサミット」を立ち上げた。１９９５年から人類が直面しているすべての重大な問題について討論を重ねている。特に日本の福田康夫前首相とシュミット前連邦首相が中心となった２０１４年ウィーンサミットの主題は「宗教間の対話―倫理と決断」であった。サミットにはキリスト教、イスラム教、ユダヤ教、ヒンドゥー教や仏教などの宗教指導者が参加しただけではなく、儒家学者として著名な杜維明教授も参加した。グローバル化時代では民族と宗教の衝突は人類生存を脅かす災いとなりかねない。中華文化、特に古代中華文化の主体は儒家文化であり、理論上は世界各民族そして各宗教間の対話において正確な思想方法と融通性がある知恵を提供できる。筆者は儒学研究の立場から、儒家思想は少なくとも以下の方面に重要な思想資源を提供できると考えている。

一、和而不同との付き合いの道

「和而不同」は中国哲学の古くからの命題である。これは中国古代の多元民族、宗教、文化との共生の歴史事実に対する正確な反映である。西周の史伯は「夫和実生物、同則不継。以他平他謂之和、故能豊長而物帰之；若以同裨同、尽乃棄矣。」（『国語』鄭語）と述べている。ここで史伯は「和」と「同」の二つの形式は近しいものだが、本質的には違う概念と言っている。「和」は異なる事物の矛盾統一を言い、「以他平他」は異なる事物の共存、交錯、混合、影響などの故に内部に活力の勃発が生じ、「豊長万物」の活力局面を形成する。相反し、同一事物の簡易な積み重ねは「以同裨同」であり、新しい事物を生み出さないだけではなく、自身も衰え、枯渇し、滅びるということになる。春秋時代の斉国の宰相である晏嬰は史伯の和、同思想を継承し、「和如羹焉。水火醯醢盐梅、以烹魚肉；燀之以薪、宰夫和之；斉之以味、済其不及、以洩其过。」と述べている。（『左伝』昭公二十年）晏嬰は比喩に調理を用い、魚や肉などの各種には異なる調味料や調理過程を経て、美味しい料理が出来上がると言っている。これは異なる原料や性能は補い合い、最も効果的に仕上がるようになるということである。晏嬰は和同の関係を斉の景公に伝え、「君臣亦然。君所谓可、而有否焉。臣献其否、以成其可。君所谓否、而有可焉。臣献其可、以去其否（君臣の間の異なる意見は互いを補い、不足を糾弾し、偏りを防止する）」と述べている。

孔子は史伯や晏嬰の和、同思想を継承し、提唱していった。孔子は、「君子和而不同、小人同而不和」（『論語』子路篇）和や同の道理を君子や小人の道徳判断の高度にまで上昇させ、盲目的追求の絶対的同一は小人とし、異なる意見を容認できる人材を君子とした。これ以降、儒学者は絶対統一状態を徹底的に否定し、「和而不同」を追求することが文化的最高境界となった。『中庸』では「中和」は「中也者、天下之大本也；和也者、天下之達道也。致中和、天地位焉、万物育焉」としており、『易伝』では「太和」は「天道変化、各正性命、保合太和、乃利貞」としている。これは儒家の「和而不同」の思想は二つの方法面の内容を包括していると見なすことができる。一つ目は社会が許すべき異なる思想概念や宗教信仰の合法的存在。二つ目は異なる思想観念と宗教信仰が求同存異であり、調和のとれた付き合いをすべきである。「和而不同」の価値観は中国歴代哲人が異なる文化、宗教、国家間が追求する調和のとれた付き合いなどにおける指導をしてきた。中国現代の著名な哲学者である馮友蘭は「同無妨異、異不害同；五色交輝、相得益彰、八音合奏、終和且平」[1]と述べ、『国立西南連合大学記念碑碑文』の中で、北京大学、清華大学、南開大学の3校が抗日戦争時に連合大学として合併したが、このような和而不同の精神であっても哲学の普遍性を持っていたと言っている。

異なる事物の矛盾調和を追求するのは儒家思想の精髄であり、中国の幾千年の古代歴史において、他民族や国家との交流の指導思想でもある。世界中の万物の生存状態に対して儒家は「万物并育而不相害，道并行而不相悖」（『中庸』）であると考えており、世界もまた多様性な文明の共生共栄を受け入れる空間がある。習近平国家主席はいくつもの国際シンポジウムにて『中庸』の内容の話を引用している。例えば「『万物并育而不相害，道并行而不相悖』、我々は文明の多様性を尊重し、異なる文明との交流対話、和平共存、調和のとれた共生を推し進めていく。唯我独尊にならず、他の文明や民族を貶めてはならない。単一文明による建国された統一国家は、ただの現実離れした幻想の一種であると人類歴史が教えてくれた」[2]とこのように習主席は述べている。世界各文明は異なる社会環境の中で生まれ、各社会環境の適用または不適用があるだけで文明の優劣の差はない。まさにこのような「和而不同」の思想指導の下で、中国は歴史の中で多民族国家の調和のとれた発展を遂げてきた。今日のグローバル化時代では、

1　馮友蘭『西南連大記念碑文』、牟鐘鑑『儒道佛３教関係簡明通史』２０１８年５月　４８５頁

2　人民日報「弘楊和平共処五項原則建設合作共贏美好世界」２０１４年６月28日第１版

世界各国各民族間の普遍性や全方位への深い接触には「和而不同」の思想が指導としてさらに必要とされている。他民族との生存や基本権利の発展、各民族文化及びその信仰の宗教には同等の価値があり、人類精神世界の重要な財産である。他民族の文化や宗教を自分たちの文化や宗教の代わりとする幻想の必要はなく、民族間で発生する「文明衝突」の確率も大幅に減少するであろう。自身の文明が他の文明の代わりとなることは一種の文化覇権主義である。西洋文化の背景はキリスト教であり、キリスト教は一神教である。その戒律の第1条は「あなたは私以外を神としてはならない」と記されている。西洋は近代民主改革を経たのにもかかわらず、「一元独尊」「西欧中心論」の価値観念は依然として根深く、自分たち自身が一段上の文明人であり、自身の文明を他の文明に取って代わろうとする意思が見え隠れしている。

二、理一分殊の哲学の知恵

儒家思想の提唱は各文化の調和のとれた付き合いを提唱している。しかし「和而不同」は無秩序で筋道が通ってない文化部落主義ではなく、各種文化の有機の組み合わせである。理一分殊の哲学の知恵は、最高真理に対する各種文化や宗教の配置問題を平和的に解決できる。先秦両漢時代には自己レベルに相当する文化や宗教体系にぶつかることがなかった。「和而不同」の文化策略は周辺の弱小文化の人道配慮の一種であった。しかし両漢の仏教伝来と後漢末の道教の形成につれて、儒家文化は異なる強力な文化と対面することとなった。多くの文化体系から言えることは、寛容且つ弱小文化に対しては比較的容易だが、強力な文化と相まみえることは実に困難である。魏晋南北朝と隋唐の数百年の「３教之争」を経て、仏教や道教の学術を通じ、儒家は宋明朝時代に一度大きな飛躍を遂げ、高度哲学思弁水準の宋明理学を形成した。「理一分殊」は宋明理学家が提出する高度超思弁水準の哲学命題であり、３教がどのような差異がある文化体系の中で最終的に真理一致性を持ったことに関する説明を用いた。

宋明理学家の朱熹は「理一分殊」に対し、完璧な説明を残している。「世間事、雖千頭万緒、其実只一個道理、理一分殊之謂也」。（『語類』巻１３６）「万物皆有此理、理皆同出一源、但所居之位不同，則其理之用不一、如為君須仁、為臣須敬、為子須孝、為父須慈。物物各具此理、而物物各異其用、然莫非一理流行也」。（『朱子語類』巻18）朱熹から見ると、天下万事万物の中には全ての道理が含まれており、統一的な道義は異なる事物の中に異なった表現となっている。それらが裏に反映している真理は同じであり、一致している。理一分殊の道理を通俗的な説明をするために、朱熹は仏教の「月印万川」の比喩を借りている。また朱熹は「釈氏曰く

『一月普現一切月、一切水月一月撮』、これは釈氏もまたこれら道理をうかがい知る』とも言っている。月はただ一つだが、月明かりは川や湖、海などの一切の水域の中を照らし、大なり小なり無数の月となっている。これら水中の月は水の量や状況により差異はあるが、これらすべての月は一つの月の反映である。宋明理学家は理一分殊の哲学範疇を用い説明し、世界中には異なる学説や宗教があるが人類に対し全てが統一的な真理の反映であるとしている。山水の形や勢いは異なり、月は大きくも小さくも見え、見え方までも異なるが、けれども月というものには一切の違いはない。儒教仏教道教の３教は皆、道義に対する反映、そして表現方法は異なるが、全て同じ真理性を持っている。またこうも言えるであろうと。儒家の理一分殊は多元真理共存問題を速やかに解決に導くことができると。

まず、理一分殊学説は一神論が超越しかねる真理唯一論を解決できる。一神教に関して、まず挙げられる信条は多神崇拝の罪を犯してはならないことである。なぜなら彼らは深い信仰があり、自身の神だけが宇宙間を包む唯一の真理であるとしている。例え寛容な教派でさえ、自己の宗教が最も奥深く最高の真理であるとし、自分たちの神に帰依することだけが救いを得ることができると考えている。そのような人々からすると、宗教多元主義は相対主義であり、真理観より調和や折衷を行い、終局に関する問題の是非を混淆することとなる。これに対して理一分殊学説は十分に説明がつき、各民族文化や宗教体系が実は、一つの統一の終局真理の異なる体得に対し違った表現をしている。現代新儒家学者の劉述先氏は積極的にハンス・キュング[3]の「世界倫理」の構築に参加している。かつ儒家の理一分殊の学説を用い、彼らの提唱する宗教多元主義に対する深い論証を行っている。劉氏は「新儒家の視点から、『理一分殊』の方式を採用し問題解決にあたりたい。天下の理はただ一つだが、言葉にすると、老子の謂う「道可道、非常道」の側面であり、区分の側面に属していると言うに足りる。無理に帰一すべきではない」[4]としている。各民族の宗教は全て統一的な道義に対する区分表現であり、同等の真理性を有し、抹殺ができない価値を有している。宗教多元主義者のジョン・ヒックの比喩を用いると、異なる宗教信仰は天の虹のようであり、同一種の神性の光に対する異なる反映である[5]。自己の宗教征服や代替、兼その他の宗教の主張を以て推進していくことは一種の文化帝国主義

3　ハンスキュング：ドイツカトリック教会神学家であり、テュービンゲン大学の名誉教授である

4　劉述先（２００６）『全球倫理与宗教対話』華北人民出版社　15頁

5　ジャックは自己が宗教多元主義を論証した著作を『宗教がつくる虹』と命名した。これは理一分殊説に対する西洋方式の表現である。

にすぎない。

次に理一分殊説は解釈や容認から他の宗教に対し十分な余地がある。儒家からすると世界は広く、奇抜なものである。人の生活方式の差異や思想概念の存在の差異もあるが理解はできる。儒家は和而不同を主張するが、他の文化や宗教の全ての内容が受け入れらることは要求していない。例えば劉述先氏は「儒家の立場からすると、我々はキリスト教の原罪概念を受け入れられず、ヒンドゥー教のカースト制度も受け入れることができない。ここで妥協することはせず、「区分」の側面から巨大な文化の差異があることを承知し、この方面を軽々しく理解すべきではない」[6]と指摘している。宗教対話を通じイメージすることはグローバル倫理を建設し、世界各国や民族の宗教から完全に差別をなくし統一させるということは、本質的に文化帝国主義の表現である。儒家の理一分殊学説では文化グローバル化の時代のため、各民族は自身の文化の独特性を保持し、必要な思想資源を提供するということである。

最後に、理一分殊学説は人類統一を構築する世界倫理のため、科学的思想方法を提供している。すでに上述したように、西洋の現代宗教多元主義者は世界各民族の異なる宗教は異なる角度からの統一的な「究極実体」の異なる表現としている。神学家は究極実体を一種の彼岸世界の予期が高い存在とみている。また人文主義学者もこのような「究極実体」を人間の本質に対する神学の表れと考えている。人類は一種の類的存在であり、世界各民族の群衆は必ずある共通のもので存在をしており、さもなければ交流の可能性が途絶える。このような各宗教信仰と学説の差異を超越した判断を基に、西洋の著名なキリスト教神学家のハンス・キュング教授は１９９３年世界宗教会議を発起し、各宗教の指導者によりともに各宗教が共同で許容できる「世界倫理」を選定した。このグローバル倫理は世界各種の異なる宗教に通ずる「理一」であり、現代の宗教指導者たちが認可する究極真理であるとも見られる。ハンス・キュングが指摘されたように、「もし一つの倫理方面の基本共通認識がなければ、どのような社会であれ遅かれ早かれ混乱や専制に脅かされる。もし一種の世界倫理がなければ、より素晴らしい世界秩序はないであろう」[7]「我々は皆、世界各宗教と規則と実践を遵守する教徒である。確信することは、各宗教間においてすでに一種の共有するものがある。それは世界倫理の基礎となり、拘束力のある価値観や欠けてはならない標準、根本的な道徳態度に関する一種の最低限必要な基本共通認識である」。

６　劉述先（２００６）『全球倫理与宗教対話』華北人民出版社　１２５頁

７　ハンス・キュング『全球倫理宣言』内部出版　３頁

三、忠恕の道の世界倫理

現代世界の基本構造は「ヴェストファーレン条約」により確立された民族国家体系である。民族は国家の文化であり、国家は民族の組織形式である。現代世界の基本的体系は民族により構成されており、これにより民族の限定性を回避することはできない。そのため最も多い民族が境界をもち、本民族として肯定され、そのほかの民族が否定される。即ち「非我族類、其心必異」である。マルクスが言うには「民族主義は利己主義を拡大した一種である」という。では現代の民族国家連合体形式の構造下では、どのように狭隘の民族利益を超越し、人類運命共同体の構築に向かっていくのだろうか。しかし儒家思想は基本的思想方法を提示することができる。それこそが「忠恕の道」である。

儒家文化は人類文明啓蒙の枢軸時代に誕生した。ドイツの哲学者であるカール・ヤスパースは「この時代に始まった新しい出来事と言えば、これら3つの世界全部において、人間が全体としての存在と、人間自身ならびに人間の限界を意識したということである」[8]と言っている。枢軸時代以前は人間の生活は氏族または宗法の血縁関係の中にあり、人と社会は一体に融合しており、独立した人格の存在及び他者との関係の矛盾を感じていなかった。ところが枢軸時代に鉄製工具の出現により、各家庭が社会の群れから離脱し独立した存在となることができ、人の自我意識が芽生え始めた。社会や他者との関係が各種矛盾の焦点となり、個人利益による争奪、そして社会に本来あった秩序の乱れを招いた。これにより枢軸時代の課題は、人と社会の付き合い方を探求することとなった。個人は社会のおける理にかなった評価を模索し、個人の精神解脱方法を探す。一言でいうなれば、枢軸時代の中国、インド、ヘブライ、ギリシャに発生した文化現象は、人間にとって初めての重要な思想啓蒙である。「忠恕の道」は中国哲学者が見つけ出した新時代の人間のための処世への道であり、この原則は中国人の世界では2500年以上も前から行われている。

1993年にハンス・キュングが発起した世界宗教大会は世界倫理宣言を通じ、出席者ともに再度説明を行った。この世界理論は統一した新宗教ではなく、またすべての宗教が遵守すべきであると要求する道徳規則でもない。世界倫理とは「それらの制約性のある価値、取り消し不可能な基準と人格態度の一種の基本的な共通認識」である。では人間の付き合いの過程で、どんなものが全人類の基本的な共通認識となりうるのだろうか。「世界倫理宣言」の正確

8　カール・ヤスパース（1989）『歴史の起原と目標』魏楚雄・兪新天訳，華夏出版社　8頁

な言葉を以下に示す。

「数千年以来、人類の多くの宗教と倫理の伝統はこのような1つの原則を守ってきた。己の欲せざる所、人に施す勿れ。肯定の言葉に言い換えれば、我々は他人が我々を正しく扱ってほしいと望むように、他人を扱わなければならない。これは全ての生活領域において取り消すことのできない無条件の規則である。家庭や社会、種族、国家と宗教などもちろん全てに対してである」。この原則により『宣言』は次の4つに拡大できる。①非暴力と生命の尊重の文化への堅持、②一致団結の文化と公正な経済秩序の堅持、③寛容の文化と誠実な生活の堅持、④男女間の権利の平等とパートナーシップの文化の堅持。劉述先氏は「目が明るい人は容易に見いだせるであろう。これは十戒の倫理の四戒である不殺、不盗、不妄、不淫の現代的表現である」と指摘した[9]。

忠恕の道は儒家の思想体系において、絶対的中心地位を築いている。孔子はこう言った。「参乎!吾道一以貫之。」曾子曰「唯。」子出。門人問曰「何謂也」曾子曰「夫子之道、忠恕而已矣」(『論語』里仁篇)。ここからわかるように孔子本人も「忠恕の道」を儒家の全ての学説の中で突出した核心価値のある概念としている。朱熹も「盡己之謂忠、推己之謂恕」というように解釈しており、自身に十分に受け取るものがあるならば他者と分け合うという根本原則である。積極型では「己欲立而立人、己欲达而达人」（『論語』雍也篇）、消極型には「己所不欲、勿施于人」（『論語』衛霊公篇）があり、儒家の忠恕の道とキリスト教の道徳の黄金律を比べてみると、同じ積極型が見られる。キリスト教では「人にしてもらいたいと思うことは何でも、あなたがたも人にしなさい」（マタイによる福音書7章12節）と表現がある。ただしキリスト教は、儒家と同じような忠恕の道の消極型の表現はない。結果としてキリスト教の信者である欧米人はキリスト教を信仰することこそが救いを得ることができると考えているので、人類の他の兄弟が神の救いを得られるよう世界各地にキリスト教の布教活動を惜しみなく行う。そのため他の民族の宗教感情を傷つけるのでさえ厭わない。今の世界の西洋文明は強大な文明の形成の下に、アメリカの保守派思想家は自分たちが堅持している信仰を「普遍的文明」と称している。サミュエル・P・ハンティントンの観点からこれは保守主義の代表的なものであるとし、ハンティントンは次のように述べている。「文化と文明の多様性は西洋に対し、特にアメリカの西洋文化の普遍的信念は挑戦を形成している…。西洋の普遍主義は全世界の人間が西洋の価値観、体制や文化を信望すべきであると信じている。なぜなら西洋の普遍主義は、人類最高そし

9　劉述先（2006）『全球倫理与宗教対話』華北人民出版社　162頁

て最先端かつ最も自由であり、最も理性的で最も文明を包括した思想であるからである」[10]。それがわかる最も典型的な例が２００７年7月に発生したアフガニスタンのタリバン武装勢力の韓国人拉致事件である。人質となったキリスト教長老派教会である大韓イエス教長老会に属する韓国人はアフガニスタンがイスラム教国家であることを顧みず、強硬に各地で神の福音を布教していた。韓国人宣教師たちは食料を配布したり、病院や学校を建てるなど公益性の高い活動を施していたが、結果としてイスラム教過激派には受け入れられなかった。台湾の儒家学者の蔡仁厚はこのように指摘している。「西洋の宗教は『狂気』と表現できる。まさに『以己之所欲』にして『強施于他人』である。初志からすると、好意（他者が神の恩寵そして贖罪の救いを受けることへの希望）は結果として他者の宗教信仰の自由に干渉することになってしまった』[11]。ただ「己欲立而立人」があるだけで、「己所不欲、勿施于人」がなかった。これがまさにキリスト教文化輸出や布教の深層理論根源である。現在の人類経済、政治、文化の高度融合的なグローバル時代に、ひたすら自身の宗教の優越性を強調し、他者を強迫し自身の宗教を押し付けているなら、グローバル民族という宗教衝突をごく容易に引き起こすであろう。そのため蔡氏は、西洋の「道徳黄金律」は儒家の「忠恕の道」に劣るという結論を出している。ハンス・キュングは「世界倫理宣言」の起草時、「己所不欲、勿施于人」という忠恕の道に対する否定型表現を肯定型表現より前に位置づけた。

これにより、儒家の忠恕の道は世界文明との対話のため、また世界各民族国家のため、利己主義を利他主義に変化させることができる最も基本的な真理基礎であると言える。

10　サミュエル・P・ハンティントン（1998）『文明的冲突和世界秩序的重建（文明の衝突）』周琪等訳　新華出版社　254頁

11　蔡仁厚（1999）『儒家思想対人類前景所能提供的貢献』首都師範大学出版社　251頁

四、多元参加の宗教実践

中国伝統文化は一種の多神信仰の文化である。これは中国に多数の宗教が根付いている一面であり、これらの宗教は皆中国社会において自由に広まっているのである。もう一方の側面から中国国民が常に複数の宗教信仰を同時に保持していたこともわかる。一人が同時に複数の宗教の信仰者であったのだ。この点に関して、西洋のキリスト教徒や世界各地のムスリムとって理解し難いことである。例えばポール・F・ニッターはこう述べている。「まさに我々は常にあのように観察を行っているのだ、「あなたの宗教は何？」と。このような典型的な西洋の問題に大陸の中国人は返答を窮す…　中国人は宗教の混血児である。彼らはヨーロッパ人とアメリカ人のように、唯一宗教の信仰の中で成長をしていない。中国人男性か女性は主要な宗教世界観が儒教あるいは仏教であると証明できるが、彼らは純粋な儒教徒や仏教徒というわけではない。中国の宗教生活のこのような混合した特質は中国の「3教」概念に表れている。『「3教」とは即ち、儒教、道教、仏教である。1つの体が異なる生活背景の下、同時に3教を受容できる』[12]。これはアブラハムの啓示宗教の信徒からすると、信仰の最も重要な禁忌は多神崇拝であり、一人が複数の宗教を同時に進行することは決して許される状況ではない。ユダヤ教徒、キリスト教やムスリムからすると信仰をコロコロと変わる問題であり、一人のユダヤ教徒がキリスト教徒になり、キリスト教信仰からイスラム教に宗派替えをするようなことであるが、ユダヤ教とキリスト教、イスラム教を同時に信仰することは不可能である。しかし中国にはこのような問題は存在せず、多元宗教参与と多元信仰の現象は普遍的な存在である。このような現象を解釈するには、中国文化の主流を為す儒家の宗教観を理解する必要がある。

孔子が創始した儒学は春秋戦国時代の社会の急激な変化の中で、伝統宗教が「礼崩楽壊」の背景の下で誕生した。古代宗教の瓦解した1つの重要な表れが、伝統宗教の鬼神観の動揺である。社会において普遍的存在である「疑天」や「怨天」が鬼神の存在を否定した無神思想の傾向であった。孔子は当時、無神思想の影響を受けており、神という観念の形の上で、鬼神の存在に懐疑的であった。「季路問事鬼神、子曰：「未能事人、焉能事鬼」曰：「敢問死。」曰：「未知生、焉知死」（『論語』先進篇）孔子は人の死後の世界に対し、知るべきではないという回答を与えていた。当時の宗教勢力は強大であったが、「子不語怪、力、乱、神。」（『論語』述而篇）であり、孔子は死後の状況について口を開くことはなく、実際に三途の向こうに通じる大門は閉じていた。しかし孔子は孝道を提唱し、先祖祭祀崇拝を主張していた。これにより「執無鬼而学祭礼」（『墨子』公孟）の陥いる最悪な事態を免れなくなった。このような2つの難しい局面から脱却するために、孔子は宗教観において1つの新しい命題を提案していた。それは「祭如在、祭神如神在。子曰：『吾不与祭、如不祭』」（『論語』八佾篇）。宗教活動はまず参加者の主観心理が感受され、対象の有無は重要ではない。人は神がいるということを信じ、その神がいないということを信じない。孔子は人が敬謙な心を以て宗教活動に携わることを教え、根

12　ポール・F・ニッター（2003）『一個地球，多種宗教（One Earth Many Religions）』王志成、思竹訳　宗教文化出版社　2～3頁

底にある鬼神の有無を追求する必要がないとしている。もし現代宗教学の角度から見てみると、孔子の宗教感は一種の典型的な主観宗教観である。この宗教観が出発点となると、天、道教、仏教、キリスト教の神やアッラーを問わず、信仰の対象の本体の虚実と内実は重要ではなく、重要となるのは信仰者のための実際の利益が十分であるかということになる。

儒家の宗教観の影響を受け、中国古代の民衆は死後の世界の存在にたいして一種の実用主義の態度を抱いていた。この種の宗教を主に考慮することは自身に実際に利益をもたらしたかどうかである。心身の健康や事業発展を願うだけの宗教信仰の対象なら、仰々しく祈ればいいだけである。いわゆる「見庙就烧香、逢神即磕頭」である。魏晋南北朝時代に仏教や道教が大きく発展したが、一方では激しい3教の争いが繰り広げられ、深刻な宗教対話が進められていった。またもう一方では社会に士大夫や高僧また道士が広く交友するようになり、普遍参加の局面がある。『牟子理惑論』の作者は「既修経伝諸子」と自称し、その名は「鋭志于仏道」から由来するという。東晋の宰相である王導は儒学と玄学を一身に集め、高僧の支遁が仏教と玄学に精通し、東晋の清談学界を牛耳った。南斉の迷信である張融の葬式の時、「左手執『孝経』、『老子』、右手執小品『法華経』」（《『南斉書』張融伝》）とある。南朝の梁の武帝の蕭衍は中国古代歴史上仏教を最も崇拝した皇帝であるが、儒学や道教にも精通する学者でもあり、3教の風潮を扇動した。３教は数百年の対話を経て、唐宋以降合流し、一大勢力となった。儒家と道家思想を十分に吸収した禅宗は中国仏教の中で絶対的な主流派となり、また儒家の綱常倫理と仏教の修習儀軌を吸収した全真教と正一教はやはり道教の主流となった。儒家は道教の宇宙形成論と仏教の思弁哲学を吸収した基礎のもと飛躍的に発展し、高度な理論の宋明理学を形成した。中国文化の歴史は多元文化の相互交流、吸収、補い合い、そして発展の歴史であるといえる。中国の宗教もまた中国人の精神にこのような多元混合をごく自然に帯同する痕跡といえる。宋明以降に道観や寺院の中に仏像を安置し、仏教寺院の中でも関羽像を目にするようになった。山西省大同市にある懸空寺にも「三教殿」が建立されており、孔子・老子・お釈迦様が共に祀られており、民の信仰を受けている。

中国人のこのような多元宗教信仰の状況をキリスト教徒からすると、不信心であり、正統ではないと感じている。例えばフランスの漢学者の Jacques Gernet は明清のキリスト教と中国文化の衝突の研究を著作の中でこう指摘している。「大多数の士大夫がその一生において、各事柄に対し少し試すこと－仏教・道教・長正術・占い及び陰陽道－一方のことからもう一方へ転向し、それらが混在することを全く気に留めなかった…　中国人は折衷と総合に対しこのようにわかりやすいほどの普遍的表現をしている嗜好と原因は、彼らからすると絶対的そして永久的という心理は存在しないからだ」[13]。宗教に対して絶対的な敬虔さが欠けており、中国人の社会発展に様々な負が生まれるきっかけになる。しかしこのような状況は中国の各民族の文化交流に大きなメリットがある。それは宗教信仰の差異がきっかけに民族間の文化衝突が起きないということである。中国の皇帝は民族団結の必要により、常に他民族の宗教の神を尊重していた。そのため少数民族からの支持を集め、自身の内心の信仰の矛盾を感じなかった。その代表的なものは元朝のフビライハーンのある言葉である。「私は四大預言者（イエス・ムハンマド・モーセ・仏陀）に敬意を表し、天上の崇高なる者に私を助けるよう中間の彼らに求める」。（『東方見聞録』より）

このような多元参加の宗教実践は一時、アブラハム体系の宗教信仰者には受け入れがたいものであったが、現在ではグローバル化推進の下で、世界各国の民族の交流が増えてきた。民族、つまり宗教の衝突は人類の生存に対して致命的な被害を及ぼす中で、手本や考えを提案できないだろうか。

13　Jacques Gernet（1989）『中国文化とキリスト教の衝突』于碩ら訳　遼寧人民出版社　66頁

アジア生態文明の精神的価値とグローバル公共論理の再検証

―鑑真和尚の渡来史を通じて―

亜細亜大学教授　范　云涛

まえがき

さる1988年10月、筆者は、当時の西ドイツ前首相だったハルムッド・シュミット氏と中国政府の来日代表、中国社会科学院院長馬 洪氏、李建国氏との間に、大阪青年会議所、大阪市役所、読売新聞社主催による国際政治経済シンポジウム開催期間中に、通訳として数日立ち会っていたことがあり、いまだに思い出深く、鮮やかに印象を残されている。

1974年から1982年にかけて、8年間にわたる西ドイツ首相を歴任され、先進国首脳サミットを発議され、政界を退いた後も度々来日講演されておられ、福田康夫前首相とも親しくされているシュミット氏は、「東アジア地域における日米、日中、日韓関係の行方」をテーマとする国際シンポジウムにて、格調高い基調講演を、京都大学東南アジア研究センター長、故・矢野暢教授の司会のもと、約30分、第2次世界大戦後の日米、日中、日ロ関係につき、戦後60年において、まったく異なる自由主義、民主主義イデオロギーの道のりを歩んできた西ドイツと日本との対比を重きに置き、加害者たる日本が、戦後になってからは、被害者たる隣国中国や韓国などとの「道徳的な和解」をきちんと果たしていないと厳しい口調で指摘し、戦後日本の歴代政治家がアジア諸国の発展途上国を見下した形での近隣外交に現《うつつ》をぬかしてしまえば、このままだと20年、30年先には、経済では勢いがあっても、いずれは「アジアの倫理なき孤児」へと成り下がってしまうだろうと警鐘をならしていた。ご講演スピーチの端々に、アメリカに対する日本政治、外交の過度な依存ぶりを皮肉っていたのである。

過去の戦争体験の中から、いまだに戦争責任に対する「倫理的道徳的レベルでの反省と決別」をきちんとできていない日本の政治現状への不満、深い憂慮を示された。それとともに、アジア諸国の民族や戦争被害者となったアジアの人々の尊重と歴史との向き合い方においても、ビスマルクの名言を引用され、シュミット氏は、このように強調されていた。「愚か者は、経験から物事を学ぶ。賢者は、歴史から物事を学ぶものだ」とし、「自分の民族史から背を向けるものは、未来のことについても盲目になるに違いない」と力説されていたことは、印象深い。

２０１５年11月20日、96歳のご高齢で逝去されたハルムット・シュミット氏が、１９８８年の来日講演時に吐き捨てるように来日講演で指摘されたこの予言が、30年後にここまで見事に的中されたことを、誰しも素直に認めざるを得ないのである。

なぜなら、２０１２年夏の「尖閣諸島国有化」をきっかけとする日中間領土紛争やその前に小泉政権時の「靖国参拝」トラブルや、「竹島問題」や「従軍慰安婦」問題をめぐる日韓対立の深刻さが、予言通りに具現化していたからである。

本稿では、福田康夫前首相やハルムット・シュミット前首相らが30年前に提唱された「グローバル公共論理スタンダード」というグローバルガバナンスにとって欠かせない、きわめて重要な国際政治規範ツールが、今日の東アジア地域における国際政治変動のダイナミズムにとって、いかなるインパクトを与えるようになるのか？　アジアの政治と経済秩序の立て直しにどれほどの影響を及ぼすのか？再検討してみようと考える。

第一節　アジア生態文明の甦りとグローバルガバナンスの再編成

２０１３年９月から10月にかけて、中国の習近平国家主席が世界に示す「一帯一路」構想という広域経済圏構想が、打ち出されたのである。２０１５年３月28日付で公表された『「一帯一路」の構想および行動ロードマップ』は、世界に向けて発信された国家戦略ビジョンの青写真と言ってもよい。内容的には、かつて１９８０年代に梅棹忠夫の《文明の生態史観》という考え方を連想させるものだ。梅棹は、ユーラシア地域を西洋と東洋にわけるのではなく、ヨーロッパと日本を海洋に面した第１地域とし、内陸の地域を第２地域として、第２地域は文明の興亡を繰返しているが、第１地域は、第２地域から文明を取り入れて経済と社会の発展を遂げ続けてきたという。つまり「海路の優位」を説いている。

中国の「一帯一路」構想は、再び「陸の国」の優位が「中華の世界」で復権するという世紀の大いなるサイクルが訪れようとしている。

ユーラシア地域では、各地域にそれぞれ異なる文化圏が形成されながらも、常に異文化間の「交流」によって継続的な発展を続けてきた。メソポタミアからは鉄器や車輪が、エジプトからは文字や建築が、ギリシアからは哲学や芸術や科学が、中国からは漢字や紙や火薬と羅針盤が、インドからは数学や宗教が、アラビアからは数学や化学や天文学が、この帯に乗って幅広く伝えられたのだ。文明とは異民族どうしのマジワリであると感じさせる。

そう考えると、「一帯一路」構想は、世界文明のベクトルを16世紀以前に立ち戻そうとするかのようだ。先進国、新興国、途上国という概念を、自然風土の絡んだ「領域」に結びつけ、中国は、アメリカや日本との関係から中東や東欧との関係に向い、新興国、発展途上国の側に立つという意思表示を鮮明にしている。

従来の世界秩序を支配してきた「パックスアメリカーナ」から、いよいよ「パックスドラゴンズチャイナ」へと世界史のパラダイムシフトを主導しようとする強い意思が見て取れよう。

アジア地域においては、14億の人口を抱える中国だけが、アメリカをはじめとする欧米先進国陣営との対極に位置し、アジア諸国の中でもリージョナル大国として役割を果たし、台頭するに違いないこと、一方の日本は、日米同盟にばかり専念して、アジアの国々との「近隣外交」をおろそかにすれば、30年も経てば、「経済大国のポジションを中国に明け渡すうえ、ただの観光旅行の癒しの国に成り下がってしまうだろう」と１９８８年10月時点で予言されたのが、当時西ドイツの元首相ハルムッド・シュミット氏である。１９８３年から、福田赳夫元首相とドイツ元首相シュミット氏が共有された国際認識のもと、「ＯＢサミット」を結成された。複数の西側最高指導者たちと20名以上の世界宗教指導者との間には、「人間の責任宣言」を確立させることができた。国家間、宗教間、民族どうしに横渡る対立しあうイデオロギーや信条、政治的見解を和解させる手段が、戦後長い間，模索されてきたのである。

そんな中で，長期的なグローバルビジョンに立った「一帯一路」構想は、資金、貿易、政策、インフラ、民心の五つのレベルで相手国や地域との関係を強化する役割を持ちつつ、自由貿易協定（バイラティラル型ＦＴＡ）や投資貿易協定（ＢＩＴ）の締結を通じて、中国が周辺諸国への影響力を広げつつ、自分自身も一段と世界経済秩序に溶込んでいくことにもなる経済圏構想を打ち出したことは、それ自体、ほかならない「人間の責任宣言」でもあり、古代の宗教家や哲学者たちの叡智を結集されたものでもある。習近平の言葉を借りれば，「普遍的価値意義を持つ国際公共財の構築」のためのプラットフォームが、「一帯一路」構想の目指す目標である。まさしく２０００年前から中国の大唐時代に発する「シルクロード」に秘められたアジア文明の精神的文化的遺産の蘇生であり、仏教的、儒教的思想を21世紀の現在に対する照射にほかならない。

第二節　仏教文明の東漸から育んだシルクロード

ＡＩＩＢとＢＲＩＣＳ銀行とシルクロードファインデーションという3者間の金融協力サポート体制の充実と機能拡大が、人民元の国際化と相俟って今後は、国際金融秩序における中国のプレゼンスがさらに高まるに違いないだろう。

中国から見れば、「一帯一路」戦略構想の実現は、ＴＰＰ枠組みのような、ハードルの高い関税同盟といった高い理想を掲げるのではなく、陸上貿易、投資、金融、エネルギー資源の共同開発、科学技術、長距離鉄道によって代表される交通インフラなどの分野でお互いに協力し合う実務・柔軟な協力の枠組みを、発展途上国の間に構築することにある。言い換えれば、ＴＰＰやＮＡＦＴＡ、ＥＵのようなハードルの高いＦＴＡを目指すのではなく、発展段階の異なる地域が受け入れ可能な新たな緩やかな地続きのＦＴＡの「枠組み」、すなわちユーラシアにおけるメガＦＴＡを広域にて緩やかに構築することにあるということになる。結果的には、アジア地域に新しい地域経済協力の選択肢と「ＷＩＮ／ＷＩＮ」型の発展モデルを提供し、アジア経済共同体の強かな構築に力強い原動力をもたらすだろう。

２０１７年１月から７月まで、中国企業と61カ国の「一帯一路《シルクロード》」沿線国との間に新たに建設工事請負契約を締結できた件数が、２９４６件を数え、契約出来高金額は、７８０・９億米ドルであり、前年同期に比べて、３２・６％増を記録されている。２０１６年末までには、53カ国（沿線国）との間にバイラティラル投資保護協定を結んでおり、54カ国との間に二重課税防止の相互協定を交わしている。査証手続きの簡略化やサービスマークの標準化、関税行政協定をめぐる提携協議書等といった国際協力スキームも有効に出来上がっているのである。さらには、中国と沿線国との政策協調の成果も以下の通り達成されているのである。

(A)バイラティラル形態もしくはマルチラティラルに基づく経済協力体制が次第に整いつつある。例えば、国連（ＵＮ）機構、国連安保理、国連総会など重要な国際会議の決議文書にも、「一帯一路」インフラ建設の内容を組み込まれている。ロシア、ハザクスタン、モンゴル、ベトナム、パキスタン、ポーランド、イギリスなど関係諸国とは、政策協調を行っている。40カ国以上の国と地域、国際組織との間に協力をめぐる協定を結んでいる。30カ国以上の国々との間に生産能力調整協力合意を取り付けている。60カ国以上の国と国際組織との間に共同提唱に基づき「一帯一路」貿易取引提携協議を結んでいる。

(B)２０１６年末まで、中国企業による沿線国への直接投資額が１４５．３億米ドルを数えている。新規の道路港湾公共施設インフラの建設プロジェクト案件受注契約金額が１２６０．３億米ドルにのぼっている。これが、中国の対外建設プロジェクト案件受注新規契約金額の５１．６％を占める割合となっている。すでに営業売上高が７５９．７億米ドル、これが同期の全体営業売上高の４７．７％を占めている。２０１６年末にかけて、中国企業は、「一帯一路」沿線国家にて戦略的経済特区を合弁形式で立ち上げたのは、56カ所もあり、累積投資額は１８５．５億米ドルを数え、特区のテナント企業は、１，０８２社となっている。その産出ＧＤＰは、５０６．９億米ドルとなっている。前掲のとおり、11億米ドルの法人税，事業税税収をもたらし、18万人分の就労ポストを生み出している。

沿線65ヶ国ないし、氷の上のシルクロード構想によって、北極海沿線国、北東アジア地域に行き渡る国際物流ネットワークの活性化を図ることで，新規海上航路とともに、新規雇用を生み出し、関連国の税収増にも繋がる「国際公共財」たる経済圏効果が、国家間の政策協調を促

図１　「一帯一路」構想マップ／出典：中国 CCTV 番組が放送し、ANN が作成。2017 年 11 月 28 日付【読売新聞】

進させ、相互依存・互恵平等のビジネスモデルも期待できるものと予想しているのである。

シルクロード経済ベルトは、濃黒色と中濃黒色および淡黒色の三色で表示されている。21世紀海上シルクロードは、最下部に表示されていて、東西に走る方向性を描いているのである。

①中国から中央アジア、ロシアを経由して、ヨーロッパに至る（上部）。②中国から中央アジア、西アジアを経てペルシャ湾、地中海まで至る（中部）。③中国から東南アジア、南アジア、インド洋に至る（下部）という三つのルートからなる。

この二つの経路は、いずれも紀元前４世紀からはじまる中国の漢の時代、隋や唐の時代から延々と続く歴代封建王朝時代の国際経済秩序レジームからヒントを得た戦略アイデアである。「シルクロード経済ベルト」は、投資総額が８，９００億ドル以上と予想される「六つの国際経済回廊」を構築し、「海上シルクロード」は、２つのルートを中心に展開するとしている。

２０１５年に正式な構想となり具体策も示されてから、記述の通り、沿線国では関連するプロジェクトが相手国とのバイラティラル型の協定を結んで、つぎからつぎへと具体性をもって策定されてことで徐々に肉付けされるようになっている。この構想は、単なる地域戦略ではなく、世界全体を見渡したグローバル戦略そのものである。「一帯一路」構想は協力の重点と方向性を示しているだけであって、対象国と地域を特に限定せず、参加したい国は自由に参加できるとしている。中国の資源エネルギー安全保障上の観点から、習政権はアフリカ大陸や中南米も視野に入れながら、ユーラシア大陸での取組みと同様の外交戦略を展開しているのが、特徴的である。東シナ海と南シナ海での領土紛争や制空権と海洋資源と海をめぐる権益のトラブルは、中国の「一帯一路」構造を、中国の周辺外交の「西進戦略」または「対中包囲網」に対するアンチテーゼとしての国際政治「出口戦略」とも言えよう。60カ国地域以上の沿線国にインフラ施設を整備し、中国最大の貿易相手である欧州連合（ＥＵ）とアジアとを結びつける広域経済圏を築くのが最終的な狙いだ。2つの「中国の夢」を実現できそうな暁には、もう日本やアメリカには、依存する必要がなくなること、中国独自の世界基準，とりわけ製造品質基準、環境対策基準、グローバルスタンダードを創出することによって、逆に日米を逆手にとって、その矮小化をはかる意図も含まれている。

構想自体の発想法は、中国が世界経済の中心的な地位を誇っていた古代シルクロードの再現を意識しながら、アジア、ヨーロッパ，アフリカ大陸に跨がる一大経済圏の構築を目指すものである。「一帯一路」におけるインフラ整備事業を資金面から支援するため、シルクロード基金や、アジアインフラ投資銀行（AIIB）、BRICS銀行、上海協力機構開発銀行などの設立計画が、中国の主導で、ダイナミックにすすめられている。この一連の取組みは、戦後米国が西欧諸国を対象に実施してきたマーシャル・プランの再来を思わせるものであり、一部のメデイアでは「中国版マーシャル・プラン」と呼ばれている。

具体的には、「政策面の意思疎通」、道路をはじめとする「インフラの連結」、「貿易の円滑化」、「資金の融通」、沿線国の「民心の意思疎通」の5つの分野での国際協力を呼びかけて、新興国政府と産業界を動員して進められている。すなわち、東アジアとヨーロッパ地域、ないしアフリカ大陸、中近東地域との間に「東西を結ぶ」橋渡しの役割を担う梁の下の「うち弁慶」という存在である。

第三節　地政学的なリスク要因

まずは、沿線国と地域では、とくに発展途上国が集まるこのユーラシア大陸では、かつては、第２次世界大戦から今日に至るまで、さまざまな域内紛争が度重なり、ロシア連邦の崩壊後、冷戦終結後には、多くの域内紛争はついに軍事衝突までエスカレートし、国家分裂と民族間の宗教トラブルが相次ぎ、カントリーリスクが極めて高い地域が少なくないのである。これらの国では、政党間の理念や主張がまちまちで、政権交代や政局の異変もしくはクーデターや政変が起きるとなると、従来の産業政策が急激に変わったり、途中で、撤回されたりして、大きなカントリーリスクが生じることになる。そのほか、ローカリズムや、テロリズム、原理主義的な脅威もこの当たりの地域でしばしば見られるため、中国企業にとっては、通常のリーガルリスクも含めて、地政学的な複合リスクも顕在化していることも事実であろう。

20世紀においては、欧州がアメリカとの関係が国際政治の中で、かなりの比重を占めてこられたが、21世紀になってからは、欧州とアジアとの関係が、欧州の関係を凌駕してきていることは、紛れもない事実である。欧州と中国、インド、日本、東南アジア諸国との貿易取引量は、年間1．5兆米ドルにもなっている。欧州とアジアとの関係ではインフラ整備ができておらず、だからこそ、中国は、「一帯一路」構想を打ち出している。

東南アジアのインフラをめぐって世界的に競争になっているが、最終的には、力の源泉は軍事力ではなく、エンジニアリングの力による。欧州は、世界のトップ25のエンジニアリング・建設会社があるが、米国には、3つしかない。このため、欧州は、アジアのインフラ整備に力を入れようとしている。

これまでは、地政学の土台は、どちらかといえば、国土・領土、領海を支配する大きさに規定されてきたが、新しい考え方を取り入れなくてはならない。今の時代の「グランドパワー」は、「接続性」の密度と価値で図るべきだ（パラグ・カンナ／インド出身の国際政治学者）という。

つまり、イデオロギーや歴史、文化のつながりではなく、サプライチェーンに関する相互補完性で考えなければならない。

米国と欧州は、西洋文明による文化を共有しているが、いまや欧州は、アジアとの「接続性」を強めようとしており、根本的に欧州の戦略は変わってきている。このように「接続性」

をめぐる競争は、新たなグローバルシステムを誕生させて、いまよりも良いものになる。

「一帯一路」構想が、なぜわずか5年程度の短い間に、沿線国および西ヨーロッパの50カ国からの多大なる支持と賞賛を得られたのか？　まさしく上述の通り、ユーラシア大陸を隔て、欧州の西の果てまで、アジアとの「接続性」コネクション強度を高めてきたからである。それを中国流に表現すれば、以下の5つの「接続性」から構成されているものかと考える。

すなわち、「お互いに政策が相通じる」こと。加えて「インフラ施設がお互いに相通じる」こと。「輸出入貿易がお互いにスムーズに通じる」こと。「お互いに資金が相通じる」こと。「お互いに国民同士の心が相通じる」ことから「接続性」がしっかりと保証され、担保されているのである。

カントリーリスクとしては、これらの沿線国には、政情不安や内乱、クーデター、テロリズムの勃発，経済の混乱、不景気などマイナス要因が、発展途上国の中でも特別に高いものの、以上のような5つの「接続性」からなる政治経済ベルトの強いインパクトにより、これら地域の経済発展が、食料の増産体制および貿易取引からもたらす経済利益の確保、加えて道路や港湾施設、空港、トンネル、産業基地のインフラ建設の整備が図られて国民所得の向上と生活レベルの豊かさが確実ともなれば、次第にカントリーリスクの軽減が実現され、ハイリスクと思われてきた投資環境が、次第にソフトランデイングしていくことも可能となるだろう。

今を遡れば、1300年前の大唐最盛期の頃、中国江蘇省揚州出身の高僧たる鑑真和尚による律宗渡来の歴史ドラマは、都長安を出発点とする陸上のシルクロード終着点を、奈良時代の日本、平城京、ひいては、今日の正倉院に見出すことができる。742年から鑑真和尚による最初の渡航を始めとすれば、753年12月11日に南薩摩の坊津（秋目港）に漂着された6回目の渡航成功を勝ち取るまでは、実に12年間にわたる涙ぐましい海上航行の苦難に満ちた足跡があったのである。日本側からすれば、大和朝廷の天皇からの「公的招請」による公の国事外交であり、逆に、当時の大唐朝廷にしてみれば、「国禁を破られた」単なる一高僧の意思に基づく「私的密航」にすぎなかったのである。

筆者は、2008年9月から初回の「逆渡航：日中青年文化交流イベント・鑑真和尚東渡記念事業」を主催、実施してきた民間人として、2018年9月までには、10周年記念行事をほぼ毎年継続してこられたのである。10年間にわたる国際ボランティア活動を通じて強く実感したことを総括すれば、次のようなことになろうかと考える。

すなわち、日中間にわたる1000年以上の仏教および中華文明（儒教、道教、書道、篆刻、農業灌漑技術、稲作文化、漢方薬、薬学、製紙技術、羅針盤、凸版印刷、彫刻、寺院建築技術、占いなど）の伝来は、いずれも隋または大唐時代に見られた「西から東へ」と流れる「一方通行」型の『中華文明の他者への植付け継承』プロセスであったと言えよう。それは、世界における中国の政治支配および強い経済力を背景にした「中華文明の輸出」に基づく異民族間の文化交流歴史とも重なっていた。

異民族間文明の交流は、文明相互間の断絶を乗り越え、文明間の譲り合い、学び合いは、文明間の衝突を乗り越え、文明間の共存は文明の優越を超えるものだとつくづく感じているのである。

21世紀に入った今、国際社会では、局地的な民族紛争や限定的な戦争や混乱、テロ事件など衝突が絶えない「複雑怪奇に満ちた」世相をあらわになっている。人々の価値観が「デジタル情報化」「近代化」「都市化」などのグローバリゼーションが進む中、ますます「拡散化」「流動性」「多様化」の一途を辿っている。鑑真和尚がもたらしてきた仏教的な精神世界とは、あらゆる宗教、あらゆる民族の人々が、「比類まれなる忍耐心、寛容な心」をもってお付き合い、お互いに価値観を共有したり、人間性を共有したり、共通の繁栄と共通した友愛をもって接すること」で、豊かな理性と寛容な心、ハーモニーゼーションの取れる優しい社会の実現が、今日の政治家や各国のリーダーたちの責務になるべきではないかと思われるのである。

本研究は、中国江蘇省南京師範大学主催による『日本民間の反戦記憶跨領域に関する研究プロジェクト』の一環として作成されている。(17ZDA284)

【参考文献】

厳善平/湯浅健司/日本経済研究センター【編】『2020年に挑む中国—超大国のゆくえ』文真堂　2016年7月15日第1版第1刷出版

金香男【編著】『アジア共同体への信頼醸成に何が必要か—リージョナリズムとグローバリズムの狭間で—』ミネルヴァ書房　2016年3月30日初版第1刷発行

青山瑠妙『中国のアジア外交』東京大学出版会　2013年

矢吹晋『習近平の夢』花伝社　2017年

三谷博「東アジア国際環境の激変—〝日本の世紀〟から〝中国の世紀〟へ」『アジア遊学』勉成出版　2015年初版第1刷

凌星光「アジアインフラ投資銀行設立の世界的意義」http://www.alter-magazine.jp（『オルタ』第１３７号）２０１５年。羽場久美子「パワーシフトと、ＡＩＩＢ／シルクロード構想―欧州と中国の共同」『季刊　国際貿易と投資』１００号記念増刊号。２０１５年
川島哲『アジアの地域連携戦略』晃洋書房　２０１１年
江原規由「中国の対外開放新戦略としての21世紀シルクロードＦＴＡ建設」『国際貿易と投資』２０１４年夏号（ＮＯ・96）
『一帯一路』百人フォーラム編著　THE ANNUAL REPORT ON ONE BELT ONE ROAD
『一帯一路年度報告書　２０１６年度版』（趙　壘編集長）中国：商務印書館　２０１６年8月
『一帯一路ビックデータ報告書　２０１７』中国国家情報センター著　商務印書館　２０１７年9月
『中国〝一帯一路〟投資セキュリティ安全研究報告書（２０１８）』（计金标　梁昊光　編集代表）社会科学文献出版社　２０１８年4月
『Energy: China's Choke Point』Michael J.　Economides　陳衛東、孟凡綺翻訳　中国工業出版社　２０１６年10月

『世界はなぜ争うのか』から得た日中両国国民感情の改善方法
―「観光は平和へのパスポート」の視点から―

別府大学　鈴木晶（陳晶）

『世界はなぜ争うか』という本は、中国語版を含め世界8カ国語で２０１７年に出版された。この本を議論の題材として、２０１８年6月16日に東京の法政大学四谷キャンパスで「平和の実践」ワークショップを実施した。参加者は、福田康夫元首相をはじめ中国人の学者たち10人が参加したのである。

席上、私は長年にわたり日中観光の研究者として、この10数年間での日中国民の感情が悪化の一途であることの状況を分析した上で、相互の越境観光により国民感情の改善にどれだけ効果があるのかについて分析してみた。

それでは以下、具体的に日本と中国で公表されている調査データに基づいて論考してみたい。

一、インターアクション・カウンシル（ＩＡＣ）、通称ＯＢサミットについて

「創設者の一人である福田赳夫元総理は、長年「資源有限、人智無限」について熟考されていた。首脳経験者の知恵を大きな力に纏めるべく、欧州の仲間に組織化を打診し賛同を得た。そして最高指導経験者たちが、自由な立場で国益を超えて、長期的な地球・人類問題を議論し、現役の政治指導者に提言を打ち出す場として「ＯＢサミット」を１９８３年に創設させた

のである。当時、東西南北の最高首脳経験者20数名が集い、議論を交わすことは極めて斬新なアプローチだった。会議後に発表された最終声明は、「多くの現役指導者たちから高く評価され、多くの成果を残した」と、出版された『世界はなぜ争うのか』で記されている[1]。

また、その本の中で福田康夫元首相は、対話と理解では「続発する国際紛争やテロ事件を前にして、相互の対話と理解、寛容の重要性を説くことは、ナイーブすぎるとか無意味とする向きもあるでしょう。しかし、紛争が武力で抑えられ、テロの巣窟が根絶されても、相互理解と寛容の精神がなければ、他の形で問題を繰り返されることでしょう。歴史観と世界観にしっかりと支えられた普遍的倫理規範の重要性を再確認し、国際関係の解決に向けた糸口をつかむことが必要とされているのです」と述べたている[2]。

一方、マルコム・フレーザー元オーストラリア首相は、宗教と文化について「ある文化では世俗的価値観において必要と考えられる表現が、宗教に対する批判精神や冗談を許さない別の文化では、侮辱的と捉えられるのです。宗教と言論の自由は和解できるのか、という問題は、より大きな難題の一部でしかありません。だからこそ、この会議は重要だったのです。それは、相違を強調しながらも共通の立場を見出すことが可能なのかというテーマを試みたからです。」という、意見を出している[3]。

その後の議論を踏まえて1997年に、OBサミットでは次のような合意を達成させた。それは、「人間の責任に関する世界宣言」案という形で、一連の普遍的倫理規範が成文化され、合意されたが、この成文の中核にあるのが、「黄金律」すなわち「自分にして欲しくないことは他人にもしない」であり、「私たちは、自らの宗教・文化・文明的帰属意識を抑え、他の人々や国民の帰属意識を尊重するという挑戦を受け入れられるのか。国家・組織・個人であろうと、自己利益は常に道徳的価値や真実、正義より大切なのだろうか？」[4]などが検討・議論されている。

この一連の「OBサミット」の活動を押し続けた福田赳夫、そして赳夫の実子である康夫の二人の力は無視してはならない存在である。そして、日中両国の関係改善、国民友好のためにも大きく尽力しているからである。

二、親子二代で日本の首相となった福田赳夫、康夫は日中関係改善に貢献

日中関係の4つの基本文書「日中共同声明」「日中平和友好条約」「平和と発展のための友好協力パートナシップの構築に関する共同宣言」「戦略的互恵関係の包括的推進に関する日中共

同声明」のうち、以下の2つが福田赳夫と康夫元総理の在任中に実現されている。

1つは、1978年8月12日に「日中平和友好条約」を北京で調印し、10月23日に東京で当時の福田赳夫総理と鄧小平副総理による批准書の交換が行われて発効した。

2008年5月7日には、「戦略的互恵関係の包括的推進に関する日中共同声明」に、当時の福田康夫総理と胡錦濤主席が署名している。

福田赳夫元総理は、在任中及び退任後も長年にわたって、日中両国の平和と国民の親善に大きく貢献した。福田康夫元総理は、父親福田赳夫の遺志を継ぎ、日中両国の経済協力、人員の交流に対して多大に貢献した。人員の交流については、若者の交流を重視し、2008年1月には、留学生30万人を受け入れるという政府方針を発表している。

しかし、21世紀に入ってから、日中国民の感情はお互いに好ましくない状況が続いている。一時的に「政冷経熱」という言葉で日中両国が政治の関係が悪くても、経済の依存関係が欠かせないと表現し、日中両国にとって双方が離れられない関係となっている。

ところが、国民感情が改善をしないままで、経済のパートナシップを維持するのはだんだん難しくなるはずである。日中政治関係の改善策が、なかなか見出すことができない現在、昔の日中国交回復までの民間人の交流による政治への改善につながる経験を生かす必要がある。

現段階で、国民感情を改善するために、一部分の政治家に頼るよりも民間の交流拡大でより大きな成果を挙げられるだろう。それは国際観光の拡大という方法である。

三、日中観光の歴史について―観光を通して真の国際交流を

「観光は平和へのパスポート」

１９６６年11月４日の国際連合第21回総会において、１９６７年を国際観光年とする決議が採決された。スローガンは「観光は平和へのパスポート」(Tourism: Passport to Peace) で、今回の『世界はなぜ争うのか』という課題に、最も適しているテーマだと判断し選んだ。

観光、あるいは旅行といった人々の余暇活動は、名所旧跡などを訪ねて観ることや、各地の名物料理を食べること、さらにはさまざまな事を体験することが大きな目的となっている。例えば、外国人が日本に観光に来て、東京で近代的な街並みや古い伝統が残る建築物を観ながら、美味しいものを食べ、電車や地下鉄さらには名所を巡る人力車などに乗って、テーマパークなどで遊ぶ、という体験をすることによって、さまざまな事を知る。そこには交流が進み、今まで経験しなかった人々の意識や感情、文化の違い、食の違いなどを知ることができ、相互

理解が進む。その結果、本書に記されている「相互理解と寛容の精神がなければ―争いは絶えない」という命題を解決していく糸口を見出すことができるかもしれない。そうしたことを踏まえて、観光という分野から世界平和を追求していくことも必要であろう。そのための方策として、次の2点を挙げたい。

①観光立国を目指す日本に中国は不可欠

日中観光の40年間の歩みを振り返ってみると、日本人の海外旅行の解禁が１９６４年で、１９７８年の日中平和条約の締結により、日本人の中国訪問のブームが始まった。１９８０年代以降は経済成長に伴って日本人の海外旅行が増え、そのうち中国への旅行も多くなった。２０００年以後は日中経済の連携が深まり、訪中の日本人者数はさらに増加し、訪中する日本人観光客者数は中国入国者数で連続20年間トップを維持した。

訪中日本人観光市場は、長年の歳月を経て成熟時期となり、各年代の政治状況の悪化があっても、中国旅行者数への影響は限定的なものであり、政治にあまり左右されていない。一方、訪日中国人観光はごく最近の10年間しかまだ歳月が過ぎておらず、しかも中国人の海外観光は政府が主導しているため、旅行先の国との政治関係が悪化すると、旅行会社に圧力をかけるといった現実がある。つまり、中国人の日本観光は今後も日中間の政治関係により一定の影響を出ることは間違いがないところである。

以前、「観光立国を目指す日本にとって、中国市場の存在感は決して無視できない」とする記事が日本経済新聞で掲載されたが、その日本のメディアは中国との間に存在する「緊張」や中国人の反日感情を大きく報道しているため、最近では日本人の嫌中感情が高まっている。こうしたことが日中両国の観光業、ひいては2国間の国民感情にまで影響を及ぼしている。一方で、「両国はそう簡単に自国にとっても利益となる相手国との関係をあきらめることはない」と見ている人もいる。

観光を通して日中国民の感情を緩和し、さらに経済の連携を深めることはアジア地域の経済の繁栄および安定に大きく貢献できるだろう。観光は外交や政治よりも大きな力があり、国民双方が直接接触することによって、これまでの誤解を解消し文化、慣習の違いが再確認でき、政治家や国家の宣伝に頼らない、自分の目で相手国の本当の姿を確認することが何よりも重要である。2年前に筆者が直接調査した訪日中国人に対するアンケート調査によると、多くの中国人が日本を訪問して、心から日本のことが好きになったとの回答が多かった。観光こそ、お互いのことを知る最も早い手段である。

20世紀末までに、日中間の人的交流が600万人の時代に突入し、経済の関係はすでにお互いが離れられないほどの互恵関係となった。しかし、なぜか21世紀にはいると、たびたび中国では反日デモが起き、反日感情で盛り上がる。中国人は本当に日本人を嫌っているのか。否、中国人も日本人も実は本当の姿を知らないだけである。現実に中国に行ったことがある日本人は中国を好きになり、来日した中国人も日本人を、この日本を好きになっているのである。観光を通してお互いが接触することで、理解不足だった相手の気持ちや考えが分かるようになったためで、これこそが観光という行為がなせる業である。

②新たな日中時代に向けて

この40年間の日中交流は、両国の政治状況に関係なく民間人同士の交流が広がり、着実に進展してきた。日中関係は国交正常化が実現してから、熱烈歓迎の時代を経て冷静実務へと移り、さらには政冷経熱を迎え、今や政冷経冷の時代となってしまった。同時に、両国民の感情には最大な危機が迫り、日中交流は岐路に立たされている。今までの40年を無にせず、今後の40年を迎えるにはどうしたらよいのか。答えは簡単明瞭だ。観光を通じた国際交流を続けていけばよいのである。観光による相互訪問を多くの国民が実践することで、これまで40年にわたって築き上げてきた民間交流を進化させ、次の40年へとバトンタッチさせていけばよい。

１９６６年の国際観光年における標語となった「観光は平和へのパスポート」の言葉が物語

るように、観光を通した国際親善の促進が世界の平和に大きく貢献していることに疑いの余地はない。観光には国際理解や国際協調、国際協力、平和創出への効果がある。さらに観光を通して異文化を直接体験すること、学生であれば海外修学旅行やホームステイ、あるいはワーキングホリデーをすることで、受入れ国に対する理解の増進が図られる。一方で受入れ国は自国と自国民への信頼を獲得し、時には誤った認識の是正を図るもともでき、交流や理解の深化を通じて、国際平和の基盤を固めていくことができる。

過去、両国の政治環境が良くなることで、国民同士の感情も親密になることが通説だったが、近年では国際観光の力が時には政治環境を上回り、無視のできないツールとして存在感を増している。これは、最近の日中間国際観光の訪問者数の逆転によって分かったことで、日中間共同世論調査などでも明らかにされた。

「留学」と「遊学」の拡大による相互理解の促進からみた世界平和への取り組みは、2008年1月の福田康夫元総理による留学生30万人を受け入れる、という政府方針は近年確実に実現している。

独立行政法人日本学生支援機構の外国人留学生在籍状況調査によると、2017年5月1日現在の外国人留学生は267,042人（対前年比27,755人、11.6%増）で、中国からの留学生は１０７，２６０人（同8，７７７人増）と最も多い。こうした留学生の多くが、キャンパスで勉学に励むよりも日本の風景や民族、観光地を体験したいと望む「遊学」希望者であり、多くの時間をかけて異文化理解を学ぶ機会に接することができる。こうした「遊学」が相互理解と寛容の精神を養う土壌となりうるわけで、この面から国際平和に向けた取り組みを強化することも不可欠であろう。

まとめ

２０１３年7月18日に、米国の世論調査専門機関「ピュー研究所」は3月から4月に全世界39カ国３７，６５３人を対象に行った2大超強大国である米国と中国に対するイメージ調査の結果を発表した。ピュー研究所はこの中で「最近数年間続いた領土紛争で日本と中国の間の緊張が高まり、日本人の82％が領土争いを深刻な問題として認識している」と分析している。好感度に関する「中国に好意的かそうでないか」という質問では、日本人は好意的が5％（好意的でないが93％）のみで、明らかに日本人は中国に対して嫌悪感を抱いている姿が浮き彫りにされた。ただ、93％の日本人が中国に好意的ではなくても、それは中国という国家に向けた意識であり、中国人個人に対しての感情ではないだろう。つまり、国家に対する感情と個人への感情は別物であり、これは日本人に限らず中国人にも言えることではないだろうか。

２０１２年に東日本大震災後の東北地方の経済復興などの目的で、政府は富裕層の中国人観光客向けに、３年以内なら何回でも訪日できる「数次ビザ」の発給要件を緩和した。その結果、日本政府観光局の発表によると、訪日中国人観光客は２０１２年の１４２万人から２０１７年の７３５万人へ激増している。

この発給要件の緩和で、自分の目で直接日本を見るチャンスを得た多くの中国人が日本を訪れ、日本人と触れ合うことにより、日本人への感情が大きく変化しだした。

ＮＨＫが２０１６年10月14日に放送した番組で、加藤青延ＮＨＫ解説委員が日本と中国の互いの国に対する国民感情を調べる日中共同世論調査の結果を紹介、中国人の日本に対する印象が年々改善する傾向にあることを話した。その中で、中国人の中で「日本に対してマイナスの印象を持っている」と回答した人は77％で、過去４年で中国人の日本に対する印象は徐々に改善している傾向が見られるという。

こうした回答は、日本に来て直接日本を体験したからこそ、言える答えのようにも思う。私は、やはり生の日本に接する人が増えたことが理由だと考える。また、中国側の都市部の調査で、日本を訪れたことがあるかどうか尋ねたところ、去年（２０１５年）はあると答えた人の割合は８％に過ぎなかったが、今年は（２０１６年）14％とわずか1年で2倍近くに増えた[5]。

また、２０１７年12月に、日本の民間非営利団体「言論ＮＰＯ」と中国国際出版集団は北京で記者会見し、共同世論調査の結果を発表している。調査結果のうち、最も注目される結果の一つに中国の対日感情改善が挙げられ、訪日者６割が「良い印象」を持っている、との結果であった。さらに、日本への「良い」印象を持つ中国人も３割を超え、日本に渡航経験がある層は59・８％、20代未満では61・９％に達した。対日感情の改善傾向は、実際に日本を訪れて良い印象を抱く人が急増しているのである[6]。

人は相手を嫌いになると、その相手も自分を嫌う鏡みたいな関係がある。相手をよく知らないと人は警戒心持ち、その警戒心が高じると嫌いという意識に発展し、相手を敬遠するまでに至る。良好な関係を構築するには、何よりもお互いを知ることである。観光こそが、それを成し遂げるものである。

【注釈】

1　福田康夫・ヘルムート・シュミット・マルコム・フレーザー他著　渥美桂子訳『世界はなぜ争うのか―国家・

宗教・民族と倫理をめぐって』朝倉書店　２０１５年

2　同上

3　同上

4　同上

5　http://www.nhk.or.jp/kaisetsu-blog/700/254657.html

6　http://www.genron-npo.net/world/archives/4165.htm

【参考資料】

・福田康夫・ヘルムート・シュミット・マルコム・フレーザー他著　渥美桂子訳『世界はなぜ争うのか―国家・宗教・民族と倫理をめぐって』朝倉書店　２０１５年

・福田康夫編・王敏訳『十国政要論　全球公共倫理』２０１６年

・陳晶『日中関係史40年　１９７２～２０１２Ⅳ民間編』中国社会文献科学出版社、平成26年（２０１４）

・陳晶『日中関係史　１９７２～２０１２　Ⅳ民間』東京大学出版会、平成26年（２０１４）

・アレンS・ホワイティング（２０００）『中国人日本観』岡部達味訳　岩波書店（Whiting, Allen Suess（１９８９）〝China eyes Japan〟University of CaliforniaPress）

・劉志明『中国のマスメディアと日本イメージ』エピック　１９９８年
・日本政府観光局編『国際観光白書世界と日本の国際観光交流の動向』１９９９年～２０１２年
・佐々木信彰　監修『中国の改革開放30年の明暗』　世界思想社　２００９年
・王敏『日本と中国―相互誤解の構造』中公新書　２００８年
・国松博・鈴木勝『観光大国　中国の未来』同友館　２００６年
・中国国家観光局編『中国旅遊年鑑』１９９８年～２０１０年
・観光庁『日本白書』平成16～平成24年版
・陳晶　ツーリズム学会　『ツーリズム学会誌』４号、２００４年
・加藤青延 http://www.nhk.or.jp/kaisetsu-blog/700/254657.html（「中国人の対日感情好転　その背景は？」２０１６年10月14日）
・http://www.genron-npo.net/world/archives/4165.html（日本の民間非営利団体「言論ＮＰＯ」と中国国際出版集団は14日、北京で記者会見し、共同世論調査の結果を発表した。２０１７年12月15日）

追記：本研究は、中国・国家社会科学基金重大プロジェクト「日本民間反戦記憶跨領域研究（17ZDA284）」成果の一部である。

終論

「日本と中国が近くなってほしい」

——福田康夫元首相と『世界はなぜ争うのか』（朝倉書房　2016年）の中国語版について

福田康夫元首相と筆者(国際儒学聯合会にて　2017年)

終論は『世界はなぜ争うのか—国家・宗教・民族と倫理をめぐって』（朝倉書房　2016年）という本の中国語版『十国前政要論「全球公共倫理」』（人民出版社　2017年）の訳者後書きを使用させていただくことを願う。

一、福田康夫先生と『世界はなぜ争うのか』の中国語版

福田康夫元首相は中国人によく知られる日本の指導者の一人である。特に中国儒学界に強く残る印象は２００７年12月28日、首相在任中の多忙な年末、訪中の日程を縫って山東省曲阜を訪れ、孔子の聖地を踏んで、「古きをたずねて新しきを創り出す」という意味深くて貴重な揮毫を残されたことである。

福田先生は１９３６年に東京に生まれ、早稲田大学政治経済系を卒業し、専攻は経済学である。卒業後丸善石油に就職し、17年間勤めた。丸善石油における勤務は組織の中のメンバーの一員としての社会人のセンスを磨き、国内外の経済、殊にエネルギー現場の実戦的な経験を積み重ねた。その後、父親の跡を継いだ実の弟さんが病気を患われたのを機に転身された。41歳の福田先生は政治に携わり始め、父親の福田赳夫を補佐し、14年間の秘書を経て１９９０年に参議院選挙に出馬されて当選、国会議員の道に進まれる。２００７年に第22代自民党総裁に推されて、91代目の首相になった。

政治界において何気なく枝をひろげ柳が大木に成長したごときの首相として、福田先生は１年余り、激務を勤められた。もともとお好きなのが読書。首相をおやめの後は読書に没頭され

ることが多いという。

政治家への転進は自ら望まれたわけではなかったとしても、首相も経験された政治家としてなすべき思いが伝わってくる。それを中国とアジアを対象に絞る内の三件を取り上げさせていたくと――

1、日中関係のより良い発展を願って文化交流に期待をかける

福田先生の脳裡にはほぼ毎日この主題がいつもどこかにあって行動指針になっておられる。例えば、ここ10年以来、市民レベルの調査研究で日本の治水神として、中国伝来の禹王が崇敬されてきたことが分かった。２００７年以来、北海道から沖縄まで禹王の遺跡が１２３か所以上も発見された。２０１０年以来ほぼ毎年、日本の各地で順番に開催される禹王の文化祭について、私はその開催ポスターをお見せしてきた。すると先生は事務所内に掲示していてくださる。先生にとっては、日本と中国は互いにもっと知らなくては、という思いと、わずかでも手助けに、という自然な気遣いから、禹王文化祭の開催は日中関係の参考になると期待しているからである。

2、日中韓3カ国政府会議の内容の実施を促進すること

アジアの安定を願って2006年に始まった中、日、韓3カ国政府会議は多くの重要な実績をあげている。その中に、2013年福田先生が議長として出された「共同宣言」が注目される。というのは3カ国協調への一里塚として「808共通漢字」について提唱されている。実績の広がりにほっとされたのだろう、先生は「808共通漢字」の相関冊子をにこやかな表情で私に渡されたのが印象に残る。

3、国際行動理事会（Interaction Council、略称OB首脳サミット）の平和貢献

冷戦が最終局面を迎える1980年代、福田赳夫元首相がドイツのヘルムート・シュミット（Helmut Schmidt）と先頭に立って地球と人類共存のための課題を解決するための国際行動理事会を創立した。通称OB首脳サミットといわれるが、創立後30年余、定期的に毎年、世界5大州の主要都市で開催されている。毎回およそ30人余りの世界各国の指導者が楽しく集い、ともに政治、経済と金融、環境と開発など全世界的な問題を討議する。

1987年、ローマのチヴィタ・バーニョレージョにおいて第1回は開かれた。政治指導者のOBと宗教リーダーの対話が注目された。仏教、キリスト教、カトリック教、ビンズー教、

イスラム教、ユダヤ教など、主要な宗教のリーダーたちに、正反対の無神論者も加わり、政治世界の保守派、社会民主主義者、自由主義派、共産主義者が一堂に会した。史上初の対話といってよかった。対話によって前例のないコンセンサス・「ローマ宣言」を発表したという。

その後、宗教と政治の間の議論を効率的に集約するため10回ほど委員会が開かれた。参加者たちは寛容で多元的な「公共倫理」を構築するほか、人類文明と平和発展の新秩序の構築も志すため、1997年に「人間の責任に関する宣言」、2003年に「ジャカルタ宣言」、2007年に「チュービンゲン報告書」を世に送った。

2014年のOB首脳サミットは3月末、オーストリアのウィーンであった。本書の出版とかかわることになるが、それまでのサミットの決議と宣言を軸にした論文集が刊行された。10カ国の政府指導者の経験者が現在人類が直面している諸問題に対する「倫理と決断」という趣旨を唱えた。それは『世界はなぜ争うのか』という、8つの言語で出版発行された。その中で、福田先生は中国語版に最も期待したという。

期せずして2014年に習近平国家主席が世界平和発展の新秩序と人類運命共同体の立場の構築の必要を訴え、「多彩、平等、寛容、互鑑」にお考えを集約した。「互鑑」とはお互いに敬って鑑としあうこと。これはOB首脳サミットのめざしたところと共通しているものである。

福田先生は私に常々こう話しておられる。本論文集の内容は中国の発展、世界の発展にとって、各国に深く理解されることが不可欠である。とくに中国に対してどう対応するかはこれ以上に肝心である。国を治める経験と体験があると言っても、日本と中国は国の性格が違うので、規模が大きい中国は国を治めるのも難しいし、とにかく何もかも大変だと理解できる。相手の身になってわが心を自省するという通り、習主席の責任が重大と察する。それで、本書の内容が中国の参考とされるようにと願う。

福田先生から私は英語版と日本語版の原文を渡されたのは２０１６年の初頭のこと。先生と話をして意を汲み取って２年の経過したものの出版にたどりつけたのである。

二、福田康夫先生との出会い

２０１４年、拙著『漢魂と和魂』が北京の世界知識出版社によって発行された。福田先生は筆をとって推薦文を書いていただいた。次のような内容である。

父親（日本国元首相）福田赳夫の名前は『詩経』の中の詩句「赳赳武夫」からきたのであ

る。このようなご縁で、父親は首相の任期内の１９７８年、お国と平和友好条約を結んだ。私は首相になってからも父親の遺志を継いで、２００８年にお国と、『日中全面的に戦略互恵関係に関する連合声明』を同時に発表し、その主旨は全面的に戦略互恵関係を推進し、平和共存、世世代々の友好、相互利益的な合作、共同発展という崇高な目標を実現することである。長い歴史の積み重ねの中に日中両国の間に固い人文互恵の土台を築き、人類の文明史の発展を促進する。例えば、漢字文化の伝承等々。それに関して王敏女史の著作は比較文化の方法で十分調査し、まとまった。今後の平和互恵の発展の勢いに対して適切な見解を出した。その中に目前の動きに対して人文交流を強調する見方が最も必要である。即ち、両国の人文交流のプラスの成果のエネルギーを活かし、お互いに学び合い、相互発展のを深化させていくではないか。

この素晴らしい著作は両国の相互理解を促進させるだけではなく、同時に双方の各自の自己認識を調整させ、古きをたずねて新しきを創り出すことに役に立つと思い、ぜひ一読をお勧めしたい。

日本国元首相　福田康夫

２０１４年5月8日東京にて

福田先生に出会ったのは2004年である。先生は小泉純一郎内閣の重責、官房長官を務めた。その内閣の周りにたくさんの官僚の英才が集まったが、外務省国際文化広報部部長の近藤誠一氏はその中の一人である。当時、小泉首相の靖国参拝で中国においては反日デモが高揚し、日本国内では反中国の感情が燃えていて、長年来の友好関係が大きく動揺している時であった。メディアの報道がお互いに過熱するばかりであった。

両国関係の悪化の膠着を緩め、両国がともに平和への大局を維持するため、近藤氏は各界に呼びかけた。さらに政治外交のスタンスとして、周恩来が実践した人民外交思想を参考にして大局対局を見失わないことが大切であること、ことにマスメディアに対しては慎重な報道姿勢が求められると、強調した。それは幅広い読者の共感を呼んだ。

2004年の夏、近藤誠一氏と昼食を一緒にする機会があり、「日中関係の悪化していくのをなんとしても止めたい。平和友好の関係を取り戻す協力をしてほしい」と切り出された。即ち、『国際文化外交を推進する首相私的諮問委員会』が設けられ、悪化した日中関係と東アジアの関係改善を促進していくのが主旨である。

その委員会の議長には青木保先生が抜擢された。青木先生が法政大学大学院の特任教授などを経て、文化庁長官から国立新美術館館長という要職を歴任された。委員17人は私を除けば著名な方々で、法政大教授にすぎない肩書の私にとって肩身が狭かったことは否めない。しかし唯一の中国人の参加となり、日中関係が困難な時期に任命されたので緊張の1年間であった。国際化の時代、外国人の視点がほしかったのであろうが、十分なコンサルティングの意見をどこまで述べられたか、申し訳ない気がする。

２００4年12月、小泉純一郎内閣は文化発信に力を入れようと、「国際文化外交推進首相懇談委員会」を発足させた。8カ月間余り討議して２００5年7月、委員会は「文化交流の平和国家」という表題で報告書を提出した。政策への反映が求められている。

三、福田康夫が首相任期前後の諮問委員会に参加する経緯

中国人の私がなぜ、小泉純一郎元首相のもとでの国際文化外交推進首相懇談委員会のメンバーに選ばれたのか、２００7年になって、その事情が少し分かった。個人的に気にはなっていたが、そう深く考えることもなく3年余りが過ぎた。

この年11月、パリ。古都の雰囲気を壊す建物が禁止という決まりがあるためか、高層ビルが原則建てられない夜空に丸い月が出ていて、さえぎるものがないので満月がよく見えた。街灯

が暗くても月光が道を明るくしている。

私は近藤誠一氏の待つ日本のユネスコ機関の入る建物まで明るい道を歩いた。近藤氏は委員会の事務局を担当していたが、それまでも彼の博識ゆえに委員会の課題などについてもよく2人の話題にした。日中の間の交流の進め方などについてしばしばよく話しは一致した。温家宝首相と福田康夫首相が2008年日中青少年の交流年と決めると交わした決議に喜んだものである。委員会による日中青少年交流政策の議案が福田首相のリーダーのもとで、実質的に進んだ。両国の関係を取り戻したい。そのために日中青少年の心と心との交流は欠かせない、そう期待している。私たちはその友好事業に注目し、両国人民の友好と世々代々の友好を末永く続けていくようと願っている。

このような事情が、私が委員会メンバーに選ばれる背景にあったらしい。

2006年、1200人の中国の高校生が日本に来て交流した。日本国際交流センターのホームページ「心と心の繋がり」に彼らの訪日感想が載っている。2007年、日本はまた中国の訪日団の高校生を迎えた。彼らは次世代の友好使者として、日本で多くの同じ高校生と交流して忘れられない印象を残しあったという。こうして今日まで、青少年の交流活動が自然な形で続いている。

福田首相の在任1年余の前後に別の5つの委員会に参加させていただいた。これらの得難い経験は私の視野を広げさせただけではなく、同時に日中平和発展の各場面に生かせることができた。鍛えられた機会に永遠に感謝する。

ついでに5つの委員会の名称をここに記しておく。

1、2005年　内閣の国際文化交流推進委員会
2、2007年　国土交通省の文化観光委員会
3、2008年　奈良県の日本とアジア未来を考える委員会
4、2009年　通産省の上海万博日本館展示に関する評議委員会
5、2013年　文化庁の文化芸術立国委員会

日本は常に国内外の動向に注目し、適切な考え方と行動様式を探索していると思う。しかし、容易に成果が現れることではない。組織および個人の間に大同小異の価値観に一定の方向性が生まれるまでには時間がかかる。それにもかかわらず、文化外交の視点から日本がアジアを重んじることを促進し、アジア地域の最高指導者たちに声を届いていく意義は大きい。外国の声に耳を傾けるということは画期的である。委員会の報告書の提出以来、政治の世界にある

程度の変化があり、報告書を反映した政策の実行に気づいたこともある。

例えば、先に触れた２００８年の日中青少年交流年もそうである。２００７年中、日中韓３カ国文化部長の対話が順調に行われ、さらに『南通宣言』を発表した。同時に日本に主導する国民交流と相互訪問が３カ国で展開された。２０１２年、３カ国古都交流事業が始まった。アジアを知り、もっと固い交流の土台を構築するため、日本はさまざまな方法で漢字の文化水準を高めるよう呼びかけ、テレビと新聞は漢字学習の番組やコラムを増やしたのである。

２００８年9月、私は日中双方がともに主催した「東京―北京フォーラム」の晩餐会に出席した。日中21世紀友好委員会議長の小林陽太郎氏はその席で中国側の名誉議長、全国政治協商外事委員会主任の趙啓正氏に「日本は英語と中国語を重要な言語の2つとして、この方面の人材の養成に力を入れています」と言った。通訳をした私が嬉しくて心が温まった。委員会の活動はもう終わったが、提案した内容は依然として日中交流へ息づいていると思うと、嬉しい限りである。

四、福田康夫先生の新しい物語

福田先生にとって等身大の国際交流はライフワークに違いない。私はそのライフワークの活動の一部をお手伝いすることになっている。例えば、本書の中国語版の発行が挙げられる。日中関係が困難に陥るとき、福田先生はいつも腰をどっしりと落ち着かせて、こうおっしゃる。「世世代代友好の方向が変わらなければ、どんな突発の困難にも時代の勢いはすべてものを洗い流し、前向きに流れていく」。これはたぶん悟りの哲学だろうと思う。このような切実な願いで本書の中国語版が出版されたのである。

2016年3月、福田先生の事務所を訪ねたときのこと、先生は「2007年12月、孔子廟に行きましたが、高速鉄道がなくて飛行機でしたよ」と、思い出しておられた。日本の首相経験者では間違いなく、福田先生が最初の曲阜訪問者である。

思わず私は、日本人なら誰もが歌う童謡『故郷』を思い出している。この童謡は中国で日本歌曲のカラオケの定番になっている。『故郷』が国境を越えて歌われるように、先生の人柄は国の違いに関係なく伝わるのである。異文化の壁を超えるのは誠実とまごころなのだということを、福田先生が教えてくださる。

先生の願いは「日本と中国が近くなってほしい」。私もこの願いがかないますよう、今後もお手伝いを続けさせていただきたい。

本論文集の中国語版の出版は中国国際儒教聯合会の滕文生会長、王殿卿顧問、牛喜平事務局長、高長武副事務局長、張践広報委員長、任宝菊女史及び事務局のみなさまの支えのあってのことである。深く感謝する。

以上の内容をもって、論集の終論への「再利用」をお許しいただき、福田康夫先生をはじめ、在日中国企業協会の王家駿会長、刁旭副会長、鞠文永事務局長、香港孔教学院の湯恩佳院長、粤港澳大湾区青年総会の呉学明会長、黄檗文化促進会の林文清会長など関係諸氏に心からの感謝を奉ずる。

２０１９年２月12日

王敏

在日中国企業協会、中国駐日本大使館の皆さんとの記念写真（中央：福田康夫元首相　右：商務担当公使参事官宋耀明氏　左：在日中国企業協会会長王家駿氏）

【対談者、論文著者略歴（掲載順）】

福田康夫（Yasuo Fukuda・ふくだ やすお）

1936年7月16日生れ。1959年早稲田大学を卒業後、石油会社へ入社。1976年に退社後、内閣総理大臣秘書官、財団法人役員などを務める。1990年から2012年まで衆議院議員、2000年から2004年まで森内閣、小泉内閣の官房長官を務める。2007年9月に内閣総理大臣に就任。2008年総理大臣退任後、ボアオ・アジア・フォーラム理事長（現在は諮問委員長）他、日中韓フォーラムなど諸外国との友好協力に努める。

滕文生

1940年10月湖南省生れ。1964年中国人民大学中共党史系を卒業。1965年から『紅旗』雑誌社、人民出版社、国務院政治研究室、中共中央弁公庁政策研究室に勤務。1980年から中共中央書紀処研究室研究員、理論組組長、中央整党指導委員会弁公室宣伝組組長、中共中央顧問委員会副秘書長、中共中央政策研究室主任、中共中央文献研究室主任を歴任。中共十五届、十六届中央委員。現在は国際儒連会長、中国理論界の重鎮。『歴史と現実の実践に学ぶ』など重要論著を著す。。

渥美桂子
本名：渥美康美。中国石門生れ。1963年Ｂ．Ａ．（経済）米国オクシデンタル大学。1963～64年タイム社勤務。1964～66年南カリフォルニア大学出版部勤務。1971～80年世界銀行（広報部）勤務。1983～2019年インターアクション・カウンシル（ＯＢサミット）事務局勤務（ボランティア）。1985年～株式会社インフォプラス勤務。

秦兆雄（しん　ちょうゆう）
1962年中国湖北省生れ。金沢大学文学部卒、東京大学大学院総合文化研究科博士課程修了（学術博士）。文化人類学専攻。現在、神戸市外国語大学教授、国際儒学聯合会理事。主な著書に『中国湖北農村の家族・宗族・婚姻』。論文に「試論日本孔子廟的歴史演変與当代功能―以湯島聖堂與弘道館為例」、「日本的儒学教育与釈菜伝承―以冈山县旧闲谷学校为例」などがある。

季衛東（き　えいとう　Ji Weidong）
1957年中国江西省南昌市生まれ。北京大学法律学系卒。京都大学法学博士号を取得。神戸大学大学院法学研究科教授を経て、2008年から上海交通大学法学院院長、上海交通大学日本研究センター主任、中国法と社会研究院院長。主著『法治秩序の構築』、『超近代の法―中国法秩序の深層構造』、『現代中国の法変動』、『憲政新論―グローバル化時代の法と社会変遷』、『中国的裁判の構図―公論と履歴管理の狭間で進む司法改革』、『憲法の理念と実践』、『中国の司法改革―制度変遷の経路相関とグランドデザイン』等多数。

王殿卿

1962年首都師範大学歴史系を卒業。北京青年政治学院常務副院長、北京青少年研究所所長、北京東方道徳研究所所長を歴任。全国教育科学規劃リードチーム徳育学科組副組長、全国高等学校徳育研究会副秘書長、北京市人民政府顧問、北京高等学校徳育研究会副理事長、国際儒学連合会理事、中華孔子学会理事、中国炎黄研究会理事など。『大学徳育学』、『中国徳育史』、『中外徳育比較』、『中西方文化比較』、『中華民族優秀伝統道徳教育』を著す。

陳煜

1978年江蘇省生れ。法学博士号を取得。中国政法大学法律史学研究院准教授。中国法制史と伝統法律文化を研究。『皇帝はいかに案を断定するか』（中国法制出版社 2006年）、『清末新政における修訂法律館―中国における法律近代化の歴史の一部―』（中国政法大学出版社 2009年）を著す。『中国法制史』（明輝主編、対外経済貿易大学出版社、2009年）及び教科書『西方法律思想史』（同前 2011年）を編集。

呉端（Wu duan）

中国上海市生れ。上海華東師範大学卒、東洋大学社会学修士、慶応義塾大学政治学科博士後期課程修了。財団法人京都フォーラム研究員。上海社会科学院青少年研究所客員研究員。中国国際文化交流基金会理事。主な著書に「高攀龍の格物論」（九州中国学会誌第44巻 2006年）。『青少年研究の基礎理論』（共著：上海社会科学院出版社 2000年）。「青年と近代文明の形成」（雑誌「当代青年研究」2011年）。『東アジアから世界へ』（共著：樹福書院 2012年）『寂

静的青春－儒学民衆化與青年現象的消失』（中国発展出版社　2015年）など多数。

周　凡淼
1990年承徳市生まれ。国際人権法専攻、研究分野は男女平等と女性の権利。経営学士号、法学修士号取得。現在、中国社会科学院大学院博士課程の博士候補。

段　瑞聡（DUAN Ruicong）
慶應義塾大学商学部教授、博士（法学）。専攻領域：中国近現代史、日中関係史、現代中国政治。主要著作：『蔣介石と新生活運動』（単著）、慶應義塾大学出版会2006年、『改訂版　岐路に立つ日中関係』（共編著）晃洋書房2012年、『〈日中戦争〉とは何だったのか』（共著）ミネルヴァ書房2017年、『新版　5分野から読み解く現代中国』（共著）晃洋書房2018年。

高洪（こう　こう）
1955年瀋陽生まれ。1993年中国社会科学院研究生院卒。哲学博士。現在は中国社会科学院日本研究所研究員、全国政治協商会議委員、中華日本学会常務副会長、中国中日関係史学会常務理事、中国人民外交学会理事、中日友好協会理事。主な研究方向：日本政治、中日関係　主な著書：『日本近現代仏教と政治』、『日本政党制度論綱』、『日本政府と政治』ほか多数。

王 小燕（おう しょうえん）
1999年生れ。北京外国語大学日本学研究センター卒業後、中国国際放送局（CRI）に入局して現在に至る。同局日本向けラジオのパーソナリティー、担当番組は「CRIインタビュー」、「ハイウェー北京」（火）など。会議通訳者、翻訳者。主な訳書：『重読戦後日本史』福井紳一著（生活・读书・新知三联书店、2016年）『中国衝撃力』柴田聡著（世界知識出版社 2013年）『銀河鉄道の夜』宮沢賢治著（上海訳文出版社 2013年）

張践
1982年中国人民大学哲学系を卒業。現在は同学教授。教育部仏教と宗教学研究基地研究員、中央民族大学客員教授、中国道教学院客員教授、国際儒学連合会理事、中国実学研究会副会長を兼任。主な著作『中国宗教通史』『中国古代政教関係史』『儒学と中国宗教』『民俗宗教問題の社会理論への一考察』など。

范 云涛（はん うんとう）
1963年上海市生まれ。1984年、上海復旦大学外国語学部日本文学科卒業。1985年京都大学法学部に留学。1994年京都大学法学博士取得。現在、亜細亜大学大学院アジア国際経営戦略研究科教授、東京都知事主催の「訪日外国人インバンド観光産業の振興を考える有識者会議」委員。著書に【深層の中国社会】〈共著〉（勁草書房 2000年）、『赴日投資経商法律指南』（上海交通大学出版社 2002年）、『中国ビジネスの法務戦略』（日本評論社 2004年）、『やっぱり危ない！中国ビジネスの罠』（講談社 2008年）、『中国ビジネスとんでも事件簿』（PHPビジネス新書

2008年）など多数。。

鈴木晶（陳晶）
洛陽生まれ。中国国家観光局中国文科省共同公費派遣埼玉大学訪問学者として来日。日本大学博士号取得。現在は別府大学准教授。主な著書は『日中関係史　1972～2012　Ⅳ民間』（東京大学出版会 2014年）『自由時間社会の新・ツーリズム』（東信堂 2006年）『温泉百科事典』（丸善出版株式会社 2012年）

【編 者】
王　敏（ワン・ミン、おう・びん）
中国・河北省承徳市生まれ。現在、法政大学国際日本学研究所教授。大連外国語大学日本語学部卒業、四川外国語大学大学院修了。宮沢賢治研究から日本研究へ、日中の比較文化研究から東アジアにおける社会文化関係の研究に進む。人文科学博士（お茶の水女子大学)。「文化外交を推進する総理懇談会」や「国際文化交流推進会議有識者会合」など委員も経験。日本ペンクラブ国際委員、朝日新聞アジアフェロー世話人、早稲田大学や関西大学などの客員教授などを歴任。

90年に中国優秀翻訳賞、92年に山崎賞、97年に岩手日報文学賞賢治賞を受賞。2009年に文化庁長官表彰。宮沢賢治を中国に初めて紹介したことで有名である。

主著：『禹王と日本人』（NHK出版)、『嵐山の周恩来』（三和書籍）『日本と中国　相互誤解の構造』（中公新書)、『日中2000年の不理解——異なる文化「基層」を探る』（朝日新書)、『謝々！宮沢賢治』（朝日文庫)、『宮沢賢治、中国に翔る想い』（岩波書店)、『宮沢賢治と中国』（国際言語文化振興財団)、『日中比較・生活文化考』（原人舎)、『中国人の愛国心——日本人とは違う5つの思考回路』（PHP新書)、『ほんとうは日本に憧れる中国人——「反日感情」の深層分析』（PHP新書)、『花が語る中国の心』（中公新書）など。
共著：『日本初の「世界」思想』（藤原書店）『＜意＞の文化と＜情＞の文化』（中公叢書)、『君子の交わり　小人の交わり』（中公新書)、『中国シンボル・イメージ図典』（東京堂出版)、『中国人の日本観』（三和書籍)、『日中文化の交差点』（三和書籍）など。
要訳：『西遊記』、『三国志』、『紅楼夢』など
中国語作品：『漢魂与和魂』、『十国前政要論全球＜公共論理＞』、『銀河鉄道之夜』『生活中的日本——解読中日文化之差異』、『宮沢賢治傑作選』、『宮沢賢治童話選』、『異文化理解』、『多文化社会』など多数。

平和の実践叢書1
自分がされたくないことは人にもしない
グローバル公共倫理

2019年　4月　5日　　第1版第1刷発行

著　者　王　敏

発行者　高　橋　考
発行所　三　和　書　籍
〒112-0013　東京都文京区音羽2-2-2
TEL 03-5395-4630　FAX 03-5395-4632
sanwa@sanwa-co.com
http://www.sanwa-co.com
印刷／製本　中央精版印刷株式会社

乱丁、落丁本はお取り替えいたします。価格はカバーに表示してあります。　ISBN978-4-86251-372-4 C3036